中国现代化进程中的教育创新

杨卫民 著

上海大学出版社
·上海·

图书在版编目(CIP)数据

中国现代化进程中的教育创新 / 杨卫民著. —上海：
上海大学出版社，2022.11
ISBN 978-7-5671-4568-9

Ⅰ.①中… Ⅱ.①杨… Ⅲ.①教育改革—研究—中国
Ⅳ.①G521

中国版本图书馆 CIP 数据核字（2022）第 216804 号

责任编辑　徐雁华
助理编辑　陈　荣
封面设计　缪炎栩
技术编辑　金　鑫　钱宇坤

中国现代化进程中的教育创新

杨卫民　著

上海大学出版社出版发行
（上海市上大路99号　邮政编码200444）
（https://www.shupress.cn　发行热线 021-66135112）
出版人　戴骏豪

*

南京展望文化发展有限公司排版
上海颛辉印刷厂有限公司印刷　各地新华书店经销
开本 710 mm × 1000 mm　1/16　印张 14　字数 214 千
2022 年 12 月第 1 版　2022 年 12 月第 1 次印刷
ISBN 978-7-5671-4568-9/G·3474　定价　58.00 元

版权所有　侵权必究
如发现本书有印装质量问题请与印刷厂质量科联系
联系电话：021-57602918

自 序

余自癸巳秋入上海理工大学，转瞬近十载矣。百年有十之上理工，秉承"信义勤爱，思学志远"校训，坚守人文社科研究发展理念，重视教师学术成长之道，培养思想俊彦，砥砺学术新知，助益学校育人事业更上层楼，可谓日新、日日新、又日新。浸润其间，余深感增益日深。

沪江大学，实为今日上海理工大学之精神源头。百年人文，日月光华。校长湛恩，教育经世，以身殉国，何其伟哉！校友志摩，挥手自兹，流芳中外，何其丽哉！今日沪江，人才兴校，振奋教育，引学子辐辏于此，教师济济一堂，机遇空前。其间理工人文，学科交际正盛；通识教育，师生共享成风。道德文章，应运而生。概言之：理念制度日新，天时地利人和，只待百花争艳，共奏学林笙歌。

"投我以木桃，报之以琼瑶。"此间人文社科之士，怀揣教育学术之志，心生教学相长之情，其入职以来，日益专注科研，"焚膏油以继晷，恒兀兀以穷年"，终成磊磊长卷。数载青灯，数载成长。文、史、哲、法诸学科，有博士论文之升华，有各类项目成果之新生，有平日思想智慧之结晶。卉木萋萋，采蘩祁祁。大作已成，可伸雅怀；探究精神，更足以为人称道。此皆振奋人心智哉！

故云：身处浦江之畔，居高望远，可观南北过往风景；心系此方校园，登台执教，宜谱当代教研春秋。

近世以降，五千年华夏遭遇中西之变、古今之化，先人谓之"三千年未有之大变局"，其后辩证现代与传统、重估价值之风，久盛不衰。尤其五四风起，科学民主精神高涨，旋即马克思主义、社会主义思潮澎湃，吾国文化创新之重任日益彰显。文化之内容，由西学东渐风起于青萍之末，终至"马魂、中体、西用"诸家学说之妖娆。百年来，几多先哲硕学俊彦，筚路蓝缕，开拓创新，为一代又一代之精神奉献良多，当为后学铭记并发扬光大其理念和方法。

以现代化与教育创新课题融汇于专业和兴趣，余亦厕身庠序之间管窥蠡测二十余年矣。实则，当下教育发展问题，迫在眉睫；国家之渴求、社会之期盼，不言而喻。由是，吾人自身精神重建也好，于人文化教化也罢，宜咬定青山不放松，以现代化与教育之结合为要。人生岂有捷径可寻乎？若有，唯精唯诚是也。此处立足于理论前沿，对现代化进程中若干教育问题予以探究，以飨教育实践者与关注者之需。

四月秀葽，五月鸣蜩。九月筑场圃，十月纳禾稼。求真之道，殊非易事，务必专心致志，贵在日新月异；文明赓续，蕴含变通，常要深究其理，端赖薪火相传。尤其人文社科领域，参酌古今，辨析东西，条理虚实，实乃寻常。前辈傅孟真先生有言："上穷碧落下黄泉，动手动脚找东西。"道出史学等学科其中真味。而王国维先生人生三重境界，则启迪修行，颇有桃源探幽之意涵。熊十力先生参悟："为学，苦事也，亦乐事也。唯真志于学者，乃能忘其苦而知其乐。"更可砥砺学术人生。

虽然，学术新生，当恪守规范，敬惜文字，锐意创新，众志成城。如此，可使文化走出偏狭之一隅，思想奔向广阔之原野，性情达至幸福之天地。

"箫韶九成，凤凰来仪。"江畔寻花，有二三子相伴论道，不亦乐乎？

"生也有涯，知也无涯。"书成有憾，有奋进者给予批评，不亦乐乎？

杨卫民

2022 年 8 月 6 日定稿于上海

目 录

绪论 / 001

第一部分 新文化与新教育

第一章 建党时期中国共产党人在上海的教育创新 / 017

第一节 中国共产党人与平民女校教育试验 / 021

一、陈独秀、李达倡议建立女校 / 021

二、学校教学中的中国共产党人 / 022

三、慕中国共产党人之名而来的学生 / 024

四、中国共产党人对女校革命运动的支持 / 025

第二节 中国共产党人在上海大学（1922—1927）的红色革命传播 / 026

一、济济一堂的中国共产党人 / 027

二、丰富的革命传播渠道 / 030

三、思想启蒙和人才成长的摇篮 / 032

第二章　陶行知教育救国思想的发展 / 037

第一节　文化创新与陶行知"爱满天下"教育理念的发展 / 037

一、"爱满天下"教育理念的形成 / 039

二、文化创新与陶行知"爱满天下"教育理念的发展 / 045

三、陶行知"爱满天下"教育理念的深刻文化连接 / 059

第二节　平民教育视野下陶行知的英语学习和教育 / 062

一、陶行知早年的英文学习 / 062

二、陶行知留美及回国后的英文运用 / 063

三、陶行知的英语学习和教育观 / 065

第二部分　新时期与新教育

第三章　改革开放以来的中小学生教育创新 / 071

第一节　当代中小学生的教育类型及其组织 / 071

一、家庭教育的不同形式 / 072

二、学校教育的不同类型 / 075

三、中小学生对社会教育的认知 / 078

四、两种衍生的教育形态及其组织 / 079

五、让孩子成为一个自由高尚的个体 / 081

第二节　网络革命时代中小学生健康上网教育 / 082

一、网络革命时代的新文化 / 082

二、迅速成长的网络一代及上网问题 / 085

三、网络时代家长对孩子上网的指导 / 093

第三部分　新时代与新教育

第四章　当代高校的中国文化教育教学新实践 / 103

第一节　中华优秀传统文化融入高校工会工作 / 103

一、中华优秀传统文化融入高校工会工作的理念 / 104

二、中华优秀传统文化融入高校工会工作的实践 / 107

三、中华优秀传统文化融入高校工会工作的思考 / 116

第二节　孔子学院与国内高校语言文化课创新 / 122

一、因应时代变化，美化语言文化课堂的环境营造 / 123

二、根据学生需求，加深对语言文化课内涵的综合理解 / 124

三、结合日常生活，加强语言文化课的社会实践 / 128

第三节　大学生家风文化教育与社会主义核心价值观的融入 / 130

一、重视"家和万事兴" / 131

二、现代社会应当重视家风、家教 / 131

三、家风和家教的关系 / 133

四、现代家风如何塑造？ / 134

五、强调家风与国家、社会和文化的关系 / 136

第五章　新时代高校思政课教学创新 / 137

第一节　高校思政课教师再学习中的品性塑造 / 137

一、通过再学习，使思想更加坚定 / 139

二、通过再学习，使业务更精湛 / 141

三、通过再学习，使作风更正派 / 142

第二节　高校思政课堂的声景、风景和心景设计 / 146

一、声景·风景·心景：思政课堂师生交流的主要
景观 / 147

二、声景：深入挖掘教材内容，让学生聆听专业的
方向和结构 / 148

三、风景：精心选择课件素材，让学生阅览专业的
魅力和韵味 / 149

四、心景：认真分享自己所学，让学生品味专业的
功能和价值 / 150

第三节 以"四史"书写推进"中国近现代史纲要"
教学创新 / 152

一、教学创新活动的背景 / 152

二、教学创新活动的开展 / 158

三、教学创新活动的成效和意义 / 165

四、教学创新活动需要解决的问题 / 172

结语 于百年未有之大变局中推进教育创新 / 176

附录1 中国古诗文融入高校思政课实践教学课程设计 / 183

附录2 以"四史"书写推进"中国近现代史纲要"实践教学
课程设计 / 198

绪 论

"所有我的创作,都来源于温暖的大地。"俄罗斯艺术大师西德罗夫如是说。我喜欢他画作的清新自然,敬佩他对童年记忆中阳光和欣喜的珍视,更欣赏他通过生活的细节贴近普通人的心灵深处。在我所处的教育园地,我比较重视辽阔空间中自然、阳光和大众的精神元素,这里,我将大师的油画主题改为"所有我的创作,都来源于广袤的大地"来激励自己,使自己的文字、思维和情感交融。

1983年10月1日,中国改革开放的总设计师邓小平为北京景山学校题词:"教育要面向现代化,面向世界,面向未来。""三个面向"指引了中国改革开放以来教育创新的方向,这对于曾在20世纪80年代就读于中小学的我来说印象至深。

古人云:"人生至乐,无如读书;至要,无如教子。"这句话对我颇有影响。于是,读书和写作成了我个人的习惯和爱好,而从事教育和文化工作也越来越成为我人生奋斗的明确目标。

从20世纪90年代进入大学学习到现在,我对教育创新的认识和实践一直非常重视,本书就是我20多年来对此问题思考和探索的文字集合。实话实说,我的这些关于教育的书写,并非纯粹是教育学科范畴内的研究,而更多的是在自己的学习和教育工作中的自然产物。

我对现代化的理论认知,源于1995年大学毕业之际阅读罗荣渠、高清海等先生的文章和书籍。罗荣渠先生认为:"现代化是一个包罗宏富、多层次、多阶段的历史过程……从历史的角度来透视,广义而言,现代化作为一个世界性的历史过程,是指人类社会从工业革命以来所经历的一场急剧变革,这一变革以工业化为推动力,导致传统的农业社会向现代工业社会的全球性的大转变过程,它使工业主义渗透到经济、政治、文化、思想各个领域,引起深刻的相应变化;狭义而言,现代化又不是一个自然的社会演变过程,它是落后国家采取高效率的途径(其中包括可利用的传统因素),通过有计划地经济技术改造和学习世界先进经验,带动广泛的社会改革,以迅速赶上先进工业国和适应现代世界环境的发展过程。"[1] 由此可以看出,现代化是人类历史、社会和文明的重大创新过程,其中包含着教育创新这一重要内容。

何为教育创新?此活动古已有之,现代研究中论者颇多,此处采纳傅先庆的意见:

> 教育创新,是指前所未有的教育思想与实践的创立和"非前所未有"的教育认识与活动的改造、重组、再发现。创新是分层分域的。其中心是建立教育组织新模式,激励教育工作者创造性劳动,培养受教育者的创新意识和创新能力,形成教育的优势力量,实现高效利用教育资源,不断满足社会对教育的数量发展和质量提高的需要。
>
> 在教育创新体系中,教育具体制度(重心是组织与人事制度)的创新是关键,教学创新是中心,学术创新尤其是高等学校的科学与人文研究的创新是一种动力,教育环境的创新是保障。而教育研究与教育理论的创新,对建设教育创新体系具有先导作用。
>
> 教育创新研究的归结点是教育实践的创新。淘选教育理论研究成果,广泛地加以传播,并运用决策咨询、实施方案与试点研究诸项"中间试验",使之转化为教育实践,便是教育创新所要大力倡导的。[2]

我将教育创新的问题落脚于中国实践,其间离不开费孝通先生《乡土中

---

[1] 罗荣渠:《现代化新论:世界与中国的现代化进程(增订本)》,北京:商务印书馆2004年版,第16—17页。
[2] 傅先庆:《教育创新的求索》,福州:福建教育出版社2001年版,第2页。

国》系列的文字影响和思想启迪。于是，在广袤的中国大地上走进教育、积极进行相关社会实践就成了我人生的一项重要内容。

1991—1995年上大学期间，当时中国市场经济新起，课余做家教成了我的一项记忆深刻的事情。在河南开封街头拉广告找家教、骑自行车到学生家认认真真上课的情景，至今仍历历在目。有意思的是，我的大学毕业论文题目是《陶行知"爱满天下"思想的发展》，报考研究生时，我选择的方向是首都师范大学历史系的历史教学法。主要由于我在1994年10月31日至11月25日考研前夕痴迷于在开封通许县城关乡一中的实习，耽误了不少复习时间，我在当年并没有考中研究生，但也一直没有后悔过。我在第一次走上讲台讲授新课、服务中考、代理班主任等方面得到锻炼，其间也深深体会到，虽然老师很苦很累，但他们的确是最可爱的人。

大学毕业后，为了证明自己可以做一名更好的老师，我进入家乡的一所高中任教两年。虽然工资只有三四百块钱，单位也没有提供住房，但这两年却成为我人生最为快乐的时光。年轻的我与学生朝夕相处，畅快地沟通和交流，充满梦想和期盼，不断追求人生进步的时光，这些一直珍藏在我的心灵深处。还记得在工作后的第一个国庆节，我带着学校发的苹果回家，父母亲连声说："苹果真好吃！"为了实现自己培养孩子念书并考上大学的愿望，在我初中毕业时父亲就劝我考中师，我当时没有同意，因为自己没有想过当老师。但在高考后填报志愿时，我还是在志愿中选择了两所师范院校，并最终进入历史教育学专业学习。虽然我小时候没想过做老师，但教过两年高中后，我确实喜欢上教育这个行业了。那是一所新办不久的高中，设备和师资甚至教学辅导材料都很缺乏，我们白手起家似的教育经历锻炼了我不惧和开拓的品质。

2000—2009年，我在老家河南省的一家出版社工作，其间对教育工作的情感和思考一直没有中断。2007年4月14日是一个下雨天，我在省城郑州的家中写下了《桃李满乡下》一文，表达了心中对教育的热爱：

今晚上网，看到妻子的一个学生在网上发帖子，问她还在不在原来的学校。原来发帖者真是她的一个学生，而且是她刚毕业那一年教的学生,距今,整整十年了!

我赞赏这孩子快考大学了还记着自己的小学老师,其情之执着、纯真,清晰可见,同时我也把妻子请到电脑旁,满足一下她桃李满天下的感觉。

桃李满天下,相信是好多老师的梦想,实际上,现在看来,能达到此目标,也不是什么难事。但教学就如同培养自己的孩子,是一良心活儿,在桃李满天下的征途中,许多老师付出的心血和汗水,其实是数不清、说不完的。

以前在自己老家的县高中,我曾当过两年的老师,虽然也曾为工资、住房、福利等发过愁,但一旦站在讲台上,看着那一双双渴求知识的眼睛,自己的那些考虑都烟消云散了。后来我考上研究生离开教学岗位,我的不少学生还记着我,包括曾经的某一个场景或某一句话,这让我深深地感动。我虽不能体会到桃李满天下的感觉,但也戏言自己有"桃李满乡下"的感觉。我的学生大多是从乡下过来的,他们的朴素、真诚、单纯,也给我的学习、思考、工作和生活带来了无穷的乐趣。其中,"桃李满乡下",正是这种乐趣的概括!

未必人人都有这样的感受,但只要你喜欢陶行知先生的平民教育学说、费孝通先生的乡土情怀,只要你曾为《爱的教育》一书感动过,只要你认为教育学家夸美纽斯的诸多教学论说得有道理,"桃李满乡下"的乐趣就离你不会遥远。

中国在开放,我们每个人也在开放。孔子学院具有一定的开创性,是一个新生事物,它和我的人生旨趣及专业也有很大的关联,因此,2010—2012年,当时还在上海大学攻读博士学位的我报名到土耳其海峡大学孔子学院,当了一名汉语教师志愿者。在异国他乡,我的心灵复归本原,也就是说,我重新认识了中国文化的整体性、延续性、博大性和创新性,尤其是对专门从事传播中国文化的人来说,我能感受到文化的温暖。去之前,我对自己说:"一周就适应土耳其的生活。"确实,我做到了。

孔子云:"三人行,必有我师焉。"我不是夫子,只是凡夫俗子,自言:

"一人行，必有我师。"就是说世界皆为我师。在孔子学院，同事们对我的帮助非常大，给了我家庭般的温暖。在孔院的每一天、每一刻，我都觉得十分宝贵。院长倪兰老师时常讲："尽管我们每天做着微不足道的小事，但我们将打开一扇相互了解的窗，架起一座彼此沟通的桥。"因此，从平凡和简单做起，就成了孔院员工不断进步的起点。刚来孔院时，我的业务不很熟练，倪兰院长建议我一定要提高自己的语言应用能力，想办法弥补发音问题，还应抽时间看《实用现代汉语语法》等书，这些建议给我的工作带来诸多帮助。为了使自己的语言能力在教学中得到提升，我努力学习英语、普通话和土耳其语，甚至做梦时都梦见自己在说英语、学土耳其语。在教学上，我经常得到孔院老师们的热情帮助，让人感到这里山美、水美、人更美。

孔子学院是一个团队，是一方天地，既是大世界，也是小舞台。每位来土耳其海峡大学孔子学院的客人，一进入会议室或图书室，首先关注的就是墙壁上悬挂的孔夫子"仁者爱人"的名言，客人明白了意思之后，很快就会有宾至如归的感觉。"志愿者就是一家人！"一位将赴土耳其海峡大学孔子学院任教的小师妹说。确实，志愿者就是一家人！我们既需要在团结友好的气氛中做好纵向的传帮带，也需要在珍惜缘分的心态中和分布在世界其他地方的志愿者紧密团结。

我也乐于将温暖的文化传递给自己的学生，与土耳其朋友分享。我在土耳其海峡大学教中文，该校实行全英文教学，学生水平较高，在土耳其享有盛誉。我所教授的是选修汉语的大学本科生，他们要学一至两年汉语。他们对汉语和中国文化很感兴趣，因此他们的学习态度较好，既有一定的语言基础，也有努力学习的动力。在接手海峡大学汉语听力课后，我曾经感到压力很大。这样的课堂教学首先不是学生的问题，而是我的问题。具体来说，就是我这个非汉语专业的教师如何使学生更上一层楼的问题。尤其是我的外语水平和对外汉语专业水平，在离高校教学要求还有差距的情况之下，与学生有效沟通成为问题。

针对这样的"好孩子"们，我采用的是"亮剑"式教学法。基本思想是：你既然跟我学了，我就努力使你提升；光不迟到、不缺席不行，还要在课堂说话；光在课堂说话还不行，更要把话说好；光是在课堂上把话说好还不行，你出去也得说汉语。这样的教学方法看似严格，实则给学生提供学习语言更多的指向和趣味，使他们能客观地看待世界。

针对有一定基础的学生，语言学习不仅是学习语言知识本身，还应通过生活层面的沟通，与他们进行心灵和文化的对话。也就是说，不仅是要说汉语，而且是怎样说话。在这些学生身上，我可以尽情施展我的教学方法，而且看来也是必需的。尤其是对于与自己同性别的学生，我可以用自己设想的"亮剑"式教学法，从生活和文化的层面对学生思想进行语言和文化渗透，抓住教学的每个环节给学生以健康的心灵引导，在必要的时候采用实用主义让学生看到明显的进步。这看似反其道而行，实则是丰富学生的精神世界。

我至今还记得2011年6月最后一次上"行知中国"课程的新课。这节课本来是可上可不上的，但课文恰好是《结婚纪念日》，里面有许多祝福语，值得学生学习，我就坚持了一下。后来我得知，学生森米赫的姐姐7月就要结婚，想来我带着情感讲的中国结婚文化或许能给他带来一丝幸福的体验。

一些土耳其学生非常喜欢和我聊天，世界的、中国的、政治的、经济的、文化的、社会生活的，等等，话题丰富多彩，形式多种多样。许多时候，我们都是用汉语、英语、土耳其语自由交流。一名到孔院学习的土耳其学生直接用他的名字称呼我，以兄弟相称，令人感动；我的学生森米赫也顺利通过了汉语四级水平考试，并争取到了孔院奖学金，获得进入上海大学学习一年的机会，这使我感到很欣慰。

由于孔院代表着中国的国家形象，作为一名志愿者，我的理想也在不断地升华，我始终抓住一切机会，尽可能地推广汉语和彰显中国文化。在超市、宾馆、机场、旅途中，如果有人对我表现友好或主动用汉语与我交流，我都会迸发与他交流的冲动。这是一种大众情怀，是一种"大文明"的传播。现在有人批评孔院在中国文化"走出去"过程中作用有限，这一点我不赞同。我认为孔子学院的主要意义就是让外国人感受到中国人的美丽大方、温暖舒服、勤劳认真，感受到中国人内在的力量和美好！尽管这种温暖的传递还需要时间，但只要持续，中国文化的传播肯定有好效果。很显然，文化交流与教育创新的结合也越来越深入到我的心灵深处。

2013年博士毕业后，我来到上海理工大学马克思主义学院任思政课教师。在中国教育剧烈转型时期，人民对高等教育充满期待，作为一名大学老师，我深感重任在肩，必须不断提升自己的思想文化修养和道德品质。毕竟我虽然工作多年，但还是第一次在国内担任大学老师的角色。不用太担心的是，我此前做过中学老师、出版社编辑，并且在孔子学院做过汉语教师志愿者，已经有十多年的工作经历，而我最想做的还是大学老师。利用学术和文化基础，与众多未来的国家栋梁交流，这是多么令人愉悦和幸福的事情！通过诸多培训、学习，我感觉自己在态度上、专业上、方法上都有新的感受和体会，可概括为：要树美德，要育新人。此处将一次网络培训的具体收获摘录于下：

> 一是在态度上，只有热爱祖国，热爱人民，热爱学生，才能树立美德。
>
> 教育别人，首先要端正自己的师德，树立美好的品德。首先要热爱自己的祖国，为人民着想，将学生时刻装在心里。王佐书老师讲的"师德与师风"、钱锡康老师讲的"大师风范系列：两弹元勋的爱国情怀"、武际可老师讲的"我的老师们"等，让人印象深刻。许多伟大的科学家和教育名师，他们如此热爱自己的职业，他们之所以努力付出，不正是心里装着国家和人民，面对学生的时候才如此充满热情和力量吗？
>
> 记得听过王佐书老师的讲座，我深深感到：人生，因规律而精彩；人格，因参与而升华。作为高校老师，我们有条件做到有规律地工作和生活，还能在参与新人塑造中不断升华自己，如此我们理应更加热爱自己的职业和学生。
>
> 当下的高校老师大都面临着教学、科研、社会服务等多重任务，想要面面俱到确实很难。但不管怎样，既然国家给予我们如此重托，社会又对我们充满渴望，老师须在教学突出之外，兼及其余。
>
> 二是在专业上，只有注重经验教训，珍惜当下，才能将美德化于实践中，与新人紧密相连。
>
> 我在上海理工大学讲授思想政治理论课程"中国近现代史纲要"和大学语文课程"古文观止"，具体包括现代化价值观、传统文化价值观和红色文化价值观的融合。侯惠勤老师讲的"社会主义核心价值观与当代

中国主流意识形态建设"给了我诸多启发：面对扑面而来的西方文化思潮，要勇于辨析、敢于辨析，不能人云亦云，被人牵着鼻子走；要坚持马克思主义的引导，要积极培育和践行社会主义核心价值观。

因为自己是历史学出身，自然要积极阅读史学经典，提升人文修养。所以我仔细学习了瞿林东先生的讲座"史学经典与人文修养"。看先生视频，感觉他坐在那儿就是一道人文修养的景观。先生谦虚、和蔼，博学、深思，有条理、多识见，其讲历史人文修养，徐徐道来，颇有韵味，让人如沐春风。

先生谈及历史观念、历史责任等，特别重视历史的现实作用。他认为历史对于政治而言是宝贵的财富；他还认为，市场经济使我们有更多的思考方式，但最终还是皈依于历史的光芒和精神关怀之中。这是将史学作为一种宝贵的精神文化遗产来看的。这给人以启发：历史是机会，是活着，是权力，是自由，是责任。我们站在课堂，当老师，更要做老师，这是历史赋予我们人生独特的责任。论及历史责任，先生还给人以激励：识于时，发于世，求于是，乐观人生，创造新貌，老师可从中得到精神的不断升华。

先生论及历史精神，不断提及历史名人，从中找到时代精神的变迁。他认为唐代魏征、柳宗元、杜佑等对历史精神的理解已是很高的水平，回头再读其相关作品，会不断提升自己对历史的理解。

难忘历史，需要读历史原著。读什么书，是一个常见的问题。通过先生的讲座，我以为好的历史著作首先要有理想、有品位，其次内容精良，史实可信，见解独到，再次有文才，重视文字基础，也就是敬惜文字。如果想对中国古代史书有大致印象，并逐步深入了解的话，《古文观止》就是不错的一本。

通过先生的讲座，我总结出以下几点学历史的好处：

其一是能长远地看问题。"风物长宜放眼量"，自信人生三百年，都是这样的道理。

其二是多注重历史的经验教训。希腊哲学家云："人不能两次踏进同一条河流。"中国有句老话："事不过三。"历史教训是财富，要不断总结。马克思评价拿破仑时曾说过,人在历史上只出现两次:一次成功,一次失败(大意如此),反过来也可以说:一次失败,一次成功。经验在其中起作用。

其三是更珍惜当下。历史提醒我们要脚踏实地,奔向美好的明天,乐观面对未来的生活。

在历史和现实结合的基础上,将美德化诸其间,可做到美德和新人的紧密相连。

三是在方法上,老师只有有文化、有个性、不任性,才能更顺利地培育新人。

我在大学读的是历史教育专业,因此接触的教育学、心理学、礼仪学理论和培训较多,此处网络学习收看名师讲座,再次学习,更有提升。我重点学习了朱岚老师的"传统文化与核心价值观",希望在教育教学方面有综合性的思考。

我听过朱老师的讲座,感觉文化不任性、有个性才能长存,由此给人的启发是:老师要有文化,不任性、有个性,才能更顺利地培育新人。原因有三:

其一是知识体系齐全。讲文化,说道德,谈信仰,没有两把刷子不行。朱老师既有深厚的中国传统文化知识,也有丰富的西方理性文化素养;既有深入的理论研究,也有现实案例的不断呈现。作为老师,只有知识体系齐全,他才有东西可讲,才会"手中有粮,心里不慌"。

其二是见解给人启发。比如,关于中国传统文化局限性的分析,使人立马觉得人云亦云不好,偏执于一端不行。又比如说到信仰是人类普遍的情怀,好!由此可以让人深入思考中国传统信仰的主流,明白信仰并非是宗教信仰者所传承的,而是由具有宗教情怀的士人传递的。古人云:"于不疑处有疑,方是进矣。"老师只有不断给学生启发,才能使学生进步,使自己提升。

其三是方法灵活多样。朱老师的讲座,有理论、有个案,有传统、有现实,有认同、有比较。这种聆听感觉是一种享受。尤为可贵的是,讲座娓娓道来,如话家常。让学生享受课堂,是老师的至高追求。

总之，通过诸多培训和学习，我认为老师在信仰上一定要充满普遍而深厚的人文情怀，坚守中国传统文化和价值观中的美德，爱国、爱人民、爱学生、爱职业，并且持之以恒，坚持不懈；在方法上，要注意老师的传道作用，道者，导也，上承下达，沟通作用，前后流畅，可谓传道。"小德川流，大德敦化"，斯道为美。如此一来，可形成良好的教育习惯。习惯就是力量，惯性就是力量，惯习就是力量，习性就是力量。长此以往，美德长流，新人不断。在上海理工大学从教以来，这种树美德、育新人的理念和追求一直明确地激励着我。

2018年6月24—30日，我有幸随上海学校思想政治课教师社会实践研修班（民族团结教育基地）奔赴喀什。平生第一次到新疆，我不仅对大美新疆有了直观的、感性的了解，而且更加深刻地认识到：唯有民族团结教育不可辜负。

有言：不到喀什不算到新疆。飞机从上海经乌鲁木齐转机至喀什，费时6个多小时，祖国疆域辽阔，不禁让人有感而发。经过天山上空，透过朵朵白云，皑皑白雪映入眼底，祖国山川壮美，让人更心生热爱。下飞机后，我们坐车穿越喀什市区，边疆民族风情扑面而来，同时各地援疆的项目如企业、酒店、医院以及居住地旁边的中巴友谊楼等，也给人以深刻印象，这些又都透露着现代化的气息。在当下我国"一带一路"倡议的前沿地带，中国的现代化发展进程注定和民族团结教育紧密结合起来。

我们主要在喀什大学进行学习和交流。在当晚的"民族团结教育一家亲"分享会上，各族学生同台献艺，尽情、尽兴展示"民族团结教育"的主题，精彩纷呈，热情洋溢。尤其是各族学生用清晰、流利的普通话欢快而自由的表达，让人欣喜。第二天，喀大马克思主义学院院长孙月红教授给我们介绍：许多民族生到喀大时，甚至连一句普通话都不会讲，但学校大力推行必须讲普通话活动以来，汉族学生和民族生结对学习汉语的情景越来越多，民族团结教育在鲜活的教育创新实践中得到飞速提升。

我们在开班仪式结束后，就开始集体聆听民族团结教育的专题报告。孙月红院长讲的"增强各民族交往交流交融自觉践行民族团结"，将理论与实践相结合，对喀大的民族团结教育作了整体的和系统性的总结。喀大从上到下的努力，可谓多方探索，别开生面，成效显著。其他如马志芹老师讲的"中华民族多元一体化格局的历史推进"等，将历史和现实结合起来，让人真实地看到了民族团结的历史和文化源远流长。整体观之，喀大的"三进两联一交友""民汉合班""民汉合宿"等政策和措施，已经在理论宣传上深入校园的方方面面，并落实到师生的日常生活和学习中去，再辐射到许多民族家庭中。承平已久，或生怠惰。面对边疆地区社会稳定、生活安定的总体要求，在"民族团结教育"这一大主题的明确指导下，喀大师生奋发有为，紧张而热情，显示出了巨大的社会价值和个人获得感。国家民委授予喀大民族团结教育先进单位，确实是实至名归。

结合专题报告，研修基地还安排了我们20多名学员进行现场教学活动。通过观摩"民汉合班"讲授的思想政治理论课，我们进一步领略到喀大师生为贯彻国家和学校的民族团结教育精神严格要求自我、紧密团结一心的精神风貌。在"中国近现代史纲要"课堂上，老师不断穿针引线，精心引导；民汉学生，或交替用普通话朗诵毛泽东诗词，或相互交流学习的故事，或合唱革命歌曲，对课堂教学内容和形式进行了全方位的创新，基础知识在活泼精彩的活动中被学生掌握和理解。大家还参观了班超城、喀什古城开城仪式等，对民汉交往、交流和交融的历史有了更加直观而深远的理解。我们还奔赴处于帕米尔高原的塔什库尔干的护边员模范家庭中和县城中学，与当地百姓和师生进行亲切、亲近的交流，当地人民热爱祖国的深厚情怀让人感动。全国各地对这里的关注和支援，也让人更加热爱祖国的每一寸土地和每一位可爱的同胞。

当下，中国正深入推进社会主义现代化建设，"一带一路"的倡议也吸引着国内外越来越多有识之士加入中国现代化和国际化的大潮中，与此同时，民族团结教育的紧迫性也就更加凸显。通过此次研修，我更加认识到民族团结教育对中国现代化建设的意义，"唯有民族团结教育不可辜负"，这是我作为一名思想政治理论课教师发出的由衷感慨。我相信，自己以后也会自觉将民族团结教育的理论和经验融入工作和生活中去。

以上这些广阔空间中的教育实践、培训和学习经历，都是在中国现代化不断推进的大背景下进行的，大历史和小历史的结合，每每都给我的人生带来诸多震撼和力量。因此，关注现代化进程中的教育创新自然就纳入我的学术研究的思考范围和工作日程中。

如今，中国现代化的实践更加深入和伟大，社会转型也更为宏阔和突出，相关理论和实践研究的突破正当其时。因此，无论是宏观的现代化理论和实践研究，还是相对中观和微观的社会生活研究，都有广阔的发展空间。我在本书中更关注中观和微观的教育现代化研究，即多数在文化转型和社会生活革新视角下进行的教育创新个案探索。本书的叙述时间从中国共产党成立开始，原因是一方面可以从一个长时段展示中国现代教育发展的总体面向和追求，另一方面可以重点揭示以马克思主义为指导思想的中国现代教育在创新方面的鲜明特色。

在此基础上，本书主体共分三部分五章。第一部分"新文化与新教育"，重在阐述近代中国革命和改良突飞猛进走向现代化时期的教育创新。第一章"建党时期中国共产党人在上海的教育创新"，是我的博士学位论文经过修改后的两节内容，重在展现中国共产党以新文明为引领的新教育在最初的一些形态，揭示其现代化和革命化相结合为人民服务的初心和本质特征。第二章"陶行知教育救国思想的发展"，旨在通过陶行知平民教育个案，探究近代中国教育工作者秉承现代文化和教育理念，勇于创新、艰苦奋斗、矢志不移的宝贵精神和品质。第二部分"新时期与新教育"，即为第三章"改革开放以来的中小学生教育创新"，这是我学习和工作之余进行的教育理论和实践探索，重在阐述现代中国社会整体走向现代化时期的教育创新。在新时期中国社会巨大变迁这一背景下，通过相关调研，我透视了中小学家庭教育、网络教育中的热点和难点问题，提出了应对的思路和方案，重在进行组织和制度的探索。其中，第一节"当代中小学生的教育类型及其组织"的初稿系我在本科期间的教育学研修文章，2002年7月在网络上以"上学孩子的教育"为名发布后，为不少研修者抄袭，混淆了文章原意。发现此情况后，我在此谨作修改，以正文心。第三部分"新时代与新教育"重在阐述当下中华文明自信地走向现代化、全球化时期的教育创新。第四章"当代高校的中国文化教育教学实践"，结合中华优秀传统文化课教育教学经验，将文化创新和教育创新结合起来进行思考和实践，推进中华优秀传统文化、革命文化和社会主义先进文化的融合。第五章"新时代高校思政课教学创新"，反映的是新时代不断推进高校思想政治理论课教学创新实践，重在指出教育创新更应该重视将教师的品性和心景培养、教育理念和方法提升等与国家和社会的需求紧密结合起来。在中国现代化日益加快的今天，这些更多反映的是中国精准教育创新、小微和日常教育创新的内容。

中国现代化进程如今正朝气蓬勃地展现出生机和活力，从落后就要挨打的教训，到知识就是力量的觉醒，再到文明塑造世界的实践，教育创新的过程也一直延续着、发展着，并越来越显示出必要性和紧迫性。我个人的教育理念和实践常常与人类新文明发展结合在一起，包括资本主义、社会主义、现代化进程、生态文明等重大内容的冲突与交流。文化、文明是最善于交流和吸纳的，"吸取百家，彰显文明"是我的学术和教育追求。在学术上，我追求新文明，这在中国近代以来和现代化进程关系密切；在教育上，我主张不断创新，以造就适应现代化建设的新人、文明人。其间，因为有了互联网，我可以居于一隅，随时关注世界、联系世界，对新文明的发展动态有所了解。本书通过百年来教育创新的几个专题，试图从历史和现实、理论和实践、国家和社会、文化和教育等相结合的视角进行考察，以窥百年来中国现代化进程中教育创新的主体、主题、理念、方法、类型等的发展和变迁。对文明和教育关系的进一步思考，激发着自己继续在此研究领域前行。文明是教育创新的引领，文化是教育创新的灵魂，而教育创新则在传布文明和文化的过程中起着至关重要的作用，这些看法在本书中多有体现。

总之，在中国教育创新探索中，敬仰过往、尊重当下、善待将来，成为越来越突出的主题。"商业化+工业化+信息化"进程下的新的文明心态和形态，越发突出和受人重视，并且大家越来越自觉和自信。在内容的关怀上，我们越来越关注周遭生活的历史长度、文化厚度、生长高度、发展向度、社会温度，并且日益具有整体意识；在方法的运用上，个人的沉思、体验和实践，群体的联络、互动，这些形态都有所展示，有的方面愈发纯熟。小康社会和小康文化的到来让我们欣喜，也促使我们进一步思考未来的发展目标、方向、动力。全球化和现代化潮流的推进，提醒着我们在内部更加需要具有超越精神的整体联系、团结、鼓励、奋斗，也更需要美好个性的张扬和创造，两者结合，可谓相对的完美。在外部，更加需要外向世界的关怀精神，网络大众教育与实体教育单位的深入联系，让人期待。

本书的写作时间跨度较大，其间得到了诸多亲人和师友的关怀、支持和帮助，得到了诸多学者研究成果的激励和启发，本书的出版也得到了学院的经费支持，在此我对单位和个人都致以深深的谢意。限于个人能力和精力，书中还存在着许多教育创新的空白和遗漏点，教育创新思维和践行的成熟度有待不断提升，不足之处敬请各位学界方家和教育界同人给予批评和指正。"吾生也有涯，而知也无涯。"我将继续努力，争取无负今日、不负众望。

本书献给为中国教育事业默默做出贡献的所有劳动者。

第一部分

新文化与新教育

五四新文化运动，给中国人的精神世界注入了爱国、进步、科学、民主等优秀精神因子，中国的现代教育创新终于开启了大规模发展的大门。这部分以建党时期中国共产党人在上海的教育创新、陶行知教育救国思想的实践为例，探析在中国现代化进程中思想文化实质性破冰之后中国教育创新的动人景观，重在阐述近代中国突飞猛进走向现代化时期的教育创新。

第一章　建党时期中国共产党人在上海的教育创新

　　提高文化水平,普及人民教育,是新文化运动的两大任务[1]。自从1919年"六三运动"以后,社会对上海学生充满了期待,认为"经过一次磨砺以后,上海学生总有一种更进步的表现"[2]。1922年,沈雁冰曾说:"自从五四北京学生发动了后,上海学生就接着有六三运动,那时的学生势力,非常之大,在社会上真是一种了不得的人物,各家报纸也极力赞助;就是那拼命骂新青年的某报,这时也赞成新思想,竭力提倡学生运动了;但是不久就起了非常的反响,社会上不坚信学生了,而那种无谓的黑幕小说、杂志小报,都勃勃地复活起来,而且比起前头更觉多呢。其中最为特别的,可算是南京高等师范出版的《学衡》。"[3] 在都市革命运动中,与工人运动紧密相关的是学生运动,中国共产党人组织学生运动与其在上海的教育活动密不可分。也就是说,中国共产党人高度关注工人运动和学生运动的密切结合,在上海参与的教育也多与革命活动相关。在建党时期,受新文化运动影响的中国共产党人,有不少是优秀的教育工作者,陈独秀、李达、陈望道、沈雁冰、恽代英、杨贤江、

---

[1] 吴玉章:《文学革命与文字革命》,《中国文化》创刊号,1940年1月15日,第40页。
[2] 秋墨:《对上海学生会的希望》,《民国日报》1922年4月23日,第一张,第三版。
[3] 沈雁冰:《五四运动与青年们底思想》,《民国日报》副刊《觉悟》1922年5月11日,第四张,第一版。

邵力子、瞿秋白、施存统等，堪为代表[1]。

外国语学社（也叫留俄预备班）成立于1920年9月，是早期党组织用来培养革命干部、进行革命活动的，由中共发起组、俄共（布）代表团与中国社会主义青年团联合创办[2]，地点就在青年团所在地新渔阳里6号，也就是杨明斋所办华俄通讯社所在地。外国语学社虽然是采取对外公开的形式，并在报纸上刊登广告公开招生[3]，但公开挂牌与否大家后来已记不清[4]，其学员大多由各地革命团体选送而来。学校由杨明斋任校长，俞秀松任秘书，杨明斋和维经斯基夫人库兹涅佐娃主讲俄文，袁振英和沈雁冰讲授英文，李达讲授日文，李汉俊、李震瀛讲授法文。所招学生少时有二三十人，最多时五六十人，刘少奇、任弼时、柯怪君（柯庆施）、萧劲光、罗亦农、李启汉、汪寿华、王一飞、梁柏台、傅大庆、彭湃、彭述之、蒋侠僧（蒋光慈）、曹靖华等先后在此学习[5]。中国社会主义青年团注重在外国语学社发展新团员，李中、罗亦农、任弼时、萧劲光、任作民、王一飞、徐之桢、傅大庆、周兆秋、柯庆施、梁百达、卜士奇、袁达时、彭述之、廖化平等在列。中国共产党成立后，该校于1921年冬停办。早期马克思主义传播者在担任教员时发挥了重要作用，他们讲授马克思列宁主义原理，并组织学员参加上海的一些革命活动。比如，每个学员都发一本《共产党宣言》，由陈望道为大家讲授，可谓是中共最早的党课之一。课堂上有黑板和椅子，老师不仅授课，师生间也相互学习，陈望

---

[1] 关于建党时期中国共产党人在上海的教育创新研究，可参看卢国琪《中国早期马克思主义群体教育思想研究》一书（人民出版社2020年版）。

[2] 袁振英认为早期党组织和团组织是同时成立的，团组织成员有8人：沈玄庐、施存统、陈望道、李汉俊、金家凤、袁振英、俞秀松、叶天底。中国社会主义青年团团址位于戴季陶住宅，外面悬挂"外语学校"招牌。见《袁振英的回忆》（一九六四年二月—四月），中国社会科学院现代史研究室、中国革命博物馆党史研究室选编："一大"前后：中国共产党第一次代表大会前后资料选编（二）》，北京：人民出版社1985年版，第472页。

[3] 见《外国语学社招生广告》，《民国日报》1920年9月28日，第一张，第一版。

[4] 上海市档案馆藏资料：《上海革命历史纪念馆筹备处关于送上筹备中渔阳里六号纪念馆有关材料的函》（1957.08.23），档案号：A22-1-307-17。

[5] 关于外国语学校的具体信息和研究可参看曹靖华：《从上海外国语学社到莫斯科东方大学》；慕水：《外国语学社师生名录》，中共"一大"会址纪念馆和上海革命历史博物馆筹备处编：《上海革命史资料与研究（第一辑）》，上海：上海古籍出版社1992年版；陈绍康：《上海外国语学社的创建及其影响》，《上海党史》1990年第8期；张富强、刘丽梅：《上海外国语学社研究综述》，《上海党史与党建》2011年第6期；等等。

道、高语罕、沈泽民、赵立志、穆见卜、钟复光等在该校教学和学习[1]。李达也在此学习过,不过只学了俄文字母。马克思主义传播和教育的紧密结合功能在此也得到高度体现[2]。值得一提的是,这些学员能到苏俄留学,都是由李汉俊担任主笔和编辑的《星期评论》资助的。

还有工人补习学校,这在当时被看作是组织工会的准备步骤,目标是逐步建立工人组织的中心,唤醒工人觉悟,增强工人的革命思想[3]。1920年,中共发起组成立后,在沪西小沙渡槟榔路碑锦绣里3弄(今安远路62弄178—180号)的一座日式二层楼,李启汉受陈独秀委托,试办了中共第一所"工人半日学校"[4],主持校务并任教,开展工人教育。学校免费专招职工,分早、晚两班上课:夜班工人每日上午7—9时上课;日班工人每日晚上7—9时上课,半日学校名副其实。一开始,课堂设有黑板和坐凳等,采用基督教青年会编的普通识字课本教学[5],但工人对此反应相对冷淡[6]。李启汉就请来了杨明斋、邵力子和沈玄庐等社会名流为该校造声势,同时还改变了教学方式。上课时,没有讲台,老师就和学生坐在一起,先是营造一种轻松的气氛,比如大家听一会儿留声机,或聊天、喝茶、谈家常,然后老师教工人识字,并回答学生提出的问题。老师在上课时注重语言的通俗易懂,比如教"工人"两字时,老师就启发大家说:"工"和"人"加起来是"天",我们工人头顶青天,脚踩大地,世界上的财富都是工人创造的;工人穷,不是命运不好,而是创造的财富都被资本家吃了、喝了,装进腰包了;工人越来越穷,资本家越来越富,这是社会制度造成的。学校尽量利用现代化的教育技术,比如购买留声机放唱片、组织游艺会等现代娱乐活动,并采用启发式教学,使工人逐渐懂

---

[1] 李达:《回忆党的早期活动》,《党史资料丛刊》编辑部编:《党史资料丛刊》1980年第1辑,上海:上海人民出版社1980年版,第23页。
[2] 李达:《回忆老渔阳里二号和党的"一大"、"二大"》,《党史资料丛刊》编辑部编:《党史资料丛刊》1980年第1辑,上海:上海人民出版社1980年版,第21页。
[3] 陈公博著、韦慕廷编:《共产主义运动在中国》,中国社会科学院近代史研究所翻译室译,北京:中国社会科学出版社1982年版,第98—99页。
[4] 学校相继改名工人游艺会、上海第一工人补习学校。
[5] 信洪林:《我党建立的第一个工人学校》,中国共产党第一次全国代表大会会址纪念馆:《上海地区建党活动研究资料》,上海:中国共产党第一次全国代表大会会址纪念馆1986年自编,第84页。
[6] 沈以行主编:《上海工人运动史(上)》,沈阳:辽宁出版社1991年版,第62页。

得革命的道理。尤为可贵的是，李启汉为了拉近与工人的距离，下工夫改掉了湖南乡音，学会了上海话。工人们也由最开始的"去上学"转变为"走！听道理去"。该校不仅培养了一批工人运动骨干，为沪西纺织工会和沪西工友俱乐部的成立奠定了基础，而且在上海工人运动方面的开创性对中国工运也有重要意义[1]。据1921年5月1日的资料，该校报名入学者有200人，其中女生20余人，经常到校上课的有30余人[2]。当年秋，该校被租界巡捕房查封。1921年8月，沪西工人半日学校以上海第一工人补习学校的名义出现，中国劳动组合书记部干事李震瀛担任校长，扩大了办学规模。

中国共产党"一大""二大"和中国社会主义青年团都十分重视教育工作。1921年7月23—31日，中国共产党第一次全国代表大会举行。《中国共产党第一个决议》确定当时党的基本任务是组织各种产业工会、出版书报刊物、建立劳工补习学校、劳工补习所等，以提高工人的觉悟，加强对工会和工人运动的研究。据此，中国社会主义青年团召开了第一次全国代表大会，讨论通过了《关于教育运动的决议案》，分别从社会教育、政治教育、学校教育三个方面提出工作任务：在社会教育方面，要提高社会青年的知识，提高其社会觉悟，并使年长失学的青年接受普遍文化教育；在政治教育方面，要向大多数无产阶级青年宣传社会主义，启发并培养他们的政治觉悟及批评能力；在学校教育方面，要发动改革学校教育制度，使一般贫苦青年接受初步的科学教育，并发动实施普遍的义务教育，发动学生参加校务管理，取消基于宗教关系和其他关系的一切不平等待遇。1922年7月，中国共产党在上海南成都路辅德里625号（现为老成都北路7弄30号）召开了第二次全国代表大会。在发表的宣言第三部分"中国共产党的任务及其目前的奋斗"中，提出了教育工作的基本纲领："改良教育制度，实行教育普及"，"女子在政治上、经济上、社会上、教育上一律享受平等权利"。宣言还揭露了帝国主义"派遣许多的顾问牧师，出版报纸，设立学校，是企图更顺利地达到他们贪婪掠夺的目的"，等等[3]。

本章以平民女校和上海大学（1922—1927）为例，考察中共建党时期在

---

[1] 邓中夏：《中国职工运动简史》，佳木斯：东北书店1947年版，第14页。
[2] 黄舜融：《沪西劳动状况》，《民国日报》副刊《觉悟》1922年5月1日，第二张，第三版。
[3] 陈科美主编：《上海近代教育史（1843—1949）》，上海：上海教育出版社2003年版，第367页。

上海教育领域中的不断探索和深入追求。

第一节 中国共产党人与平民女校教育试验

随着五四新文化运动的发展,"走向民间""平民教育"社会思潮传遍神州大地。当时胡适就言:"现今的人都说教育可以救种种的弊病。但是依我看来,中国的教育,不但不能救亡,简直可以亡国。""所以我奉劝列位办学堂,切莫注重课程的完备,切要注意课程的实用。尽不必去巴结视学员,且去巴结那些小百姓。视学员说这个学堂好,是没有用的。须要小百姓都肯把他们的子弟送来上学,那才是教育有成效了。"[1] 虽然,胡适的批评是实用主义的,但他的建议对中国现代化建设是有助益的。中国共产党成立以后,就准备在妇女解放运动上有所开展,创建平民女校便是其中的成绩之一。

一、陈独秀、李达倡议建立女校

考虑到上海的工业发展水平较高、女工较多、联络方便以及解决党内干部家属在上海的生活问题[2],1921 年 10 月,陈独秀与李达商议办一所平民女校(又称平民女学校),以招收女工为主。之所以取名"平民女校",教员沈泽民解释说:"'平民'是别于'贵族'的意思,换一句话说,何以称作平民女校,因为第一,这是平民求学的地方。第二,这是有平民精神的女子养成所",希望平民女校发达起来"实现我们理想中所盼望的妇女运动之花"[3]。平民女校办学宗旨是:"养成妇运人才,开展妇运工作。"在对外宣传上,其声称"本校是我们女子自己创办的学校,专在造就一班有觉悟而无力求学的女

---

[1] 胡适:《归国杂感》,《新青年》第四卷第一号,1918 年 1 月 15 日。
[2] 王家贵、蔡锡瑶:《平民女学》,《党史资料丛刊》编辑部:《党史资料丛刊》1981 年第 2 辑,上海:上海人民出版社 1981 年版,第 129—130 页。
[3] 沈泽民:《这不是慈善事业呢!》(《妇女声》第六期,1922 年 3 月 5 日),张腾霄主编:《中国共产党干部教育研究资料丛书(第二辑)》,北京:中国人民大学出版社 1989 年版,第 101 页。

子,使取得谋生工具,养成自立精神"[1]。由于党的经费不足,李达用自己的稿费,租了其后门斜对面的南成都路辅德里632号A(今成都北路7弄42—44号)作校舍,租金每月50元,由李达夫人王会悟出面租赁。

由于中共工作的秘密性,女校是以上海中华女界联合会(会长黄徐汉,黄兴夫人)名义主办的。女校结构简单,但却五脏俱全。女校主体是一栋两楼两底的石库门里弄房子,楼上的客堂间是教室——其中的课桌椅均由徐宗汉捐助,厢房则作为学生宿舍;楼下成了学生的工读工厂(有缝衣铺、摇袜子的机器)和饭厅。从1922年2月6日起,学校连续在《民国日报》上做广告,绝大多数登载在第一张第一版;10日,在中共第一份妇女刊物《妇女声》刊登了招生信息和简章[2],3月5日,《妇女声》还就此出版"平民女校特刊号"。陈独秀和李达在《妇女声》上发表文章,热情赞扬该校的确是为女子解放而办的第一个学校,是到新社会的第一步[3],并希望该校做一只风雨如晦中的晨鸡[4]。

二、学校教学中的中国共产党人

平民女校教师中有不少中国共产党人,学校内设文学部和工作部,李达为该校校务主任,王会悟协助办理行政事务[5]。李达、蔡和森先后担任校务主任,陈独秀、李达、邵力子、陈望道、沈雁冰、沈泽民等为兼职教员,刘少

---

[1] 《上海平民女学校招生》,《民国日报》1922年2月6日,第一张,第一版。
[2] 《上海平民女学校招生》(《妇女声》1922年2月10日),张腾霄主编:《中国共产党干部教育研究资料丛书(第二辑)》,北京:中国人民大学出版社1989年版,第86、87页。
[3] 李达:《平民女学是到新社会的第一步》(《妇女声》第六期,1922年3月5日),张腾霄主编:《中国共产党干部教育研究资料丛书(第二辑)》,北京:中国人民大学出版社1989年版,第96页。
[4] 陈独秀:《平民教育》,张腾霄主编:《中国共产党干部教育研究资料丛书(第二辑)》,北京:中国人民大学出版社1989年版,第96页。
[5] 王家贵、蔡锡瑶:《平民女学》,《党史资料丛刊》编辑部:《党史资料丛刊》1981年第2辑,上海:上海人民出版社1981年版,第131页。另据李达回忆,他任该校校长,王会悟任主任,见《李达自传》(节录),中国革命博物馆党史研究室编:《党史研究资料(第二集)》,成都:四川人民出版社1981年版,第7页;而据王会悟回忆,校长是李达,实际是她负责,见刘明义整理:《王会悟回忆平民女校及早期妇女运动等情况的记录》,中共"一大"会址纪念馆和上海革命历史博物馆筹备处编:《上海革命史资料与研究(第4辑)》,上海:上海古籍出版社2004年版,第518页。

奇、张太雷、恽代英等曾先后到校演讲[1]。文学部老师有陈望道、施存统、沈雁冰等，工作部则有柯庆施、沈泽民和秦德君等。李大钊也曾来学校指导过工作。表1-1为平民女校部分师资情况汇总。

表1-1　平民女校部分师资情况汇总表

教　师	所教科目	教学层次
邵力子	国文	高等班
高语罕	国文	高等班
陈望道	作文	高等班
张守白	国语文法	高等班
陈独秀	社会学	高等班
李　达	数学	高等班
沈雁冰	英文	高等班
沈泽民	英文	高等班
（美）安立斯	英文	高等班
周昌寿	物理、化学	高等班
李希贤	经济学	高等班
范寿康	教育学	高等班
王会悟	国文	初等班
高君曼	国文	初等班
张秋人	英语	初等班
柯庆施	算术	初等班

资料来源：会悟：《入贫民女学上学一星期之感悟》（《妇女声》第六期，1922年3月5日），中华全国妇女联合会妇女运动历史研究室编：《中国妇女运动历史资料（1921—1927）》，北京：人民出版社1986年版，第47页。另，此处参考了张素玲的整理成果，见张素玲：《革命与限制：中国共产党早期妇女领袖（1921—1927）》，开封：河南大学出版社2011年版，第115页。

---

[1] 中共江苏省委党史工作委员会编：《江苏革命斗争纪略（1919—1937）》，北京：档案出版社1987年版，第42页。

在教学内容上,平民女校老师比较注重社会现实和生活实际,因此强调社会实践和应用能力。据陈望道回忆,平民女校老师注重社会实际需求、学生的实际基础和能力,比如语文课的设置,比较注重内容,不注重文辞,实际上更像是社会科学[1]。

在教学时间安排和方法上,学校属于兼职授课,形式较为自由。老师大都有自己的职业,不能按钟点到校上课,有空才能来,因此上课就成了讲座。有时候,老师夜里来了,学生就从床上爬起来去听课。

客观地讲,由于教学的实践带有一定的实验性和缺乏系统性,因此老师和学生之间的互动还有一定的距离。据丁玲回忆:"平民女校的课程并不是很系统的,讲'五四'以后的白话文,包括散文、短篇小说等,这些作品我们中有些人老早就看过的。邵力子讲古书,我们对此不感兴趣。陈独秀经常给我们讲课,还给我们上了几次数学课。沈雁冰教英文,讲奥斯特洛夫斯基的《穷人》。那时候陈独秀、沈雁冰才二十多岁。沈泽民、张闻天、汪馥泉都到平民女校来过。他们三人搞了个狂飙社,找我们这些小孩子参加,我们兴致很好,但是没有搞起来。那年马克思生日,开纪念会,我们去听,由李汉俊讲马克思主义。黄爱、庞人铨那些人死了,开纪念会,我们也去参加。工人闹罢工,我们到马路上去捐钱,跑到浦东纱厂去演讲,劝工人坚持罢工。我们的湖南口音女工们听不懂,张秋人给翻译。开始时,我们对这些事满有兴趣,认为这是革命,但半年下来,觉得这样东跑西跑,东听一课西听一课,有些浪费时间,不如自己读些书。因此,一九二二年下半年,我和王剑虹就到南京去。"[2]

三、慕中国共产党人之名而来的学生

平民女校学生渴求真理,追求妇女解放,对教员陈独秀、邵力子等慕名

---

[1] 陈望道:《会议党成立时期的一些情况》(一九五六年六月十七日),中国社会科学院现代史研究室、中国革命博物馆党史研究室选编:《"一大"前后——中国共产党第一次代表大会前后资料选编(二)》,北京:人民出版社1985年版,第24页。

[2] 丁玲:《我在爱情中生长》,桂林:漓江出版社1988年版,第100—101页。

已久。1922 年 2 月，前后共招收 30 多名学员，她们中有王剑虹、王一知、蒋冰之（丁玲）、钱希均（钱汉英）、傅一星（达平）、高君曼、王会悟等。

平民女校的学生起初年龄跨度从 12 岁到 30 岁左右，文化程度也参差不齐，既有小学生、初中生，也有没上过学的。平民女校采用分层教学，学生因而分为初等班和高等班。高等班上课学习社会科学、共产主义，她们中有王剑虹、王一知、蒋冰之、高君曼、王会悟、王醒予、秦德君、王苏群、薛正源、傅戍凡、蒋鞠伊、黄玉衡、傅一星等。初等班学员文化水平低，她们中有钱希均、王淑亮、卢亮、张怀德、高玉英等，有的是共产党人的家属，如张秋人的妻子等，就上语文、认字等文化基础课，由张秋人、柯庆施教她们。低等班学员实行工读制，一边读书，一边做工，给人家做衣裳，专有一个裁缝教她们[1]。

平民女校的学费是"高等班每月两元，初等班每月一元，工作部学生免缴"[2]。学校经费原计划由半工半读学生的劳动所得而实行自给自足，但实际情况却发生了变化。在工作部的车间，共有 16 台机器：12 部织袜机、4 部织毛巾机，开学后的劳动实践很不理想，能够经常在车间生产的人只有秦德君和技术员阿金，秦德君织袜子，阿金织毛巾。秦德君在四川省立女子实业学校时曾学过手艺，所以可制造些轻工业日用品，但是从事生产的人太少。为了弥补生产能力不足、提高学校收入，文学部的学生就以半工半读的劳动来支持学校起码的开支[3]。

四、中国共产党人对女校革命运动的支持

由于平民女校的革命性，加上平民女校对外是公开的，因此该校成为外地与中共组织和中共中央的重要联络站，中共党内有些会议也在平民女校召开。

平民女校积极参加工人运动，注重理论和实践的结合。据王会悟回忆：

---

[1] 丁玲：《我在爱情中生长》，桂林：漓江出版社 1988 年版，第 100 页。
[2] 《上海平民女学校招生》，《民国日报》1922 年 2 月 6 日，第一张，第一版。
[3] 秦德君、刘淮：《火凤凰：秦德君和她的一个世纪》，北京：中央编译出版社 1999 年版，第 20 页。

"我们参加的社会活动，主要是到工厂去进行宣传教育，组织工人搞罢工斗争。这方面的工作多是由李启汉同我们联系。我们到小沙渡、权袋角一带的工厂比较多些。"[1] 王一知也回忆说，女校的积极分子主要参加工人罢工，到各工厂特别是一些女工工厂如纺织厂、绸厂、烟厂等去进行宣传鼓动、贴标语、发传单、听工人的生活诉苦等[2]。《妇女声》一直对平民女校给予支持，王会悟参加工人运动做的演讲宣传，整理成《对罢工女工人说的话》一文，就发表在《妇女声》第10期上。

1922年，由于李达应毛泽东之邀到湖南自修大学任教，王会悟与夫同行，由蔡和森、向警予负责平民女校，但因经费不足该校最终停办[3]。

平民女校是中共创办的第一所培养妇女干部的学校，在当时主要是一个进行革命活动的联络机关，没有严格锻炼和培养干部[4]，然而该校在中共成立初期在上海的社会实践意义不可低估，尤其表现在中国共产党人对社会改造的强烈追求和表达上。有的女学员还与中国共产党人结成了革命伴侣，如王剑虹、王一知、钱希均分别嫁给了瞿秋白、张太雷、毛泽民，成就了革命佳话，点缀着中国共产党人对社会革命的追求。

第二节 中国共产党人在上海大学（1922—1927）的红色革命传播

1922—1927年的上海大学，是中国共产党主导创办并实际领导的第一所正

---

[1] 刘明义整理：《王会悟回忆平民女校及早期妇女运动等情况的记录》，中共"一大"会址纪念馆、上海革命历史博物馆筹备处编：《上海革命史资料与研究（第4辑）》，上海：上海古籍出版社2004年版，第519页。

[2] 刘明义整理：《王一知回忆平民女校上海大学及早期妇女运动等情况的记录》，中共"一大"会址纪念馆、上海革命历史博物馆筹备处编：《上海革命史资料与研究（第4辑）》，上海：上海古籍出版社2004年版，第515页。

[3] 李达：《中国共产党的发起和第一次第二次代表大会经过的回忆》，本社编：《一大回忆录》，北京：知识出版社1980年版，第14页。

[4] 刘明义整理：《王一知回忆平民女校上海大学及早期妇女运动等情况的记录》，中共"一大"会址纪念馆和上海革命历史博物馆筹备处编：《上海革命史资料与研究（第4辑）》，上海：上海古籍出版社2004年版，第515页。

规大学。它为中国共产党人进行红色革命传播提供了良好的园地。上海大学成立于1922年10月23日，由东南高等专科师范学校改造而来[1]，经费来源为学生学费和校董会募集的捐款。学校教职工和学生虽无事前之约定，却不谋而合有共同的意识和希望，学校办学宗旨为"养成建国人才，促进文化事业"[2]。学校大学部设有社会学系、中国文学系和英国文学系三个系，并附设美术专科。中学部是一所附属中学，包括高中和初中[3]。上海大学每个系都开设了现代政治选修课，而在社会学系，以马克思主义科学理论武装学生头脑成为该系的特色。这是适应中国革命形势发展需要的产物，也是上海现代性发展的反映[4]。其具体体现了新文化运动后民主主义和社会主义的结合。而在共产党的领导下，上海大学的革命和民主气氛异常浓厚，为当时上海一般学校少见[5]。以下试从中国共产党人在上海大学的聚集、红色革命的传播实践及其社会影响等方面展开分析。

一、济济一堂的中国共产党人

上海大学的思想传播方向主要为中国共产党人所把握。校长于右任虽在

---

[1] 《民国日报》发布启事："本校原名东南高等专科师范学校，因东南二字与国立东南大学相同，兹从改组会议之议决变更学制，定名上海大学，公举于右任先生为本大学校长，此布。"《上海大学启事》，《民国日报》1922年10月23日，第一张，第一版。

[2] 邓中夏：《上海大学周刊》1924年5月4日，转引自上海社会科学院历史研究所编：《五卅运动史料（第一卷）》，上海：上海人民出版社1981年版，第261页。

[3] 上海大学在《民国日报》上所做的相关广告《上海大学》《上海大学录取新生案》《上海大学第二次招生》等，非常清晰地显示了其学科架构。可参看《民国日报》1923年7月1—18日，第一张，第一版；早期较为完善的上海大学建设计划可参看：《上海大学概况》，《民国日报》副刊《觉悟》1923年6月14、15、19日。实际的学科建设有不同说法，参看林代昭主编：《中国近现代人事制度》，北京：劳动人事出版社1989年版，第332页。

[4] 瞿秋白于1923年夏天任上海大学社会学系主任后，在《民国日报》副刊《觉悟》上发表文章，介绍上海大学创办缘起及学科建设情况，其中浸润着"社会改造"和"文学革命"思想，并明确提出将社会主义思想从空想转向系统的科学研究，暗含了上海大学需要有革命性、时代性建设，以担负时代所赋予的使命和革命的责任，既具有开创性和可操作性，又彰显了瞿秋白思想境界之高远和精神世界中所具有的革命性和现代性特质。瞿秋白：《现代中国所当有的"上海大学"》，《民国日报》副刊《觉悟》1923年8月2日，第四张，第一一二版；1923年8月3日，第一一三版。

[5] 汪令吾：《国共合作创办的上海大学》，上海市政协文史资料委员会编：《上海文史资料存稿汇编（9）》，上海：上海古籍出版社2001年版，第223页。

上海居住，但经常不在学校，学校的具体事务由邵力子和陈望道负责。社会学系主任是瞿秋白（施存统、李季曾相继担任过该职位），中国文学系主任是陈望道，英国文学系主任是何世桢。瞿秋白和陈望道还先后兼任学校的教务长。共产党人决定着上海大学的办学方向、教导方针、政治活动等。上海大学的中共革命力量占有较大的比重。1923年，上海大学的中共党员人数有11人，占上海市党员总数的1/4；1926年12月，上海大学的中共党员人数增加至130人[1]。1926年3月，中共上海大学独立支部成立，直属中共上海区委领导，在上海大学任教的沈雁冰等人正是区委领导。其他还有与共产党关系密切的文化名人丰子恺、郑振铎、周建人、田汉和赵景深等，这些都为红色革命的传播提供了良好的环境。

上海大学聚集着很多中国共产党人中的精英，《新青年》、《向导》周报、《前锋》等进步报刊，在上大流传甚广，学生从中汲取了政治营养[2]。他们的老师陈独秀、蔡和森、瞿秋白等人正是报刊的负责人或编辑。在社会学系，老师绝大多数是共产党人，如瞿秋白、蔡和森、恽代英、邓中夏、张太雷、施存统、萧楚女、彭述之、任弼时、郑超麟、李达、任卓宣（即叶青）、安体诚、蒋光慈、沈泽民等；在中国文学系或上大附属学校，共产党人也居多，如邵力子、沈雁冰、蒋光慈、杨贤江等[3]。李大钊也是该校的讲座教授[4]。他们都受过良好的国学教育，不少人还在日本、法国、俄国等国学习乃至钻研过马克思主义、社会主义思想。因此，红色革命传播主体实力雄厚、人才济济。中国共产党早期的主要领导人陈独秀与上海大学关系密切，也在一定意义上指导着中国共产党人在该校的活动。表1-2为在上海大学任教的部分中国共产党人的授课信息。

---

[1] 张兆熊：《弄堂大学育英才：上海大学若干史料》，中国人民政治协商会议上海市闸北区委员会文史工作委员会：《上海市闸北文史资料（第5辑）》，1993年版，第24页。

[2] 胡允恭：《金陵丛谈》，北京：人民出版社1985年版，第17页。

[3] 《姚天羽同志关于上海大学的回忆》，上海社会科学院历史研究所编：《五卅运动史料（第一卷）》，上海：上海人民出版社1981年版，第267页。

[4] 《上海大学革新之猛进》，《民国日报》1923年6月14日，第三张，第十一版。

表1-2 在上海大学任教的部分中国共产党人的授课信息

教 师	所任职务、所教科目及其层次
邓安石（中夏）	校务长；伦理学、公民学（中学部）
瞿秋白	社会学系主任；社会学（中国文学系）；社会学、社会哲学（社会学系）；社会文化史二（高二公选科）、俄文一（高二第一部文学科选修课）、社会学三（高二第二部社会科学科选修课）
施存统	社会学系主任；社会思想史、社会问题、社会运动史（社会学系）；社会运动史二（高二第二部社会科学科选修课）、社会思想史二（高二第二部社会科学科选修课）
蔡和森	社会进化史（社会学系）；经济学三（高二第二部社会科学科选修课）

资料来源：《上海大学概况附录之一》，《民国日报》1923年8月13日，第二张，第七版；黄美真等编：《上海大学史料》，上海：复旦大学出版社1984年版，第51—54页。根据文字和表格内容整理。

社会学系主要宣传马克思主义基本原理，成为红色革命传播的重要阵地。教材有马列著作，孙中山作品，瞿秋白的《现代社会学》《社会哲学概论》《社会科学概论》《现代民族问题》，瞿秋白、施存统、安体诚编著的《社会科学讲义》，蔡和森的《社会进化史》，恽代英的《中国政治经济状况》，萧楚女的《中国农民问题》，邓中夏的《中国劳工问题》等。上述教材除在学校油印分发给学生外，还由上海书店出版活页本，供校外爱好社会科学的青年选购[1]。上海大学亦出版有《上海大学周刊》《上大五卅周刊》《上海大学三周年纪念特刊》等，进行马克思主义等革命思想的传播[2]。

中国共产党人在上海大学的聚集，大大充实了红色革命传播的主体，同时丰富了红色革命传播的主题。

---

[1] 《姚天羽同志关于上海大学的回忆》，上海社会科学院历史研究所编：《五卅运动史料（第一卷）》，上海：上海人民出版社1981年版，第267页。
[2] 黄美真等编：《上海大学史料》，上海：复旦大学出版社1984年版，第182—262页。

二、丰富的革命传播渠道

中国共产党人非常重视红色革命传播的渠道。无论在学校教育教学中，还是在学生课外阅读中，作为教育者的中国共产党人都非常注重红色革命传播。

上海大学的教授们，虽然不以教学工作当作糊口的职业，且不住在学校，但都对学生很负责。不少老师经常在报刊上发表文章，学生也经常关注这些老师对社会问题的见解，学生们很容易同老师找到共同语言。在社会进步的追求上，老师经常鼓励学生、指导学生[1]。瞿秋白是上海大学的权威教授[2]，讲课滔滔不绝、分析透彻、语言有说服力，深受学生喜欢[3]。他到上大不久，就对学校的教育提出"自动教育"的创见，即各系皆应有"现代政治"选修课，也就是每周进行一次自由讨论。学社亦可以自行组织其他主题的研究会，请一位导师分配材料、题目，讲解答辩。他认为这种研究会有以下好处：不死搬教科书；学生以其所知的科学方法应用到实际生活中去；全校学生共聚一堂可以锻炼学生的"集合意识"；学校不是书房里的少爷生活，而是社会里的公民生活[4]。1923年7月1日，上海大学美术科举办第一届图音组、图工组两班34名毕业生的庆典活动，该校教职员和全体学生参加。沈雁冰作为教师代表发表演说，中心围绕着艺术与社会改造、人生与革命之关系，极富上海大学特色[5]。其他如邓中夏的魄力和毅力，蔡和森、恽代英和萧楚女的鼓动性和诙谐幽默，邓中夏和张太雷精神愉快活泼、为人亲近，也给人深刻印象[6]。

---

[1] 施存统：《上海大学的精神》，《民国日报》副刊《觉悟》1923年10月23日，第四张，第三版。

[2] 上海大学首次评议会推选叶楚伧、陈德徵、邓安石（中夏）、瞿秋白、洪野、周颂西、冯子龚、陈望道、邵力子等九人为评议员，"处理全校一切根本重大事务"。见《上海大学首次评议会》，《民国日报》1923年8月13日，第三张，第十版。

[3] 杨之华：《忆秋白》，本社编：《红旗飘飘（第八册）》，北京：中国青年出版社1957年版，第27、29页。

[4] 瞿秋白：《现代中国所当有的"上海大学"（续）》，《民国日报》副刊《觉悟》1923年8月3日，第四张，第二版。

[5] 《上海大学毕业之盛典》，《民国日报》1923年7月3日，第三张，第十版。

[6] 见杨之华：《忆秋白》，本社编：《红旗飘飘（第八册）》，北京：中国青年出版社1957年版，第26、29页；胡允恭：《创办上海大学和传播马克思主义——蔡和森同志革命斗争的一件大事》，本社编：《回忆蔡和森》，北京：人民出版社1980年版，第118页。

上大的教育注重"读活的书",使读书与生活(尤其是社会的、民族的内容)紧密联系,师生之间以诚相见。他们平日勤奋地研读、热烈地讨论,对彼此的印象具有深刻化、活力化的特征[1]。当时就有人形容,上海大学的学生,都是自觉的青年,他们不在乎宿舍的简陋,更在乎功课和自治等问题,他们不怕吃苦、刚毅不拔,是预备做建设新中国的工人的[2]。丁玲回忆道:"同学有戴望舒、施蛰存、孔另境、王秋心、王环心等,这些同学对我们很好,我们则有些傲气。施存统住在我们隔壁,我们常去他那里玩。瞿秋白,我们觉得还是可以与之聊天的。"[3]

上海大学与上海书店关系密切。因为上海大学,上海书店在中国近代大学教材尤其是社会学教材出版上具有一定的开创性。

上海大学与当时《民国日报》的亲密关系不能不提。该报由叶楚伧、邵力子主编,1924 年被定为国民党机关报,是上海滩的强势媒体。以 1923 年 5—8 月为例,上海大学接连在《民国日报》头版做广告,说明上海大学发挥的重要作用。

上海大学还是中共中央机关报《向导》周报的通讯处,而北京大学是另一通讯处,这样上海大学和北京大学也紧密联系起来。借助革命的力量,加上《向导》周报的传播声势,当时流传的"南有上大,北有北大"的说法也不足为奇了。

另外,上海大学还经常举办讲座,以提高文化之名,邀请海内外学者名流长期到校演讲,校内外人士皆可自由听讲,不需要入场券[4]。

其间,中国共产党人也很重视红色革命传播的思想和文化路径。那就是在关注社会生活的基础上,重视社科会学理论研究和文学艺术创作。1923 年夏天,刚到上海大学不久的瞿秋白在对学校提出的要求中,也正好反映了他

---

[1] 张士韵:《中国民族运动史的上海大学》(节录,《上海大学留沪同学会成立大会特刊》1986 年 9 月 27 日),转引自上海社会科学院历史研究所编:《五卅运动史料(第一卷)》,上海:上海人民出版社 1981 年版,第 263 页。
[2] 施存统:《上海大学的精神》,《民国日报》副刊《觉悟》1923 年 10 月 23 日,第四张,第三版。
[3] 丁玲:《我在爱情中生长》,桂林:漓江出版社 1988 年版,第 102 页。
[4] 《上海大学特别讲座布告》,《民国日报》1923 年 11 月 3 日,第一张,第一版。更多资料可参看黄美真等编:《上海大学史料》,上海:复旦大学出版社 1984 年版,第 96—99 页。

对社会生活认识的两种路径或两个重要方面:"切实社会科学的研究及形成新文艺的系统!——这两件事便是当有的'上海大学'之职任,亦就是'上海大学'所以当有的理由。"[1]即社会科学和新文艺。上海大学学生在此方面的组织能力非常突出,宣传文化的有"书报流通社",研究学术的有"社会科学研究会""三民主义研究会""湖波文艺研究会""春风文学会""孤星社"等,增进平民知识的有"平民夜校",还有演讲练习组织[2]。

在如何进行红色革命传播上,中国共产党人结合自己的实践进行了诸多有益的探索。

三、思想启蒙和人才成长的摇篮

上海大学的红色出版物影响较为广泛和深入。据上大学生张士韵回忆:"上海大学的教授们将素日研究的成果,从历史上推演下来的结论,从实际社会现象与社会活动中抽出来的理论,编辑成书,印发全国……"[3]《向导》周报、《新青年》等,学生几乎都看。有时候,因报刊需求量较大,《向导》周报、《中国青年》杂志就在校内的地下室添印。上海租界当局的《警务日报》,曾重点描述了上海大学的红色革命传播情况,从中可以看出中共红色革命宣传者的集群力量,以及中国共产党人走进校园的力度[4]。

1924年12月9日,公共租界当局借口上海大学出售《向导》周报等报刊,闯进学校,肆无忌惮地对学校图书室、讲义室以及书报流通处的进步书刊、讲义进行搜查和抢掠,涉及《社会科学概论》《社会进化史》《新建设》《孙中山先生十讲》《民族主义》《上大周刊》等百余种。事后,会审公廨又拿

---

[1] 瞿秋白:《现代中国所当有的"上海大学"》,《民国日报》副刊《觉悟》1923年8月2日,第四张,第一版。
[2] 范寿康:《学校新闻汇集》,《民国日报》1924年11月18日,第二张,第六版。
[3] 张士韵:《中国民族运动史的上海大学》(节录,《上海大学留沪同学会成女大会特刊》1986年9月27日),转引自上海社会科学院历史研究所编:《五卅运动史料(第一卷)》,上海:上海人民出版社1981年版,第269页。
[4] 《警探口中的上海大学》(工部局《警务日报》1924年12月2日),转引自上海社会科学院历史研究所编:《五卅运动史料(第一卷)》,上海:上海人民出版社1981年版,第269页。

第一章 建党时期中国共产党人在上海的教育创新

传票来传代理校长邵力子[1]。

上大师生坚决予以反击。由陈独秀领导、蔡和森主编的《向导》周报，在第96期（1924年12月24日）发表维经斯基《帝国主义在中国之宣传》、天声《英国帝国主义压迫中国民族之三个证据》、郑超麟《对帝国主义文化侵略之又一抗议——雅礼罢课事件》，"读者之声"栏目发表《快起来反抗外国人摧残中国的言论自由》等，进行严重抗议。《向导》周报在第97期"读者之声"继续对租界当局这一暴行进行揭露。社会学系学生何秉彝在《向导》周报所发的文章中，不仅严厉谴责了帝国主义的野蛮行径，还坚定地认为：《向导》周报唤醒了中国人民的觉醒。帝国主义的野蛮搜查，"不但未将我们的尖兵——《向导》——丝毫未得加以妨害，反转提醒许多人，作为你的劲敌了"[2]。

1924年夏，上海大学的进步师生在沪西、沪东、浦东等工人区开办夜校，开展宣传和组织工作，进行革命教育活动。而在上海工商学各界举行市民大会或游行示威反抗帝国主义和封建军阀时，上海大学总是走在前列。1925年，五卅惨案引发的革命运动期间，上海学生联合会等团体在宣传鼓动方面非常努力，其中上海大学颇为突出，《字林西报》还特别指出该校受中国共产党影响[3]。后来，何秉彝不幸被英国人枪杀，上海大学学生会致电全国各学校各团体及各界人士："本校亦于六月一日起实行罢课，誓达惩凶雪耻之目的，还望全国各界一致响应。"[4] 6月4日，英国巡捕和海军士兵包围地处华界的上海大学，并闯入学校搜查。他们把所有师生骗到运动场，逐一搜查全身，事后

---

[1] 何秉彝：《帝国主义蹂躏上海大学的追记》，《向导》周报第九十六期，1924年12月24日，第805—806页。

[2] 何秉彝：《帝国主义蹂躏上海大学的追记》，《向导》周报第九十六期，1924年12月24日，第805—806页。

[3] 《学生在南京路暴动，几个中国人死亡》（《字林西报》1925年6月1日），转引自上海社会科学院历史研究所编：《五卅运动史料（第一卷）》，上海：上海人民出版社1981年版，第706页。《密勒氏评论报》也认为："从骚动开始时起，上海外国报纸曾经指出布尔什维克党的活动在幕后操纵这些骚乱。虽然举不出什么事例来确实证明这一点，但布尔什维克党的势力，在中国、尤其是在学生界中间，确实有其影响。"《五卅运动罢工全貌》，《密勒氏评论报》第33卷第8期，1925年7月25日，转引自上海社会科学院历史研究所编：《五卅运动史料（第一卷）》，上海：上海人民出版社1981年版，第719页。

[4] 《各界发表文电》，《民国日报》1925年6月3日，第三张，第十版。

进行拳打脚踢，大声斥逐，对师生进行侮辱。学校所有的书籍、文件被没收，宿舍里的学生用具限10分钟内搬出。上海大学被英国海军陆战队占领[1]。事后，巡捕房为这种暴行辩解说："上海大学因有共产党嫌疑，奉谕封闭。"[2] 上海大学全体师生严重抗议英国帝国主义暴行，公开发表声明："本大学现已到了转换忍受态度为奋斗态度的时候了，对于中外特行郑重申明：凡本大学以前所受的搜查判决，全系特势压服反乎实情，本大学所主张的打倒帝国主义，完全基于自由思想结果，民族图存的必需，并非受任何特殊主义的影响；本大学永远认强权不就是公理，凡为学术思想起见，无论如何的淫威来压迫自由、如何的黑暗来侵袭独立，断然师生合作一起，努力与抗，决不退让。特此宣告。"[3]

在先后不同时期和不同场合，恽代英、张太雷等老师及贺威圣、林钧、谢作民、薛作汉、陈绍禹、杨之华、向警予等学生，要么负责指挥联络，要么带头宣传演讲。可以说，在推动工人运动和学生运动及两者的结合方面，上海大学的师生工作甚丰，而其中的中国共产党人以教师身份进行活动，这又使他们的革命传播工作再上一层楼。

良好的革命和现代性氛围，使上海大学成了培养革命和进步人才的一方宝贵园地。一批著名的职业革命家、理论家和文学大家与上海大学有密切联系，他们中包括刘华、何秉彝、李硕勋、何挺颖、郭伯和、杨尚昆、张治中、王稼祥、顾作霖、秦邦宪、张际春、李逸民、阳翰笙、匡亚明、张琴秋、孟超、孔另境、戴望舒、施蛰存、袁牧之、葛琴、康生、陈伯达、饶漱石等。其中陈绍禹、王稼祥、杨之华、丁玲和阳翰笙等很快成为中国共产党人中的佼佼者。张仲实在陕西三原上学时，遇到在上海大学读书的老乡李子建回家

---

[1]《上大全体宣言》，《民国日报》1925年6月9日，第二张，第二版。
[2] 王秀水：《上海工人运动史》，南京：中国国民党中央民众运动指导委员会1935年，第67页；超麟：《帝国主义屠杀上海市民之经过》，《向导》周报第一百十七期，1925年6月6日，第1083—1084页。茅盾也曾在回忆录中说："六月四日，西摩路上海大学被封，校舍被英国海军陆战队占为营房。"见茅盾：《我走过的道路（上）》，北京：人民文学出版社1997年版，第296页。1925年6月4日的工部局董事会会议记录中说是美国海军占领了上海大学。见上海市档案馆编：《工部局董事会会议录（第二十三册）》，上海：上海古籍出版社2001年版，第565页。
[3]《上大全体宣言》，《民国日报》1925年6月9日，第二张，第二版。

发展共青团员，他就加入了团组织，并在1926年夏天也考进了上海大学[1]。在上大中文系学习过的文学家、出版人施蛰存回忆道："上海大学是一所新创办的貌不惊人的'弄堂大学'，但它的精神却是全国最新的大学。在中国新文学史和中国革命史上它都起过重要作用。"[2] 上海大学在英租界西摩路时，老师瞿秋白、张太雷和施存统住在上大附近的一幢楼房里，学生柯柏年与他们同住，得到了极大的关怀和照顾。1924年，杨之华还介绍柯柏年入党，后来他还当选为校学生会执委，并从事非基督教同盟工作。可以说，正是一批中国共产党人在上海大学的相聚，才成就了这段历史的因缘际会。

当时上海大学也吸引了众多社会上的进步青年。1924年3月29日，"南社"成员柳亚子的儿子柳无忌给父亲去信，商量自己高中毕业上大学的问题。柳无忌主要选择了三所学校作为目标：上海大学、南洋大学、东吴大学，理由各占40%、30%、15%。上海大学之所以那么有魅力，他认为有以下原因：学俄文很有趣；不是教会学校，不读圣经、做礼拜和早祷等令他讨厌的事情[3]。

综合以上，可以分析出以下几点：

一是中国共产党人在上海大学的聚集，不仅提升了学生的自觉性和团结意识，而且还鼓励学生勇敢走向社会、改造社会，持续传播着新文化运动的先进思想和中共成立以来的先进意识和精神。

二是中国共产党人在上海大学的红色革命传播手段丰富多样，且富有层次。既包括课程设计、课堂教育，还包括革命书刊的编辑、出版传播，更有上海大学师生走出课堂，参加五卅运动等生机勃勃的革命活动。

三是中国共产党人在上海大学革命传播其实已形成了一个较为完善的红色革命传播系统。如果用"5W"传播模式（即谁、说了什么、通过什么渠

---

[1] 张仲实：《陕西省三原县团、党组织的建立经过》，中国革命博物馆党史研究室编：《党史研究资料（第二集）》，成都：四川人民出版社1981年版，第640页。

[2] 施蛰存：《〈刘大白选集〉序》，《施蛰存七十年文选》，上海：上海文艺出版社1996年版，第870页。

[3] 《致柳亚子》（1924.3.29），岳麓书社近代文献部编：《柳亚子家书1887—1958》，长沙：岳麓书社1997年版，第470页。柳亚子十分赞成：功课一定宽些、舒服些、自由些，但也有四点怀疑：恐怕是太宽、太舒服、太自由了；不清楚其中校园生活；毕业后的问题；不大有名气。

道、对谁说、取得了什么效果五要素）来分析，上海大学被视为一个完整的红色革命出版机构都不为过[1]。

总之，通过教育，中国共产党人使青年人在革命的热情中接受了马克思主义和社会主义。新生的青年革命力量又进一步传播了马克思主义的革命种子，在思想启蒙、社会运动和政治斗争中引起了革命的链式反应[2]。

---

[1] 王君峰：《上海大学与马克思主义传播》，上海大学、中共上海市委党史研究室编：《"上海大学与近代"中国学术研讨会论文集》，上海：上海大学、中共上海市委党史研究室2012年，第181—203页。

[2] 吴泽主编，袁英光、桂遵义选：《李平心史论集》，北京：人民出版社1983年版，第372页。

第二章　陶行知教育救国思想的发展

第一节　文化创新与陶行知"爱满天下"教育理念的发展

综观中国的现代化进程，我们不难看出，中国现代化的持续推进和爆发，与教育创新关系密切。百年未有之大变局，要求中国教育必须不断加强创新，才能应对全球化、现代化之需要；文明是教育创新的引领，文化是教育创新的灵魂，由近代思想启蒙、改革开放以来的"文化热"与当代新文明建设等为内核产生的教育创新，在中国现代化进程中不断产生正向效应[1]。

教育学认为，爱是一种内在的体验，表现为一种倾向、一种态度，从而成为行为的一种动力。从陶行知身上，我们看到了人类崇高的爱，虽经日月磨砺、风雨洗刷，仍熠熠生辉。这一种融于天下的爱，博大、深厚、无私。时人赞曰："他有一颗伟大的心，一种伟大的爱，他爱孩子，爱青年，爱朋友，爱人民，爱真理，爱民主，爱科学，爱一切新的创造；他爱诗，爱美，

---

[1] 强调文化在现代化乃至后现代化进程中的作用的主张一直非常盛行。参见 Ronald Inglehart. *Modernization and Postmodernization: Cultural, Economic, and Political Changes in 43 Societies*. Princeton: Princeton University Press, 1997。

爱真善，爱那最进步最有前途最光明的一切。"[1] 今人亦赞："爱满天下"的教育情怀是支撑陶行知理论创生与实践探索的不竭动力，其间的爱是一种广泛、平等且始终不断传递中的博爱。他不仅关爱每一位学生，而且着眼于大众，希求以教育唤醒大众。[2] 总之，"爱满天下"贯穿于陶行知这位学贯中西的教育家的一生，它是一种基本的精神，支持他毕生为人做事；它是光辉的思想，抚育、照耀着他所爱的一切。

关于陶行知"爱满天下"教育理念的历史研究，主要集中于三个方面：一是对"爱满天下"理念的形成过程的考察。1987年，黄光权在其论文中认为陶行知的国际主义/乌托邦理想的形成和发展与其教育改革实践是一个相互促进、不断融合的过程[3]。2014年，许庆如、丁锦宏认为，"爱满天下"是陶行知坚守一生的教育信条，这一教育理念的形成与陶行知求学、生活经历及当时的时代背景有密切关系[4]。二是对"爱满天下"理念结构的分析。1986年，徐王婴认为"爱满天下"是陶行知教育思想始终贯穿着一种精神，是陶行知教育活动的指导思想、教育思想的灵魂所在；其中，第一要素是"爱祖国"，"爱民"是重要内容，"爱生"是具体体现[5]。这种论述一直有影响，1991年，曹毓民在《爱满天下——陶行知教育活动的动力》一文中，继续对此观点有所阐发[6]。2011年，敬良斌所著的《陶行知德育思想探索》一书沿用了此说。三是对"爱满天下"理论链接的探索。1987年，黄光权论述了陶行知以不断进行教育实践追求大爱，其中约翰·杜威、孔子、王阳明、孙中山、中国共产党人等的思想对他影响深刻[7]。2014年，许庆如、丁锦宏认为，传统儒家思想中的仁爱观念，西方基督教博爱、奉献的精神，皆是"爱满天下"思

---

[1] 意林：《爱满天下的陶夫子》，陶行知先生纪念委员会编：《陶行知先生纪念集》，1946年版，第379页。

[2] 许庆如：《仁爱与博爱的融合：论陶行知"爱满天下"的办学精神》，《教学与管理（理论版）》2014年第12期。

[3] 黄光权：《陶行知和中华民国的教育改革》，香港：香港大学教育学硕士论文，1987年。

[4] 许庆如、丁锦宏：《陶行知"爱满天下"教育情怀的原因探析》，《江苏第二师范学院学报》2014年第6期。

[5] 徐王婴：《谈陶行知的"爱满天下"》，《丽水师专学报》1986年第1期。

[6] 曹毓民：《爱满天下——陶行知教育活动的动力》，《铁道师院学报（社会科学版）》1991年第3期。

[7] 黄光权：《陶行知和中华民国的教育改革》，香港：香港大学教育学硕士论文，1987年。

想的理论源泉，救亡图存的时代主题则使陶行知的这一思想升华为爱民族、爱人类的理想追求[1]。此处从文化创新视角论述之。

一、"爱满天下"教育理念的形成

（一）爱的良壤

1891年，陶行知出生于安徽省歙县西乡黄潭源村，与同岁的胡适都属于徽州籍。虽然家庭生活清贫，但他的精神生活并不空虚。他聪颖敏慧，入学很早，4岁随父识字，5岁开蒙，6岁进蒙童馆学习，7岁入休宁县城万安街经馆读书。像中国近现代许多文化名人一样，他对传统文化比较熟悉。虽是寒窗苦读，但山清水秀的家乡依然是其快乐的源泉。陶行知11岁回村，在父亲的指导下，自学并从事轻微劳动。14岁时，陶行知父亲加入基督教内地会，母亲去歙县基督教内地会教堂帮贡（炊事兼勤杂），陶行知经常随父挑菜进城，顺便探望母亲。15岁时，陶行知入歙县基督教内地会所办的崇一学堂读书。英籍堂长（校长）唐进贤喜其聪颖。在校期间，陶行知学习成绩优秀，1908年提前一年毕业。少年的陶行知受到传统与新式教育风气的双重熏陶。

陶行知出生于贫民家庭，生活艰苦，冬无寒衣，平日接触的也大都是贫民，亲民、爱民、为民、救民的意识自幼萌发。他在崇一学堂读书时，歙县西干十寺有两个当家和尚勾结官府，鱼肉百姓，利用宗教作威作福，强奸妇女，民怨难伸。陶行知激于义愤，为民出气，与同学朱家治等人一怒之下，把西干沿河的木雕菩萨全部摔入河中，给骑在百姓头上勾结官府的当家和尚迎头痛击，为民伸张正义，大快人心。

1907年，陶行知在崇一学堂的卧室墙壁上写道："我是一个中国人，要为中国作出一些贡献来。"这是半殖民地半封建的中国一个有志少年真诚的爱

---

[1] 许庆如、丁锦宏：《陶行知"爱满天下"教育情怀的原因探析》，《江苏第二师范学院学报》2014年第6期。

国心声,表达了自己远大的社会理想。后来,他的亲民、爱民情怀越来越浓,他也在行动上为民、救民,为世人景仰,不负其诺。

童年陶行知所处的时期,正是晚清。他眼看中国贫穷落后,文化科学不发达,加上因庸医误人姐姐早年夭折,自己又在崇一学堂受了一些医药教育,以及受同窗学友章文美等人的影响,遂萌发了学医救人的想法。从崇一学堂毕业后,他毅然借资赴杭州学医。这儿有一首《献诗》,表达了他对送行的父亲的爱:

> 古城岩下,
> 水蓝桥边,
> 三竿白日,
> 一个怀了无穷希望的伤心人,
> 眼里放出悲壮的光芒,
> 向船尾直射在他的儿子的面上,
> 望到水、山、天合成一张大嘴,
> 隐隐约约地把个帆影儿都吞没了,
> 才慢慢地转回家去。
> 我要问芳草上的露水,
> 何处能寻得当年的泪珠?[1]

医人是善人的职业,但它常常是单个地、孤立地给人以幸福;医世是伟人的更高追求,它能拯救社会、普度众生。1908年,陶行知考入广济医学堂。同年秋,陶行知因不满医学堂歧视不信教的学生,不愿对洋人俯首帖耳,受洋人摆布,于是他愤而退学。

陶行知的青少年时代享受了正常的、健康的爱,培育了他爱亲人、爱祖国的良好品质。中外思想文化的碰撞和交流,也激发了他对爱的追求。

---

[1]《献诗》,陶行知:《陶行知全集(第7卷)》,成都:四川教育出版社1991年版,第3页。

（二）爱的萌芽

1909 年，陶行知考入南京汇文书院博习馆（预科）。清末新政时期，思想文化日益开放，陶行知十分关心时局，敢于发表独立见解。1910 年，陶行知由汇文书院直接升入金陵大学文学系，研究王阳明的学说，由于深受"知行合一"论的影响，改名为"知行"。翌年，辛亥革命爆发后，陶行知信仰孙中山的学说，主张民主共和，拥护辛亥革命。

1913 年 1 月，陶行知筹备为金陵大学学生主办的学报《金陵光》增设中文版，后于 10 月任《金陵光》中文主笔，直至 1914 年。大学期间，一般是一个人社会理想逐步形成并定型的时期，对一个人未来职业基调的影响关系甚大。通过他大学期间的文字，我们可以看出他爱的思想的萌芽。

事业是报国之工具。陶行知热爱事业，认为"人之最宝贵者，莫如光阴；所亟图者，莫如事业"[1]。热爱是报国之灵魂，他盛赞道："平等、自由、亲爱，社会中之三大要素也。"[2] "阅报章，则荆棘满纸；游街衢，则疮痍遍地……视此国家，对兹社会，皆哀有余，而乐不足。"[3] 辛亥革命曾使陶行知一度振奋，但敏感的他看到了革命的局限性——粉饰太平中实则暗藏着国家积贫积弱、内忧外患，他感叹道："呜呼！真人不出，如苍生何？"[4] 真有孔孟、屈平、龚自珍等慨叹之意味。如何救民于水火之中呢？1914 年，陶行知在《金陵光》中文版撰写社评《民国三年之希望》，对当政者提出四点希望。他希望民国文官不贪财、不因循、不争门户，勠力以襄国事，武臣严纪律、重人道、不矜功、不嚣张，为义战，不为暴戾；希望内乱永平；希望学子新其体健，新其学问，新其道德，早日蔚为国家之栋梁；希望人人洗心革面，一刷污俗，使民国精神形式从兹开始，永永留存，渐渐发育，直至万万载。这样，"外患不

---

[1]《一夫多妻之恶结果》，方明主编：《陶行知全集（第1卷）》，成都：四川教育出版社2005年版，第144页。

[2]《一夫多妻之恶结果》，方明主编：《陶行知全集（第1卷）》，成都：四川教育出版社2005年版，第146页。

[3]《民国三年之希望》，方明主编：《陶行知全集（第1卷）》，成都：四川教育出版社2005年版，第168页。

[4]《伪君子》，方明主编：《陶行知全集（第1卷）》，成都：四川教育出版社2005年版，第163页。

作，内乱不兴，百工乐业，人才辈出。民力足，民德进，可以富，可以强，可以比骋列国，可以雄视寰球，岂不熙然盛世乎"[1]。他自己也因此自觉修养，注重知行合一。

爱和憎是对立的，又是统一的。基于对爱的追求以及对现代之爱认识的深入，求知欲强、追求上进的陶行知对社会恶习进行了大胆鞭挞。他痛恨一夫多妻制，认为它伤平等、损亲爱、侵自由，导致旷夫怨女，滋生罪恶，戕身弱种，塞智蔽聪，废时失业，伤财破产，社会混乱，国家贫困；他反对因循守旧，剖析它源于畏、惰、自满、自私，造成失机宜、长惰、伤名誉，妨他人之进步，引他人之因循，自误、误人又误国；他直陈考试作弊之害：欺亲师、自欺、违校章、辱国体、害子孙。同时，他劝勉同学："欲他日爱国爱人，必自今日不欺始。欺人欺己而自谓爱国爱人者，假爱也。亲自不爱，遑论乎疏？己且不自爱，遑论乎推己而爱人？"[2]他唤起同辈："挽狂澜而息颓风，是所望于诸君之力行。"[3]大义微言，爱在恨中。

陶行知的大学毕业论文《共和精义》更是一篇阐发共和国思想的专论。在《共和精义》中，陶行知热爱新思想、热爱共和、热爱民众的感情油然而生。他受到"民为邦本，本固邦宁"，"惟共则固，共而能和则固"等理念的熏陶，在文章中系统地阐释了自由、平等、博爱（"民胞"）的共和三大信条。他重视个人价值，希望主人翁自重、平等同时对社会尽职，"天下兴亡，匹夫有责"。他宣扬共和主义给人以平等机会："共和主义于此则削其阶级，铲其强暴，无贫富贵贱，俱予以自由发展智勇之机会，俾得各尽其能。"关于社会与个人的关系，陶行知提出："个人为社会而生，社会为个人而立，实共和主义之两元也。"关于共和与教育，他主张："人民贫，非教育莫与富之；人民愚，非教育莫与智之；党见，非教育不除；精忠，非教育不出。教育良，则伪领袖不期消而消，真领袖不期出而出。而多数之横暴，亦消于无形。""同

---

[1]《民国三年之希望》，方明主编：《陶行知全集（第1卷）》，成都：四川教育出版社2005年版，第169页。

[2]《为考试事敬告全国举子》，方明主编：《陶行知全集（第1卷）》，成都：四川教育出版社2005年版，第158页。

[3]《为考试事敬告全国举子》，方明主编：《陶行知全集（第1卷）》，成都：四川教育出版社2005年版，第159页。

心同德，必养成于教育；真义微言，必昌大于教育。"[1]

可见，在金陵大学毕业时，年轻的陶行知已十分关注国家、人民、政治、教育等。不过，其当时的政治之爱虽纯真但显得模糊。爱只有与真正符合历史发展潮流的伟大而进步的事业结合起来，才能显现出力量，这需要历史实践的磨炼。他要用充满新科学、新思想的头脑献身于这块生养他的国土。陶行知此时并未立即投入到工作中去，他还要到国外探究更新的知识，目的地是美国。

（三）爱的探索

1914年9月22日，陶行知向亲友借钱留学，进入美国伊利诺伊大学攻读市政学。美国大学的市政专业是培养做官的，陶行知显然还受着"学而优则仕"的影响。陶行知觉得与美国相比，中国的教育文化和科学技术都很落后，特别是工人、农民等大都没有受教育的机会，自己学市政不能解决这个问题，于是在1915年获得伊利诺伊大学政治学硕士学位后，同年秋他考入哥伦比亚大学，师从杜威、孟禄研究教育。1917年夏，陶行知获该校都市学务总监资格文凭。在校时，他利用课余和节假日勤工俭学，成绩优异的他是当时中国学生中学习上的佼佼者，深受杜威喜爱。

杜威实用主义哲学基础上的教育，在当时较为新颖，陶行知深受其影响。杜威针对传统的"教师中心论"，提出"儿童中心论"，主张经验即是生活、教育即成长；新的教育不仅是促进个人的成长和发展，而且是社会进步和社会改革的基本手段；等等。受其影响，陶行知推崇民主、进步和科学，总是把成长、发展、进步、改善记在心里，相信人是会改善自己的。

1917年，陶行知学成回国。在归途中，他谈论回国后的志愿时说："我要使全中国人民都受到教育。"回来以后，他被聘为南京高等师范学校教育学专任教员，主讲教育学、教育行政和教育统计等课程。1917年下半年，他考察中国的教育现状，探索改革传统教育的途径。1918年，陶行知撰文宣传推

---

[1]《共和精义》，方明主编：《陶行知全集（第1卷）》，成都：四川教育出版社1991年版，第181—191页。

行试验主义教育方法，进行新教育改革。他说："教育岂尽能救国乎？吾敢断言：非试验的教育方法，不足以达救国之目的也。"[1] 他反对旧教育——政客的教育、书生的教育、经验的教育，提倡人才教育，以普通教育为根本，来培养健全的公民，养成他们自主、自立和自动的品质，从而形成一个新的、富而强的国家。但通过教育考察，他发现国人能受教育的十居其一，于是更立志以科学的方法，参酌古今、辨析锋芒、躬验体察、条理秩然、终身以之的精神进行教育试验。年底，他又提出职业教育应以生利为主义[2]。

1913—1923年，陶行知不断介绍、应用杜威教育理论和外国教育改革经验，批评旧教育把活泼的小孩子变成了书架子、字纸篓，主张学生自治，提倡成人教育、老人教育。关于女子教育，他主张中学男女同学。1920年4月，他强调"不论男女均可录取"[3]。1922年12月27日，陶行知反对清华学校和教育当局停止派学生留学的决定。关于普及教育、乡村教育，他认识到乡村教育不发达已到极点，"中国教育最大的毛病，就是不能普及"，"中国社会上失学的人，也不知道有多少，就以普通人民计算，总有三分之一不识字的"[4]。在大力推行师范教育的同时，他主张乡村教育是师范教育的新趋势。虽然乡村教育事业大、责任重，但他仍乐观地指出，地方财政有限，但教育事业无穷。他提倡武训办学精神，无钱也要努力，并要用四通八达的教育，来创造一个四通八达的社会[5]。陶行知建议应从改良地方办学人员入手。另外，他提倡把教育与社会实业如修路联系起来，并主张积极参与国际教育运动。

1919年，陶行知还参与了五四运动。虽然身负重责，但他仍于5月9日参加江苏省教育会举行的国耻纪念大会，发表演说，强烈要求巴黎和会归还中国青岛。次日，他与南京各校代表一起，会见了英、美两国领事，表明中

---

[1] 《试验主义之教育方法》，方明主编：《陶行知全集（第1卷）》，成都：四川教育出版社2005年版，第210页。

[2] 《生利主义之职业教育》，方明主编：《陶行知全集（第1卷）》，成都：四川教育出版社2005年版，第10—17页。

[3] 《报告招收新生问题》，方明主编：《陶行知全集（第1卷）》，成都：四川教育出版社2005年版，第282页。

[4] 《活的教育》，方明主编：《陶行知全集（第1卷）》，成都：四川教育出版社2005年版，第344页。

[5] 《创造一个四通八达的社会——给文渼的信》，方明主编：《陶行知全集（第8卷）》，成都：四川教育出版社2005年版，第34页。

国人民强烈要求归还青岛的严正立场。12月8日,他参加南京各界四万余人为"福州惨案"[1]而举行的抗议集会。陶行知对学生的爱国运动不仅以满腔热情给予正确的帮助和指导,而且亲身投入爱国运动的行列。

由上可知,通过六年的调查、研究和酝酿,陶行知的平民教育思想已经相当完善,他正以此献身于更具体的事业中。

二、文化创新与陶行知"爱满天下"教育理念的发展

(一)爱在平民

平民教育问题早在五四运动前后就已被人重视。五四运动,既是爱国运动,又是新文化运动,两者相辅相成。先进的知识分子以研究新思潮和改造社会作为人生目标,一些爱国学生和青年知识分子热情地办起了不少平民学校,从事"社会服务""教导人民"的教育事业。这也引起了陶行知对于改善平民教育的兴趣。

1917年,陶行知从美国留学回来后,就以"创造的精神""开辟的精神"对中国的封建传统教育进行改革。他目睹了帝国主义对中国的欺凌宰割,看到了中国落后挨打、军阀政府腐败卖国,感受到了人民所受的压迫和苦难,深觉:"我们生在此时,有一定的使命。这使命就是运用我们全副精神,来挽回国家厄运,并创造一个可以安居乐业的社会交与后代……"[2]陶行知认为当时的中国"病症千千万万,医病之方术亦千千万万。必先选择个别之药以治疗个别之病"[3],"不过各人所处地位不同,爱国的方法也不能尽同"[4]。作为一个深受杜威影响的教育者,陶行知自然是选择现代教育这一良方的。他疾呼:

---

[1] 此指五四运动时期日本帝国主义势力打死打伤福州爱国学生和警察的事件。
[2]《创造一个四通八达的社会——给文渼的信》,方明主编:《陶行知全集(第8卷)》,成都:四川教育出版社2005年版,第35页。
[3]《在中华教育改进社第二届年会上的社务报告》,方明主编:《陶行知全集(第1卷)》,成都:四川教育出版社2005年版,第453页。
[4]《预备钢头碰铁钉预备钢头碰铁钉——给吴立邦小朋友的信》,方明主编:《陶行知全集(第8卷)》,成都:四川教育出版社2005年版,第45页。

"教育是共和国的保障"[1],"如果我国家家读书,人人明理,外国也要恭敬我们了。"[2] 他试图通过普及教育来提高人民的知识和文化水平,唤醒人民,挽救国家。他认为人民多识字、多读书,"对于人类和国家应尽之责任,应享之权利,可以多明白些"[3]。但军阀政府根本不关心教育事业,相反还大量削减教育经费,企图将其用于内战之中,而帝国主义却趁机拼命扩展其在中国的教育势力,企图把中国的教育置于他们的控制之下。面对这种情况,陶行知感到必须要靠人民自己办平民教育的办法,才能使教育和国家的命运联系起来。

1923年8月,陶行知和朱其慧、晏阳初等成立了"中华平民教育促进会"。他还和朱经农一起依据国情和平民需要,编写了《平民千字课》教材。陶行知说:"中国现在所推行的平民教育,是一个平民读书运动。""今日之平民教育,就是将来普及教育的先声。"[4] "这种教育是要用最少的时间、最少的经费,教导年长人民读书识字、爱国做好人。"[5] 由此,他经常带着课本亲近没有受过文化教育的劳动人民,甚至在出外演讲的途中,利用机会教不识字的夫役、车夫识字,宣传爱国、民主、科学思想。他说:"立志凡我脚迹所到的地方,就是平民教育所到的地方","要把平民教育输入军队里、善堂里、工厂里、监牢里、尼姑庵里、济善所里、济良所里","要叫黑暗的地方大放光明"[6]。他在南京、安庆、南昌、武汉、张家口等地大力推行平民教育,欲实现全国处处读书、人人明理。他身体不好,妹妹劝他注意休息和卫生,他回信说,他下决心为平民服务,要以"佛不入地狱,谁入地狱"的精神去干。

陶行知当时提倡平民教育,反映了一个爱国爱民的民主主义教育家在黑暗势力尚处于强大之势时探讨救国救民出路的努力。1924年,萧楚女在《中

---

[1] 《送长城砖》,方明主编:《陶行知全集(第8卷)》,成都:四川教育出版社2005年版,第10页。
[2] 《希望您做一位三千万人的教育厅长——致安徽教育厅长卢绍留先生的信》,方明主编:《陶行知全集(第8卷)》,成都:四川教育出版社2005年版,第61页。
[3] 《平民教育概论》,方明主编:《陶行知全集(第1卷)》,成都:四川教育出版社2005年版,第565页。
[4] 《平民教育概论》,方明主编:《陶行知全集(第1卷)》,成都:四川教育出版社2005年版,第565页。
[5] 《希望您做一位三千万人的教育厅长——致安徽教育厅长卢绍留先生的信》,方明主编:《陶行知全集(第8卷)》,成都:四川教育出版社2005年版,第61页。
[6] 《作十万新民 寿六旬王母》,方明主编:《陶行知全集(第8卷)》,成都:四川教育出版社2005年版,第22页。

国青年》写了《陶朱公底平民教育》，指责平民教育"即令有效，也不过是多使平民认识得几个字，因而使平民添得几分烦恼苦病而已"[1]。但梁启超认为："卓然自立为教育家，万不可不有一哲学之理想，以与社会之恶习相抵抗。"[2] 杨贤江也曾说过："教育固然不能救国，但教育也不是绝对不必救国。"[3] 陶行知在当时提倡平民教育在政治上是进步的，在推进文化启蒙上也是有必要的。面对分裂、动荡，他认为必须"拿教育的精神和方法来把五族的同胞都培养到一个相知、相爱、相敬的地位，都培养到一个亲兄弟的地位，也是我们教育界同志的责任"[4]。他维护国家统一，"深信统一的教育可以促成统一的国家"[5]。就当时形势看，陶行知属于"教育救国"者的一员，但就个人思想而言，他要更民主、激进得多。他憎恨穷兵黩武，提倡裁兵筑路，指责国会议员的买卖，反对乱收赈灾附加款，坚决主张拒毒，坚持中国教育经费优先并由中国人来办。关于庚子赔款，他认为"靠庚子赔款来办教育，是可耻的；争庚子赔款来筑路，也是可耻的"[6]。陶行知的这些思想都和办平民教育是相辅相成的。

可以看出，陶行知的自由主义色彩很浓。他认为"我们在一切讨论里，不愿意掺杂任何个人的问题，也绝对没有任何党系的作用"[7]，但"我们深信一个国家的教育，无论在制度上、内容上、方法上，不应当靠着稗贩和因袭，而应该准照那国家的需要和精神，去谋适合，谋创造"[8]。平民教育在客观上起了进步作用，对第一次国共合作时期的国民革命做出了一定的贡献。它"宗

---

[1] 萧楚女：《陶朱公底平民教育》，《中国青年》1924 年第 2 期，第 18 页。
[2] 梁启超：《中国教育之前途与教育家之自觉（1917）》，舒新城编：《中国近代教育史资料（下册）》，北京：人民教育出版社 1981 年版，第 950 页。
[3] 李浩吾：《新教育大纲》，上海：上海南强书局 1930 年版，第 115 页。
[4] 《五族共和与教育者之责任》，方明主编：《陶行知全集（第 1 卷）》，成都：四川教育出版社 2005 年版，第 510 页。
[5] 《平民教育概论》，方明主编：《陶行知全集（第 1 卷）》，成都：四川教育出版社 2005 年版，第 574 页。
[6] 《俄美两国绝对反对庚子赔款筑路》，方明主编：《陶行知全集（第 1 卷）》，成都：四川教育出版社 2005 年版，第 564 页。
[7] 《〈新教育评论〉创刊缘起》，方明主编：《陶行知全集（第 2 卷）》，成都：四川教育出版社 2005 年版，第 215—216 页。
[8] 《〈新教育评论〉创刊缘起》，方明主编：《陶行知全集（第 2 卷）》，成都：四川教育出版社 2005 年版，第 216 页。

旨纯正","绝对不许任何教会拿去做传教的工具","不许任何政客拿去做盗名的幌子"[1],且老师"与学生共生活,共甘苦,做他们的朋友,帮助学生在积极活动上行走"[2]。

我们知道,一种精神有两重性,即继承性和创造性,方可存在与发扬。陶行知辞去大学职务,专事平民教育,给传统救国思想注入新鲜的活力,这是他爱的回归,也是升华。诚如他自己所言:"我本来是一个中国的平民。无奈十几年的学校生活渐渐把我向外国贵族的方向转移。学校生活对于我的修养固有不可磨灭的益处,但是这种外国贵族的风尚,却是很大的缺点。好在我的中国性、平民性是很丰富的……经过一番觉悟,我就像黄河决了堤,向那中国的平民的路上奔流回来了。"[3]

(二)爱在乡村

基于对中华优秀传统文化的认知,陶行知在推行平民教育的过程中,密切注意到乡村教育。他非常体谅农民疾苦,认为"中国以农立国,农民要居全国百分之八十五。他们所尽的义务最多,所享的权利最少。稍有心肝的人,虽是一时一刻也不能忘记农民的痛苦"[4]。他赞同农民联合会,认为"农民所最需要的是自立,自卫,自存。我们应当拿我们的思想去凑他们的实际,不要拿他们的前途来供我们的牺牲。农民是目的不是工具。我们是替农民指导正路的。不是要农民一味闭着眼,跟着我们走的。真正的农民合作或联合,要立在教育的农业和农业的教育上"[5]。他认识到了当时教育的弊端:"他教人离开乡下向城里跑,他教人吃饭不种稻,穿衣不种棉,做房子不造林;他教人羡慕奢华,看不起务农;他教人分利不生利;他教农夫子弟变成书呆子;他

---

[1] 《平民教育概论》,方明主编:《陶行知全集(第1卷)》,成都:四川教育出版社2005年版,第575页。
[2] 《南京中等学校训育研究会》,方明主编:《陶行知全集(第1卷)》,成都:四川教育出版社2005年版,第68页。
[3] 《创造一个四通八达的社会——给文渼的信》,方明主编:《陶行知全集(第8卷)》,成都:四川教育出版社2005年版,第33页。
[4] 《农民联合会》,方明主编:《陶行知全集(第1卷)》,成都:四川教育出版社2005年版,第554页。
[5] 《农民联合会》,方明主编:《陶行知全集(第1卷)》,成都:四川教育出版社2005年版,第554页。

教富的变穷,穷的变得格外穷;他教强的的变弱,弱的变得格外弱。"[1]1924年,他突发奇想:"如果男师范生和女师范生结婚之后,共同担负一个小乡村的改造,也是人生一大快事,并是报国的要图。"[2]他还附上《村魂歌》一首:"男学生,女学生,结了婚,做先生。哪儿做先生?东村或西村。同去改旧村,同去造新村。旧村魂,新村魂,一对夫妻一个魂。"他在1926年12月发表了《中国乡村之根本改造》一文,提出了"生活教育"理论的雏形,表明了对试验主义扬弃的开始。他立志"不乞灵古人,不妨效外国",而是从中国贫困教育对象出发,想穷法子,不拘形式,节俭为人民办教育[3]。也就在同年,陶行知提倡师范教育下乡运动,并倡议创设乡村幼儿园,使乡村幼儿都能享受幸福。他真诚地热爱中国农民:"我们要向着农民'烧心香'。我们心里要充满那农民的甘苦。我们要经常念着农民的痛苦,常常念着他们所想得到的幸福,我们必须有一个'农民甘苦化的心'。"[4]他坚信要把中国乡村变作天堂、变作乐园,这是机遇,也是挑战。面对这件伟大的建设事业,他提出"要筹募一百万元基金,征集一百万位同志,提倡一百万所学校,改造一百万个乡村"[5]的口号,以图为中国教育找条生路。

1927年春,陶行知毅然脱去西装革履,穿上大褂草鞋,到乡村劳苦大众中去探索自己的教育之路,创办了晓庄师范学校。在教学中,他坚持以"实际生活为指南针",脚踏实地"建设适合乡村实际生活的教育"。在1929年3月31日的演讲《生活即教育》中,他明确指出"生活即教育,社会即学校",认为这样才能让广大的人民大众受教育,创造中华民族风格。陶行知去世后,陈家康评论道:"陶行知思想的成熟时代,应该说是晓庄时代(一九二七年至

---

[1]《中国乡村教育之根本改造》,方明主编:《陶行知全集(第1卷)》,成都:四川教育出版社2005年版,第85页。
[2]《半周岁的燕子矶国民学校——一个用钱少的活学校》,方明主编:《陶行知全集(第1卷)》,成都:四川教育出版社2005年版,第42页。
[3]《中国乡村之根本改造》。方明主编:《陶行知全集(第2卷)》,成都:四川教育出版社2005年版,第275—279页。
[4]《我们的信条》,方明主编:《陶行知全集(第1卷)》,成都:四川教育出版社2005年版,第74页。
[5]《中华教育改进社改造全国乡村教育宣言书》,方明主编:《陶行知全集(第1卷)》,成都:四川教育出版社2005年版,第83页。

一九三〇年)。他在这时期中所形成的主要理论……已经不是以学校与学生为主要对象,而是以整个中国社会、全体中国人民为对象。"[1]那么,这是什么思想的成熟呢?是爱的思想的成熟。

在晓庄师范学校,陶行知住草房、露营、借宿百姓家、吃青菜豆腐,和大家一起穿草鞋、挑粪、种田、种菜、养鱼,用行动来引导学生。他主张手和脑并用,作《手脑相长歌》——"人生两个宝,双手与大脑。动脑不动手,快要被打倒。动手不动脑,饭也吃不饱。手脑都会用,才算是开天辟地的大好佬",教人学做事、学做人,不要做书呆子[2]。他这样不但能调查研究,和农民做朋友,还能虚心向农民学习,和农民一起劳动生活。他曾说过:"一闻牛粪诗百篇,风花雪月都变节。"[3] "和马牛羊鸡犬豕作朋友,对稻粱菽麦黍稷下功夫。"[4] 有人说他是苦行僧,他则说自己要教农民自立、自治、自卫,要让乡村变为乐园,让村民都变为快乐的活神仙。他自己也让艰苦朴素成为习惯,并教导学生:"公家一文钱,百姓一身汗。将汗来比钱,化钱容易流汗难。"[5]

那时候,陶行知给人印象最深刻的,"不是他的聪明才气,也不是他的诚恳朴实,而是他的亲民亲物"[6]。这位生于农村并积极下乡的留学生,在乡下很快就和农民结成好朋友。他把农民捧得很高,自己甘愿当他们的小学生,有事常去请教他们。他是农民的知心朋友,对农民有无限的忠诚。他为农民做了许多事情,如建立农村小学,开办农民夜校,建立农村医院,与农民合作开民众茶园、农村工厂、农村合作社等。他还组织大家成立灭蝗总部,带学生参加田野扑灭工作;组织农民自卫,带领农民应对天灾人祸。

陶行知站在农民当中,比站在农民头上更容易接近人民;他穿着百姓衣服,说着百姓话,比穿着与农民差异很大的服装更有效;他替农民办事,比多从事宣传指挥而不实践更真诚。这就是真正的爱!在这一点上,陶行知与

---

[1] 陶行知先生纪念委员会编:《陶行知先生纪念集》,1946年版,第34页。
[2] 陶行知:《行知诗歌集》,北京:生活·读书·新知三联书店1981年版,第79页。
[3] 《春风文艺社题词》,方明主编:《陶行知全集(第7卷)》,成都:四川教育出版社2005年版,第995页。
[4] 戴伯韬:《陶行知的生平及其学说》,北京:人民教育出版社1982年版,第13页。
[5] 《一文钱》,方明主编:《陶行知全集(第7卷)》,成都:四川教育出版社2005年版,第292页。
[6] 戴伯韬:《陶行知的生平及其学说》,北京:人民教育出版社1982年版,第17页。

正在开辟农村革命根据地的中国共产党人是一样的。

这位美国回来的教育革命家,是位自由主义者,他充满了热情,带着中国田园诗人的朴质与潇洒,在晓庄山麓造了一座茅庐,名曰五柳村。"折腰不为五米斗,缘何偏种折腰柳?"却原来是"愿君且莫诬吾柳。不是柳腰是柳手,要招诗人与酒友"[1]。不过,他很少住家,经常奔走于京沪和城乡之间,为学校筹款,使晓庄这所没有围墙的学校越来越大——它完全是靠陶行知向社会募集资金而发展的。那时候,他对组织和纪律的态度是不妨碍个人自由,连党派也是自由的,常以"无所不包"引以为荣。这一观念虽然在知识分子中很盛行,但他的乡土观念,却是其他人难以望其项背的。所以,《剑桥中华民国史》中称他为参照西方却立足于中国的"不会脸红的乡土主义者"[2],切中肯綮。

晓庄师范附近有一燕子矶,当年许多青年走投无路、悲观失望,在此投江自杀。陶行知在矶头竖立起两块大牌子,题了六个大字:"想一想!""死不得!"他还分别写了警句:"人生为一大事来,做一件大事去,你年富力强,有国当救,有民当爱,岂可轻生?""死有重于泰山,死有轻于鸿毛,与其投江而死,何如从事乡村教育,为中国三万万四千万农民努力而死!"[3]青年是国家、民族的前途,社会的脊梁,有人害怕青年,摧残他们、杀害他们,陶行知却爱护他们、珍惜他们。他在黑暗苦闷中为青年点起了光明的火把,鼓励青年报效国家、民族,照亮、开辟一条通向新中国的道路。可以说,他是近代青年文化的重要创造者之一。

另外,陶行知还创办晓庄剧社,"走出学校,到社会去"[4]。

于是,生活与教育打成一片,师生与农民打成一片。晓庄师范,是一个农村,是一个社会,是一个家庭,是一个大学校,其大无比;其理想的教育

---

[1] 《问五柳先生》,方明主编:《陶行知全集(第1卷)》,成都:四川教育出版社2005年版,第338页。

[2] (美)费正清、(美)费维恺编:《剑桥中华民国史1912—1949年(下卷)》,刘敬坤等译,北京:中国社会科学出版社1994年版,第354页。

[3] 《想一想 死不得》,方明主编:《陶行知全集(第11卷)》,成都:四川教育出版社2005年版,第236页。

[4] 安徽省陶行知教育思想研究会编:《陶行知一生》,长沙:湖南教育出版社1984年版,第135页。

之光,将投射到中国一百万个农村中去。陶行知身在晓庄,爱满天下,艰苦办学,仅三年时间,就为革命输送了一大批人才。陶行知是近代中国历史上一位真正注重农村教育的教育家。

陶行知满怀好意走到农村,希望减轻农民的压迫,解除大家的痛苦。他盼望中华民族独立富强,可以从军阀和帝国主义的魔掌下摆脱出来,1930年4月,晓庄师范被国民政府以种种恶名加身而遭查封,陶行知遭通缉而逃亡,他暂时跌入苦闷之渊。他气愤至极,但仍坚持:"我们奋斗的工具是爱力不是武力,爱力如同镭之第三种射线,不是任何射线,不是刀剑所能阻碍住的。"[1]

(三)爱在民族

陶行知并未沉沦下去。1930年夏,他召集晓庄师友,检讨乡村教育工作,认识到新教育实验行不通,教育不过是达到农民解放的一个工具。同年秋,他流亡到日本,认识到日本之所以强,在于它的科学发达。1931年春,陶行知回国,着力推行科学普及。他想让科学大众化,使做工种田的人、拾垃圾的孩子、烧饭的老太太也能享受近代科学知识,要把科学变得和日光、空气一样普遍,人人都能享受。他提出科学下嫁给大众、下嫁给儿童,于是延请科学家,自己也亲自参与编写通俗科学教科书。他的科学下嫁运动具有明显的民族性、群众性,他说:"我爱中华民族,所以最爱中华民族最多数最不幸的农民。"[2]

1931年的九一八事变和1932年的"一·二八"事变发生后,内忧外患,国难当头,社会剧烈撞击着、变动着。陶行知的爱的思想也如那怒潮汹涌着、澎湃着。他开始认清中国农民落后的本质,他的爱国爱民思想也有了很大的转变。他思虑着如何发动人民、依靠人民的力量来解放自己,标志就是他从办自然科学园、普及大众自然科学运动转到工学团上去了。他又以工学团开展普及教育运动。

什么叫作工学团呢?工就是做工。工以养生,就是教人民大众生产劳动

---

[1] 《护校宣言》,方明主编:《陶行知全集(第2卷)》,成都:四川教育出版社2005年版,第463页。
[2] 四川省纪念陶行知先生诞生九十周年大会筹备组编:《陶行知纪念文集》,成都:四川人民出版社1982年版,第19—20页。

来养活自己，不游荡闲散、依靠别人。学就是科学。学以明生，就是教导人民大众研究社会科学和自然科学，一则明了自己为什么会受苦难，被人欺负压迫，如何才能求得出路；二则用自然科学来增加生产和破除迷信。团就是团结，就是团体。团以保生，就是教人民大众团结起来，结成坚固的团体来保卫自己的生存权利[1]。陶行知所办的工学团，既是工厂，又是学校，也是社会为改造乡村创办富有生命力的新细胞。这种主张，是教育上的新发现，它使生活理论更具体化，是更贴合人民需要的一种形式与内容。工学团成为推行普及教育运动和"小先生制"的策源地。他还组织战地服务团和孩子剧社，与农民同吃同住，教书教人，用文艺武器打击敌人，团结朋友。

1933年，陶行知和他人组织了中国普及教育助成会，着重推行国难教育。他了解农民疾苦，支持农民解放："革命的成功靠锄头呀！锄头锄头要奋斗呀！"但他也认识到其中的局限性，主张工农联合："光棍的锄头不中用呀；联合机器来革命呀……"[2]1934年，陶行知改"知行"为"行知"。1935年，他响应中国共产党"停止内战、一致抗日"的口号，宣传团结抗日救国主张，支持"一二·九"运动，并参加大众新文化运动，助成新安旅行团[3]。"一二·九"运动后，陶行知提出组织国难教育社。他说，大家要团结起来，用大众的力量争取，并拟定了方案：规定国难教育的目标为推进大众文化，争取中华民族之自由平等，保卫中华民国领土与主权之完整；规定教育对象为大众联合起来解决困难，要知识分子将民族危机向大众广播；规定一切前进的大众、小孩、学生、教师、技术人员都可以任教师；规定国难时期的非常课程应集中在解决困难所需要的知识上；规定教育方法为在行动上取得解决困难的真知识……使它在解决苦难上产生力量。他认为只有民族解放的实际行动才是救国教育。最后，他指出，只有武装抗日，只有大众起来抵抗，才能起死回生[4]。他又指出："中国不但可以抵抗，并且可以久战，获得最后

---

[1] 《创办工学团》，方明主编：《陶行知全集（第11卷）》，成都：四川教育出版社2005年版，第442页。
[2] 《新锄头歌》，方明主编：《陶行知全集（第7卷）》，成都：四川教育出版社2005年版，第111页。
[3] 对于1935年10月10日成立的新安旅行团，陶行知曾大力支持与倡导。他向学生宣传中国共产党的抗日救国主张，为国家培养了一大批优秀人才。
[4] 戴伯韬：《陶行知的生平及其学说》，北京：人民教育出版社1982年版，第92页。

胜利。"[1]

陶行知的教育思想紧跟时代节拍，又大踏步前进一步。

他还投身政治革命战场，在中华民族处在生死存亡的关头，为救亡图存而斗争，奔走海内外，到处呼号，宣传团结御侮、抗日救国主张，推进抗战文化建设。1931—1932年，他在《申报·自由谈》上发表了《不除庭草斋夫谈荟》《古庙敲钟录》等大量杂文，抨击国民党的不抵抗主张，宣传抗战，介绍科学知识，阐明教育主张，鼓励人民前进。1931年12月，陶行知诗赠东北义勇军首领马占山，鼓励抗日。1936年，陶行知在上海与各界人士组织了文化界救国联合会，组织国难教育社，开展国难教育运动。该年7月，陶行知肩负"国民外交使节"的光荣任务，自香港远渡重洋，历时三个年头，奔走于欧、美、亚、非四大洲的26个国家和地区，利用各种场合、会议，根据不同对象，采取多样的形式，广泛而深入地宣传中国抗日。他把救亡联合战线的种子散布到世界各个角落里去。在欧洲，他唤起侨胞救国，建立抗日联合战线，积极筹备并参加全欧华侨抗日救国大会。在美洲，他帮助旅美华侨在救国活动中联合起来，开展国民外交活动，争取国际友人支援。中国人民开始受到敬重。他四去加拿大，搭建起中加人民友谊的桥梁，并发动国际人士开展营救"七君子"运动。回国途中，他三次瞻仰马克思墓，在德国柏林强调"抗战到底，抗战必胜"；在埃及开罗，他高唱《义勇军进行曲》；在印度，他访问"圣雄"甘地，使中国人民教育运动受到重视；在新加坡和越南，他促进华侨团结救国。

（四）爱在儿童

1938年夏，陶行知从国外回到香港。在发表的谈话中，他表明在抗战中将从事三件事：一是创办晓庄研究所培养高级人才；二是创办难童学校，收容、教育在战争中流离失所的苦难儿童；三是创办店员职业补习学校，动员华侨抗日。

---

[1]《上海文化界救国会国难教育方案》，方明主编：《陶行知全集（第3卷）》，成都：四川教育出版社2005年版，第345页。

第二章 陶行知教育救国思想的发展

嘉陵江边离重庆约百里的北温泉附近的古圣寺，原是一座冷落、倾圮的古庙，自 1939 年 7 月，这座古庙却焕然一新，充满朝气。一百多个天真活泼的少年儿童，在那里过着合理、进步、丰富的集体生活。那里变成了一所新的学校——陶行知创办的育才学校。这是一所中国式的、运用现代的教学方法的实验学校。

陶行知为什么创办育才学校呢？他说："我们在普及教育运动实践中，常常发现老百姓中有许多穷苦孩子有特殊才能，因为没有得到培养的机会而枯萎了。这是一件非常可惜的事情，这是民族的损失，人类的憾事，时时在我的心中，提醒我中国有这样一个缺陷要补足。"[1] 抗战时期，他看到难童中有一些有特殊才能的小孩，并听说在重庆临时保育院有不少难童受侮辱蹂躏，陶行知由此萌生了办学的念头。他有明确的办学宗旨："创办育才的主要意思在于培养人才之幼苗，使得有特殊才能者的幼苗不致枯萎，而且能够发展，就必须给予适当的阳光、空气、水分和养料，并扫除害虫。"[2] 陶行知创办这样的学校，就是要培养劳动人民自己的专家。他不仅要打破反动统治阶级对文化的垄断，实行普及教育，而且要进一步打破旧的教育秩序中把文化教育和专业教育决然分开来的老惯例，开辟一条把两者结合起来的、培养人才幼苗的新路子。

育才学校有三个"不要"：不要培养小专家；不要培养做人上人；不要丢掉普及教育。它吸收各方面有特殊才能的难童，以便"培养科学的幼苗，撒播科学的种子，使全中国遍开科学之花，丰收科学之果"[3]。除了特修科以外，育才还要求学生学习民主，学习管理众人的事，学习怎样做国家的主人。育才学校实行自治，积极开展文化生活、康乐生活、自己动手、手脑相长，在农村开展扫盲和文化教育，给群众防病治伤，和老乡开联欢会，教育工友，组织妇女合作社，进行军事训练，走上革命斗争的前线，使育才结成一个紧

---

[1]《育才学校创办旨趣》，方明主编：《陶行知全集（第 4 卷）》，成都：四川教育出版社 2005 年版，第 377 页。

[2]《育才学校创办旨趣》，方明主编：《陶行知全集（第 4 卷）》，成都：四川教育出版社 2005 年版，第 378 页。

[3]《从五周年看五十周年》，方明主编：《陶行知全集（第 4 卷）》，成都：四川教育出版社 2005 年版，第 458 页。

密的战斗体、生产体。

这些都是陶行知爱的发展,他要从一颗颗幼小的心灵着手,培养他们爱满天下的思想,并由他们传播到大众中去,而不是单纯的师生之爱。这是一种爱的传递和辐射,会使学生感到:学会爱人,自己也变得可爱。

在抗战激烈、"亡国论"盛行的年代,有人看不起陶行知创办的育才学校。一次,他对某机关的职员说道:"不要灰心,事不论大小,人不论地位,只要我们坚决干下去,我们是会成功的。最近有人说我陶行知是步步下降,我回国时办大学,后来办中学,现在降级使用当小学校长,教小娃娃了。有人看到我的同学和我的学生,因为善于趋炎附势,个个飞黄腾达,步步高升,不是面团团而为官商大亨,就是官至委员、部长、厅长,趾高气扬,别人也羡慕得很。但我是坚持为国家、为老百姓服务的精神,在任何情形下,就是让我当小学校长,我也要贡献出一切力量来服务。而且很愉快,我相信我们一定会胜利。"[1] 这位自由主义、民本主义的教育家在政治上是积极的,"天行健,君子以自强不息";他的职业情感的核心"儿童之爱"也决定了他不择情形,无论居于何处一样散发光和热。他鼓励、教育儿童学会创造:"我们愿意把一切——我们的汗,我们的血,我们的心,我们的生命——都献给你。当你看见满山的树苗在你的监护之下,得到我们的汗、血、心、生命的灌溉,一根一根地都长成参天的大树,你不高兴吗?"[2] 他主张敲碎儿童的地狱、创造儿童的乐园——必须承认儿童人权,了解儿童的能力需要,谈儿童的权利。具体建议有:解除儿童的恐怖;打破重男轻女之风尚;提倡儿童卫生;拯救文化饥荒;培养人才幼苗;提倡儿童娱乐;开展托儿所运动;建立儿童工学团;培养合理之教师、父母;抢救战区儿童。他要求把大人摆在儿童队伍里,成为孩子当中的一员,认识到孩子的力量,并解放儿童的创造力——解放小孩子的头脑、双手、嘴、空间、时间,培养创造力——充分营养,建立下层的良好习惯,因材施教,条件是民主——教育机会均等,宽容和了解,在民

---

[1]《贡献出一切力量来服务》,方明主编:《陶行知全集(第11卷)》,成都:四川教育出版社2005年版,第630页。

[2]《创造宣言》,方明主编:《陶行知全集(第4卷)》,成都:四川教育出版社2005年版,第6页。

主生活中学民主[1]。

在战争中，受伤最大的是孩子，尤其是难童。具有爱心的人，不会忘了对他们的同情；具有社会之爱的人，一定会注重对他们的培养。陶行知为苦孩、难童想出许多妙法，为他们造福，解放他们幼小的心灵，让他们自由快乐地成长。这是新儿童文化的重要体现。

陶行知从办大学到教育师范学校，再到儿童学校，紧跟时代步伐，希望把爱的荒漠变成绿洲。这种爱从直接地面向大众到间接地播撒爱的种子，再到基础的培养，这是一种民族的、大众的、科学的爱。

皖南事变后，国民政府对育才学校进行政治上的迫害、经济上的封锁。陶行知帮助疏散和转移了国民党特务黑名单上的教职员。当时，学校缺少教师，存粮极微，陶行知也受到特务盯梢，但他意志坚决：育才还是要办下去，而且要办得更好。他提出开源节流的主张：请那些不畏国民党特务恫吓的育才之友伸出支援之手；音乐组、戏剧组义演，绘画组办画展；开荒种地。

陶行知是一位人民教育家，他的斗争武器主要是办学校。育才学校在极端困难的情况下，国民党曾万般利诱，却遭到他的拒绝。他把教育与民主文化有力地结合起来了。

（五）爱在社会

抗战胜利后，国内要求和平、民主的声浪愈发高涨。陶行知认为民主应当包括如下原则：民为贵；天下为公；虚心学习，集思广益，以建立自己的主张；自己要说话，也让别人说话，最好是大家商量；联合起来以争取民主为己任；等等。他主张文化教育民主："民主的意义还是在发展，因为它的内容还是在发展……山海工学团所主张之教育为公，和陕甘宁边区所实行之民办学校，是指文化民主……近人毛泽东写的《新民主主义论》，和中国民主同盟临时全国代表大会所通过的纲领，都系实现真正民主的路线。"[2] 他歌颂民主、追求民主，认为："民主好比是政治的盘尼西林，肃清一切中国病。民主

---

[1]《敲碎儿童的地狱　创造儿童的乐园》，方明主编：《陶行知全集（第4卷）》，成都：四川教育出版社2005年版，第464—468页。

[2]《民主》，方明主编：《陶行知全集（第4卷）》，成都：四川教育出版社2005年版，第488页。

又好比是精神的维他命，给我们新的力量，来创造一个自由独立进步的新中国和一个富足平等的新世界。民主第一！人民万岁！"[1] 于是他主张办民主教育，着手筹备社会大学。

社会大学于 1946 年 1 月 15 日在重庆市管家巷 28 号院内正式开学，这是陶行知在抗战胜利后创办的一所新型大学。陶行知提出社会大学要"自己来发起，自己来筹款，自己选校董，自己选校长"，民主办学。他发起了一场社会大学运动，包括有形的和无形的。陶行知提倡无形的社会大学："虽无社会大学之名，实实在在它是一个最伟大的大学，最自由的大学，最合乎穷人需要的大学。我们穷人一无所有，有则只有这样一个社会大学。"[2] 他由衷地赞美和建设这所大学："人民创造大社会，社会变成大学堂。大学之道，在明民德，在亲民，在止于人民之幸福，是我们创造之新主张……教人民做主人，不让公仆造反。为老百姓服务，不靠高调唱得响。农场、工场、会场、商场、广场、战场、娱乐场，都是我们数不尽的课堂。我们要各尽所能，各学所需，各教所知，各得其所。我们要自由，自动，自强。我们要民有，民治，民享……自己选董事。自己做校长。请真理做老师。学生有三百六十行……行行出状元……跟老百姓学习，陪着老百姓向前向上长……把中国造成一个好模样，叫整个民族安居乐业，万寿无疆。这就是我们的社会大学堂。只怕先生少，不怕学生旺……人民大学堂，民主世界大学堂！"[3]

他还积极参加民主活动。1946 年"一·二一"惨案发生后，陶行知义愤填膺："我要问一问李宗黄、关麟征，请你们凭良心讲一讲。如果杀的是你自己的儿女，你该怎么想？如果杀的是你自己的弟妹，你该怎么想？"[4] 表达了陶行知对青年师生的爱。2 月，陶行知亲自率领全校师生参加重庆各界在较场口召开的大会，敦促国民党遵守政治协商会议的协议。7 月，"李闻血案"震

---

[1]《民主》，方明主编：《陶行知全集（第 4 卷）》，成都：四川教育出版社 2005 年版，第 488—489 页。
[2]《社会大学运动》，方明主编：《陶行知全集（第 4 卷）》，成都：四川教育出版社 2005 年版，第 559—560 页。
[3]《社会大学颂》，方明主编：《陶行知全集（第 7 卷）》，成都：四川教育出版社 2005 年版，第 630 页。
[4]《昆明因反内战被杀于再先生及潘琰、荀极中、李鲁连同学千古》，方明主编：《陶行知全集（第 7 卷）》，成都：四川教育出版社 2005 年版，第 916 页。

惊全国，陶行知也早已被列入特务暗杀的黑名单，但他仍到处演讲，宣扬民主、和平，直至逝世。他的社会大学和民主活动，核心都是为人民服务。

1946年7月25日，年仅55岁的陶行知与世长辞。"至理名言能医国；国医不能医自己。"群众沉重悼念陶行知。宋庆龄题词："万世师表。"陆定一代表党中央讲话，评价陶行知"一生致力于救国事业、民主事业和教育事业"，"对于中国民主运动与新教育运动是不可补偿的损失"，并肯定"陶行知先生的这种教育思想，正是新民主主义的教育思想，正是为人民服务的教育思想"[1]。

1946年12月1日，全国53个人民团体公葬陶行知于晓庄劳山。著名历史学家、社会活动家翦伯赞盛赞陶行知："有儒家的风度，墨家的慈爱，基督耶稣的精神，法家的严肃，他是自古以来哲人的合体。"[2]

这就是陶行知"爱满天下"的一生。他的爱，无论对人、对事、对学问、对事业、对工作、对理想，都是在爱人民的根源上迸发出来的。有了这一大爱，其他的爱都因此绽放出了奇光异彩。陶行知之所以伟大，他的爱之所以伟大，因为他真正属于人民，是人民真正的同志、朋友和亲人。他爱满天下，也被天下人所爱。这些爱构成了一张巨大的优秀文化网络，反过来，这一文化网络也促进了"爱满天下"理论和实践的结合。

三、陶行知"爱满天下"教育理念的深刻文化连接

近代以来，中国屡遭列强欺侮甚至霸凌，山河破碎，草木含悲。无数有识之士奋力揭竿，引领人民不断抗争，创新文化和教育，力图改变中国文明发展之困窘。觉醒年代掀起了中国精神重塑的狂潮。从"中体西用"到"全盘西化"再到五四新文化运动，"走向民间"成为中国教育创新的口号，其基本核心是中国的知识分子尽最大可能将人类最优秀的文明成果分享给人民。

---

[1] 安徽省陶行知教育思想研究会编：《陶行知一生》，长沙：湖南教育出版社1984年版，第390页。
[2] 吴奕宽、方善森等编著：《陶行知研究集粹》，桂林：广西师范大学出版社1994年版，第15页。

陶行知就是其中的一员。

陶行知这颗对祖国、对人民、对学生的伟大爱心，是在中国特定的社会历史条件下产生的，其中吸纳了古今中外诸多优秀的教育思想精华。他立足本土，心向世界，在人类精神的进步方面孜孜以求。

陶行知创造性地继承和发扬了儒家教育思想的积极方面。儒家主张"仁爱"，陶行知主张"爱满天下"；儒家为大同社会而努力，陶行知为大众幸福而奋斗。陶行知和孔子都有崇高的个人修养和社会理想，这就是爱祖国、爱社会、爱人民，并把个人的奋斗目标与此有机地结合起来，并为之而奋斗终生。孔子所处的时代，王室式微，诸侯渐兴，出现了所谓的礼崩乐坏，他想用仁爱挽回春秋时期安乐的小国寡民时代；陶行知处于中华民族分裂、外侮屡犯之秋，他以教育救国的崇高宗旨，希望国民健康、生财，国家统一、强大，"师夷长技以制夷"。

美国实用主义思想家杜威的教育理论对陶行知也有影响。杜威教育理论的着眼点是学校里的儿童，他把对学生的爱从威严型转向温和型，这对传统的重教轻学理念产生了巨大的冲击。杜威的教育对象，在新学校中包括平常人的孩子，他认为教育的目的是将社会上的人都团结起来，使之对于共同的兴趣合力协作，"教育上所行新试验的成败，只有一个方法可以试出来。这就是检查新教育的儿童，看他们的生活是否有益于社会"[1]。这些思想对陶行知的民主主义教育观影响深远。他认为只要有儿童、青年、生活，就会有爱。陶行知虽然修改了杜威的教育理论，但并非是对其的全盘否定，或与其观点背道而驰，而是使这种教育理论更加符合中国的国情。

这里还必须提到民间义学实施者武训对陶行知教育精神的激励。武训是中国近代群众办学的先驱者，也是一位伟大的乞讨办学者。陶行知很推崇武训精神，尤其是20世纪40年代育才学校陷入困境时，他号召师生用武训精神办学，使学校渡过难关。陶行知和武训，都是苦难儿童的园丁。

中国近代的革命文化和进步思潮，直接给陶行知提供了前进的动力。在20世纪前期，一批批先进的中国知识分子不断探索如何救国，他们都意识到

---

[1]（美）杜威：《明日之学校》，朱经农、潘梓年译，上海：商务印书馆1933年版，第231页。

了中国农民人数众多而又贫穷落后的局面，这就驱使他们把改造社会的力量转移到平民大众身上，尤其是农民那里。而这一"走向民间"精神持续至今。诞生于五四新文化运动时期的中国共产党人，从一开始就义无反顾地投身于有利于中国人民解放的大众教育中去，从而翻开了民族的、科学的、大众的文化建设新篇章，并在20世纪30年代初的中国现代化讨论中被寄予厚望[1]。以陶行知为代表的一批教育家，抱定"教育救国"之志，"焚膏油以继晷，恒兀兀以穷年"，勇敢走在中国教育创新的前沿地带，推动着中国教育和文化现代化的列车向前奔驰。陶行知高举"爱满天下"的大旗，坚持各民族、各阶层平等的原则，不辞辛苦办教育，在中国近代大众教育、民族民主教育的发展史上书写了壮丽的一笔。

近代以来，中国思想文化的发展经历着剧烈的转型，在马克思主义、中华优秀传统文化和外来思想精华的吸收与融合方面，形成了诸多宝贵的理论和实践。其中，张岱年、方克立、罗荣渠、甘阳等对此多持汇通古今、连接中外、综合创新之论，引人注目[2]，中国革命、建设、改革开放等重大历史进程也印证了这一点。文化与教育密不可分，多元文化的汇通对贴近中国实际的教育理念的形成和发展不可或缺。可贵的是，陶行知立足于对祖国和人民的高度热爱与深切关怀，对人类文化精华不断学习、吸取与融合，并在教育实践中踏踏实实地实行之，其"爱满天下"符合历史发展的一般趋势，理想高远又不断实行，因此受到人们的关注和重视。

---

[1] 1933年，《申报月刊》推出"中国现代化问题特辑"，其间，周宪文佩服朱德、毛泽东的实干，李圣五、陈彬龢、罗吟圃、戴霭庐建议采取社会主义实现中国现代化，陈高傭谈及中国文化现代化的时候说："我们应当反对帝国主义的文化，消灭封建意识的文化，摈斥一切空想、浪漫、颓废的文化。如此然后可以使中国人民的生活现代化；人民的生活现代化，然后中国的文化可以现代化。"可以说，这是世界近现代史上对现代化理论认识和分析较早的探究活动，而且公开将中国共产党与现代化紧密联系起来。见《申报月刊》第二卷第七号"中国现代化问题特辑"，1933年7月15日，第1—96页。

[2] 可参看张岱年、方克立主编：《中国文化概论（修订版）》，北京：北京师范大学出版社2004年版；方克立：《方克立文集》，上海：上海辞书出版社出版2005年版；方克立等著、谢青松编：《马魂　中体　西用——中国文化发展的现实道路》，北京：人民出版社出版2015年版；方克立等著、谢青松编：《马魂　中体　西用——当代中国文化的理论自觉》，北京：人民出版社出版2019年版；罗荣渠：《现代化新论——世界与中国的现代化进程（增订版）》，北京：商务印书馆2004年版；甘阳：《通三统》，北京：生活·读书·新知三联书店2007年版。

总之，陶行知"爱满天下"的教育理念，是在中外思想文化碰撞和交流的大变局中逐渐形成与发扬光大的。陶行知不断将自己学到的先进教育理念与中国广大民众的期盼结合起来，爱在平民、爱在乡村、爱在民族、爱在儿童、爱在社会，结构和行动互为一体，增强了社会实践的力量。其"爱满天下"教育理念高度重视知行合一、开拓创新、中外交融，与中国近代文化的综合创新潮流紧密相伴，因此穿越时空而历久弥新。陶行知高度认真投身于中国教育发展实践的精神让人敬佩，其对教育理念的选择、反思和扬弃也给后人无限启发。

第二节　平民教育视野下陶行知的英语学习和教育

平民教育家陶行知不仅在生活教育、大众教育等理论和实践上为后世楷模，其诸多学习经验和方法也为人称道。比如在外语方面，他精通英语，还兼通德、法两国文字，并且为了深入了解苏联情况，对俄语也多有涉猎[1]。此节以平民教育为背景，以陶行知的英语学习、运用和教育为例，进一步探索这位教育家在学习和教育方面的过人之处。

一、陶行知早年的英文学习

出生于19世纪末的陶行知，由于家境贫困，从小并没有接受过很好的英语教育。倒是1898年，他于外祖父所在的休宁县万安镇吴尔宽家经馆伴读时，在国学启蒙上很有收获，并曾在45分钟内熟读背诵《左传》43行内容。

陶行知15岁那年，因其父为歙县基督教内地会会员，母亲在教堂内帮佣，他才得以学习英文。当时内地会创办崇一学堂，英国人唐俊贤是徽州主

---

[1] 群懿、殷智让编著的书中曾对此有专门的介绍，为系统化地研究陶行知的外语学习和教育提供了重要的索引和启发。参见：群懿、殷智让编著：《伟人、名家和外国语》，重庆：重庆出版社1993年版，第238—246页。

教，担任校长。他见陶行知经常挑菜进城，在教堂帮母亲干活，夸其勤劳聪慧，就将其招入崇一学堂，免收学费[1]。在这里，除了国文，陶行知开始接受了较为系统的现代学科教育，比如学习英语、数学、理化、医药常识等课程并且成绩突出。一开始，他学英语很吃力，但因为勤奋刻苦并虚心向英语教师严公上请教，不断改进学习方法，因而英语成绩很快名列前茅。

1910 年，19 岁的陶行知进入南京汇文书院（后改名为金陵大学）文学系学习，成绩优秀。一开始，他的英语水平较低，为提高成绩，他经常与同学用英语辩论，英语水平有了显著提高[2]。1913 年，陶行知担任学校《金陵光》杂志中文版编辑，翻译了《美国大统领罗斯福传》，还在《金陵光》英文版上发表了一些文章。

这一时期，陶行知用所学的英语开始涉猎西方思想和人物，但在文化上还基本处于"保存国粹，灌输学术"的阶段[3]，因此我们可以将这一时期视为其比较纯粹的语言学习阶段。

二、陶行知留美及回国后的英文运用

1914 年夏末秋初，受民主、共和思想影响，陶行知赴美国伊利诺伊大学学习。在这里，他与孙中山之子孙科是同学，学习市政学。第二年，他获得了伊利诺伊大学政治学硕士学位，并于当年秋天，又进入哥伦比亚大学学习，与胡适成了同窗。他们跟随实用主义教育家杜威、孟禄研究教育。1917 年，陶行知在哥伦比亚大学获得了都市学务总监资格文凭，并于当年秋天怀着"要使全国人民都有受教育机会"的志愿回到祖国。

这时候的陶行知，不但精通英语，更受西方教育新思想的影响。因此，

---

[1] 此一点，与商务印书馆创始人夏瑞芳有相似的经历，这与时代发展不可分割。
[2] 中央教育科学研究所教育理论研究室《陶行知年谱稿》编写组编：《陶行知年谱稿》，北京：教育科学出版社 1983 年版，第 2 页。
[3] 中央教育科学研究所教育理论研究室《陶行知年谱稿》编写组编：《陶行知年谱稿》，北京：教育科学出版社 1983 年版，第 3 页。

他在南京高等师范学院做了教育学教员（后来担任教授）、教务助理。虽然他讲授教育原理、教育行政、教育统计等课程，没有直接使用英语授课，但是其在教务中却很重视英语的重要性。一份陶行知在1919年9月14日作的教学报告纲要显示：在教务组织书记职位设定上，他写了"英文"，要求每月第四星期的教务会议设有英文科内容[1]。

随着西学东渐的逐步深入，陶行知的英语技能得到展示。1919年5月2日，陶行知陪同杜威教授在南京、上海讲学。第二年4月，杜威在南京高师长期演讲"教育哲学""实验伦理""哲学史"，其间陶行知担任了部分翻译。1921年9月，孟禄教授来华考察，当他在7日于江苏省教育会演讲"共和与教育"时，陶行知又担任翻译。后来，陶行知又陪同孟禄到广东、上海、福建等地方。11月13日，孟禄于浙江省教育会演讲"学理与运用"，陶行知再次担任翻译。1922年1月，陶行知继续陪同孟禄考察中国教育实况，22日，孟禄为江苏一师作"旧教育与新教育的差异"演讲，继续由陶行知做翻译。

1931年九一八事变后，日本对中国步步入侵。为了挽救民族危亡，陶行知在世界各地宣传，组织华侨华人爱国者，并争取世界人民的同情。为发动华侨，他就用英语讲[2]。1936年8月，陶行知到达印度，访问了文化名人泰戈尔和"圣雄"甘地。在14日与甘地谈话时，甘地曾向陶行知了解中国普及大众教育情况，并约请陶行知撰写文章；22日，陶行知在轮船上草拟了《中国大众教育运动》一文的大纲。9月9日，陶行知在香港用英文写成文章寄给甘地。甘地将它发表在印度《民族旗帜》上，并亲自写了按语："陶行知博士不久前来印度访问我时，我曾邀请他送一份中国人民教育运动情况的小册子给我。如今他已经送我，我不得不认为这份具有指导意义的小册子对我们印度是非常有用的。"[3]1937年6月1—18日，陶行知在女青年会国际研究所、中

---

[1]《在南京高师教务会议上的报告纲要》，方明主编：《陶行知全集（第1卷）》，成都：四川教育出版社2005年版，第232页。

[2] 王克：《为挽救中华民族危亡而奔走》，安徽省陶行知教育思想研究会：《陶行知一生》，长沙：湖南教育出版社1984版，第61页。

[3]《将从新印度学习到首要的一课——致甘地》，方明主编：《陶行知全集（第6卷）》，成都：四川教育出版社2005年版，第473—474页。

央护士俱乐部等地进行抗日与和平演讲,开展国民外交。其英语流利、语言通俗幽默,给人印象至深[1]。他踏上美国国土,每到一地,都能抓住大量的美国听众,凡是听过他讲演的美国人都深受感动[2]。

抗日战争时期,陶行知在四川重庆创办了育才学校,并为学校的维持而奔走。1942年8月18日,陶行知曾用汉、英两种文字写下《致育才之友书》,向他们介绍创办育才学校的动机和学校情况,吁请支援200万元的办学经费。1944年10月27日,陶行知写诗《民之所好三首》,同时译成英文,正式发表。诗中写道:"民之所好好之,民之所恶恶之。叫人民进步者,拜人民为老师","为人民服务者,亲民庶几无疵","为人民奋斗者,血写人民史诗"[3]。

可见,陶行知在英语的运用上展示出良好的语言能力。当然,这种自信建立在语言和生活教育、大众教育、教育救国等情怀与行动的结合上。

三、陶行知的英语学习和教育观

(一)不断强调学习外语的重要性

陶行知不但重视外语,还要求青年学外语,尤其是要学英语,有目的地学,并且要把眼光扩大[4]。1924年,陶行知在安徽公学课程教学中,就曾将语文、数学、英语实行能力分组。1939年7月12日,在中国共产党和进步人士的帮助、支持下,陶行知在重庆北碚创办了育才学校。学生学习科目分为音乐、绘画(因经费不足成立稍迟)、文学、自然科学、社会科学等组,各组学习相应的专业知识,为特修课;打乱特修组的界限分别按文化程度编成学级,

---

[1] 童富勇、胡国枢编著:《陶行知传——纪念伟大的人民教育家:陶行知诞辰一百周年》,北京:教育科学出版社1991年版,第362页。
[2] (美)比莱士:《纪念陶行知博士》,江苏省陶行知教育思想研究会:《纪念陶行知》,长沙:湖南教育出版社1984年版第141页。
[3] 陶行知:《行知诗歌集》,北京:生活·读书·新知三联书店1981年版,第332—333页。
[4] 张国良:《我所知道的陶行知》,安徽省陶行知教育思想研究会:《陶行知一生》,长沙:湖南教育出版社1984版,第1页。

学习国语、数学、英语、社会常识、自然等文化知识，形成普修课[1]。9月9日，他在给儿子陶晓光、陶诚的信中说："无论是学习社会科学、自然科学或是艺术文学都得要至少一种外国语。"[2]1941年6月底，陶行知强调："知识之前哨、丰富之学术多在外国，人才幼苗一经发现即须学外国文。至少一门，与国文同时进行，愈早愈好，风、雨、寒、暑不使间断，若中途发现其不堪深造，则外国文即须停止，以免浪费时间。"[3]很显然，受五四新文化运动的深刻影响，他自觉把祖国的希望寄托到青少年一代身上，以便使新生力量自立、自强。

（二）将英语学习和教育置于提升综合素质的高度

陶行知强调英语学习和教育的重要性，这些看上去多是在学科综合的范围之内进行的。上文提到的国文、数学、英语等学科的并重，就体现了这一点。

陶行知并未将英语学习局限于学科范围，而是放在文化素养综合体的范畴内说的。1942年12月，陶行知教导学生应掌握文化的四把钥匙，这四把钥匙"一是国文；二是一个外国语；三是数学；四是科学方法——治学治事之科学方法"[4]，具有现代人文和科学体系相结合的特征。

这种综合素质的核心就是砥砺人生。1943年，他与友人谈道："学习外国文好比是配一副万里眼镜。这种眼镜，每一位追求真理的青年都应该戴，而且应该自己磨。怎样磨呢？要风雨无阻、行住不停，天天磨、月月磨。磨它五年十载，总会成功。倘一曝十寒，时学时辍，到老无成。"[5]这更有中国文化和西方文化相融合的基调。

总之，平民教育家陶行知在早期学习英语时期刻苦勤奋，具有英语学习的自觉意识；陶行知赴美留学和学成归来后，将英语的应用和人民教育、教

---

[1] 中央教育科学研究所教育理论研究室《陶行知年谱稿》编写组编：《陶行知年谱》，北京：教育科学出版社1983年版，第88页。
[2] 中央教育科学研究所教育理论研究室《陶行知年谱稿》编写组编：《陶行知年谱》，北京：教育科学出版社1983年版，第89页。
[3] 陶行知：《行知教育论文选集》，大连：大连大众书店1947年版，第295页。
[4] 《育才十字诀》，方明主编：《陶行知全集（第4卷）》，成都：四川教育出版社2005年版，第12页。
[5] 《学习外国文》，方明主编：《陶行知全集（第4卷）》，成都：四川教育出版社2005年版，第444页。

育救国等内容结合起来，展示了英语学习的自信心；陶行知的英语学习和教育观，不断强调青少年学习英语等外国语的重要性，并将英语学习和教育置于提升综合素质的高度，蕴含着人才成长和培养中的自立和自强精神。

通过考察，我们不难发现，陶行知的英语学习和教育实践经历，有一个从热爱学习到教育为祖国、为人民情怀不断递进的过程，其间贯穿其"教育救国"的思想理念，秉承其"知行合一"的教育宗旨。这些不仅强化了其平民教育的社会实践，而且有助于将社会教育理念发扬光大，从而也为后学提供了较为真实有力而又丰富多彩的人生经验。

第二部分
新时期与新教育

党的十一届三中全会,实现了新中国成立以来中国共产党历史的伟大转折,开启了中国改革开放历史新时期。随着全球化、现代化进程的影响日益深入,中国经济蓬勃发展,文化、教育事业日趋繁荣,人民生活水平不断提升。这部分以新时期中小学生的教育类型与教育组织研究、21世纪初的网络革命时代中小学生健康上网教育研究为例,揭示中国新时期教育创新的机遇、问题及其在观念、组织、制度等方面的探索和实践,重在阐述现代中国社会的整体走向以及现代化时期的教育创新。

第三章　改革开放以来的中小学生教育创新

第一节　当代中小学生的教育类型及其组织

"请把我的歌，带回你的家，请把你的微笑留下。"歌声和微笑，是当代中小学生健康的象征。何谓健康成长？其实更多指受教育者在近代著名教育家夸美纽斯所说的德行、学问、虔信方面的整体和有效结合，具体包括孩子要有健康的体魄、完善的人格、丰富的知识技能、健全的心理特征。这一切离不开教育者的正确引导和培养[1]。大背景就是扑面而来的现代化浪潮。

当代中小学生一般接受三种教育：家庭教育、学校教育和社会教育，或可与德行、学问与虔信相照应。三种教育形式内容不同，甚至会发生矛盾，但其相互之间合作甚多，最终指向的是协调地使孩子健康成长，成为社会的一个有力创造者。这里就涉及教育组织工作。苏联教育家马卡连柯论及儿童教育时强调："教育工作的真正本质完全不在于你们跟儿童的谈话上，不在于

---

[1] 捷克17世纪著名教育家夸美纽斯说："只有受过恰当教育之后，人才能成为一个人。"见（捷克）夸美纽斯：《大教学论》，傅任敢译，北京：人民教育出版社1984年版，第39页。19世纪圣西门主义者也认为，什么东西都不能代替青少年时期的教育……缺乏教育，几乎总是等于实行不正确的教育。见（法）巴扎尔等：《圣西门学说释义》，王永江等译，北京：商务印书馆2017年版，第190页。

你们对儿童的直接影响上,而在于你们的家庭、你们个人和社会生活的组织上,在于儿童生活的组织上。教育工作首先是组织者的工作。"[1]

一、家庭教育的不同形式

家庭教育是青少年教育的起点,我们必须予以高度重视,尤其是在社会剧烈转型的年代。

近代以来的政治变迁和经济变迁对家庭冲击很大。现代化最重要的影响是制度的分化,由于政府的现代化,家庭也失去了政治功能,族长等大家长在家族中的权力逐渐受到限制,家庭中的生产和生活方式也越来越多元化和个性化[2]。面对现代化的冲击,有人甚至发出了这样的声音:"家庭生活!它是我们最深层的情感和最痛苦的冲突之源。"[3]

当代中小学生被父母倾注着无限的心血。他是太阳,其他成员是行星;他是花朵,父母是花房或雨露。他可能很通事理,自己的事情自己完成,虽然调皮却不失礼貌,是父母满意的形象;他也可能娇惯成性,显出极大的粗鲁和愚笨,待人接物不尽如人意。要知道,"小霸王"是敢于和父母顶嘴甚至会骂人的。国外相关权威研究曾列出现代社会四种不同的父母教养方式:权威型、专制型、纵容型、淡漠型,并认为权威型父母会以积极的方式提升青少年的自主性,通过鼓励性的讨论和互相协商来教育青少年独立思考并作出成熟的决定,此类型更适合青少年发展[4]。此处结合中国的实际情况,将当代中小学生和父母的关系分为如下情形:

---

[1] (苏)马卡连柯著、《马卡连柯全集》编辑委员会编辑:《马卡连柯全集(第4卷)》,耿济安等译,北京:人民教育出版社1957年版,第402页。
[2] (美)Brigitte Berger、Peter L. Berger:《现代化与家庭制度》,肖新煌译,台北:巨流图书公司1983年版,第24、103、108页。
[3] (美)杰弗里·阿内特:《阿内特青少年心理学》,段鑫星等译,北京:中国人民大学出版社2009年版,第134页。
[4] (美)杰弗里·阿内特:《阿内特青少年心理学》,段鑫星等译,北京:中国人民大学出版社2009年版,第141—142页;(美)戴维·谢弗:《社会性与人格发展(第5版)》,陈会昌等译,北京:人民邮电出版社2012年版,第354—356页。

1. 和谐型

父母理解孩子，关怀孩子，并用正确的方式爱孩子，而孩子也热爱父母，家庭生活相当和睦。这样的家庭，父母的性格即使不开朗，也是安静型的，所以孩子多是活泼可爱的。父母从不把成年人的性格阴暗面强加到孩子头上。他们抚育孩子如同对待花园里的小花，经常侍弄、修剪，决不神经质地摧残。他们给他施以足够的肥料，但不偏食；浇灌充沛的水，却不淹没。父母一般把花园开放，让日光和雨露自然地沐浴小花。若有霜冻，他们定会保护。父母会请正直善良的人们来观赏，请他们享受美、也培育美。这里的时空是匀称的，氛围是平等的。父母不干涉孩子的独立，也不期盼毁灭性的开花结果，他们不会训斥和打骂孩子。夸美纽斯说：因为孩子天性向上，父母只需正确扶持和修剪即可。

2. 对抗型

这一类型的矛盾很多，父母吵骂，孩子顶嘴；父亲埋怨孩子忘了拿东西，孩子反过来怪父亲记性差。有的长辈甚至因为口头禅或习惯爆粗口，孩子也很快学会不文雅之辞或者轻易骂人。还有父母不如意时，总爱找孩子出气，孩子有冤屈直往父母身上泼。导致这种情形的原因是很多而复杂的，并不一定是孩子不听话或不聪明。如夫妻有矛盾，孩子无疑会成为替罪羊；父母工作、生活不如意，不给孩子好脸看；父母性情偏激，孩子的天性会受到排挤。也有的父母心比天高，不切实际，因为孩子学习成绩不好或某些不良原因，使他们心理上产生极大的不平衡，于是发火，让单纯的孩子一时无法承受。父母强求，孩子执拗、赌气，这样的环境长期延续下去，既不利于孩子的成长，也不利于父母的生活和工作，造成了家庭生活中严重的内耗。严重的话，甚至会出现父母找孩子谈判、写保证书、要条件等极端情况，这其实只能得到暂时的妥协和平衡。这种极端情况也否认了孩子是成长的，忽视了其发展规律，治标而不能治本。

3. 压服型

在这种情况下，父母的话，就是命令。儿女不听，便会受到严厉地压服。轻则吵骂，重则被捆打。孩子被迫低头，即使父母有过，因为他们的头脑中残存着"棍棒底下出孝子"的落后信条。孩子在家唯唯诺诺，没有和父母平等对话与沟通的机会。父母常常给孩子下达硬性指标,自己只顾一味地多投入,让孩子朝着自己设计的所谓"蓝图"前行。这里,父母对儿女的了解明显是不够的,他们忽视了对孩子的正确认识,在方法上按自己陈旧的甚至是荒谬和有害的那一套东西指导孩子,无形中给孩子的精神套上了沉重的枷锁。人爱和谐、渴求和谐,父母的高压政策可能会熄灭孩子心中刚刚点燃的一盏盏亮灯。

4. 溺爱型

在这种情况下孩子得到的是一种不正常的、散漫而偏狭的爱。孩子天性张扬,但随着年龄的增长,大脑发育逐渐健全,有些孩子不成熟的情感的泛滥和欲望的过度膨胀,会离社会对他的需求越来越远。吃饭、穿衣、待人有理有节、做事井井有条,这些都是人在社会中生活的准则,所以孩子能做的事情,父母最好不要包办。他们是独立的社会个体,不是某个人的珍藏品。总之,"家庭小皇帝"的培养和社会的发展是背道而驰的,而完善的人格及一技之长的形成对孩子确实是相当重要的。夸美纽斯告诫说:"做父母的要当心,不要用山珍海味去毁了自己的孩子,尤其是正在学习和应学习的孩子。"[1]

以上四种情况可简括为携、撞、摔、捧。父母携着孩子,在大街上散步,在晚风中、在路灯下、街面上映出一个"山"字形,真是和谐美满;而碰撞运动,是要头破血流的;摔跤,是孩子经常处于被动的地位;而捧得越高,摔得也越厉害。

父母对孩子的培养需要寻求科学的方法,付出辛酸的劳动。简单的机械式抚育,那简直是无知者的行为。然而,在现实生活中,有许多父母不懂得爱的真谛,不懂得怎样教育孩子。其实这里面重要的是父母自身的提高。"己所不欲,勿施于人",更何况对未成年的孩子呢?我们会看到,凡是父母和孩子之间关系不正常的,主要是父母私心不良释放和扩散的结果。因为这些父母想让儿女自始至终成为自己的孩子,而不想让他们属于社会。的确,人是自私的,但父母在养育孩子的时候一定要教会他们为"公"。也就是说,要把孩子视为社会人,而不仅是父母生育和培养的产物。试想,一个孩子的发育

---

[1] (捷克)夸美纽斯:《大教学论》,傅任敢译,北京:人民教育出版社1984年版,第87页。

之根如果很弱小、偏狭，那么他能长成参天大树吗？有了"公"的观念，即只有把公共利益置于个人利益之上，吸取的新鲜信息和能量才会更加充足。实际上这也不容易做到，因为这些培养内容不是眼睛轻易就能捕捉得到的，不过这些内容也确实存在。

法国启蒙思想家孟德斯鸠关于现代教育有如此言论："变坏的绝不是新生的一代，只有成年人腐化之后，他们才会堕落。"[1] 卢梭也认为愚笨的孩子与平庸的大人不可分离，并称赞家庭生活的乐趣是抵御坏风气毒害的最好良药[2]。

二、学校教育的不同类型

学校教育在古代亦受重视，北宋教育学家胡瑗就认为："致天下之治者在人才，成天下之才者在教化，教化之所本者在学校。"但对大众来说，学校教育是现代社会发展的客观产物[3]。现代社会中不少父母在选择住所的时候，问的第一个问题往往是：住在哪里才能让孩子受到最好的教育？在许多孩子眼中，学校的老师是仅次于父母的第二可靠人，有时候甚至比自己的父母更亲密。优秀的老师和孩子以心换心，而死板的老师对孩子的教育是单调的、填鸭式，不负责任的老师对孩子的教育是放任的。老师和孩子的关系主要有以下几种：

1. 教学相长型

此种情况下，老师和学生相互促进，学生也不用整天钻进作业堆里，成绩自然会稳步提升。老师感到欣慰，学生受到鼓舞。学生有足够的时间去参加其他有益的活动，走进大自然，走进社会，在熟悉的地方发现景色，让陌

---

[1]（法）孟德斯鸠：《论法的精神（上卷）》，许明龙译，北京：商务印书馆2017年版，第48页。
[2]（法）卢梭：《爱弥儿（上卷）》，李平沤译，北京：商务印书馆2017年版，第130、23页。
[3] 夸美纽斯认为："由于人类职务和人类数目的增加，所以很少有人具有充分的知识或充分的闲暇去教导自己的子女。因此就兴起了一种贤明的制度，为儿童的共同教育选出一些有丰富知识和崇高道德的人。这种教导青年的人叫作导师、教师、教员或教授，作为这种共同教导之用的场所就叫作学校、小学、讲堂、学院、公立学校和大学。"（捷克）夸美纽斯：《大教学论》，傅任敢译，北京：人民教育出版社1984年版，第48页。

生园地变得熟悉，孩子得到尽可能全面、健康的发展。夸美纽斯说："人人都应该祈求自己具有存在于一个健康的身体里面的一个健康的心灵。"[1] "人类的感觉应该及早用于身外的世界，因为他终生都有许多要学习、要经验、要做成的事。"[2] 聪明的老师还要让受教育者进行自我教育，这就是教育的技巧。于是，师生之间的矛盾得以遏制，成绩差的学生也能发挥自己的专长，优等生和差等生之间的矛盾就自然化解了。学生一般更喜欢外松内严的学习气氛，老师能和学生真正融为一体，不仅是因为他热爱自己的事业，还因为他们热爱自己的学生。这里的教与学已不可分，这种结构本身就有一种上进的功能。

2. 教学相背型

这种效果是每个人都不想见到的，但在实际中也是一个不可避免的事实。这种情况下，老师也整日忙忙碌碌，为学生用心良苦，却看不到学生取得好成绩，或是由于老师要求太高，使学生神经高度紧张，学生对老师的絮叨或训斥会产生逆反心理，甚至对老师产生不好的印象。学生也抱怨老师不爱他，老师颇感学生的无知、愚笨，甚至发出"孺子不可教也"的哀叹。"谁也不能野到不能驯服的境地，只要他肯耐心地倾听教导与知识。"[3] 在教育实践中，我们可能会看到有些老师在心胸狭隘和缺乏耐心的情况下所导致的一系列错误。有些老师对教育事业满怀一腔赤诚之心，可是他却只注重书本知识，专注于培养所谓的"尖子生"，结果可能会遭到令人痛心的教育失败。

3. 教学鸿沟型

这种情况下，老师和学生总是不能有效沟通，这就造成了教与学之间的真空。老师只管教自己的书、办自己的事，学生对老师也没多大的兴趣，两者都是上学来放学去，仿佛在履行一份简单的契约。切记，学校不是简单的加工厂，老师对学生的这种态度，其实是一种放任，是不负责任的表现。

师生关系游离、龃龉，学生之间的关系也不会良好，这势必影响学生的学习。此种情况可能有以下原因在作祟：

一是老师品行差。老师若对学生不尊重，打骂甚至侮辱学生，可能会使

---

[1] （捷克）夸美纽斯：《大教学论》，傅任敢译，北京：人民教育出版社1984年版，第86页。
[2] （捷克）夸美纽斯：《大教学论》，傅任敢译，北京：人民教育出版社1984年版，第45页。
[3] （捷克）夸美纽斯：《大教学论》，傅任敢译，北京：人民教育出版社1984年版，第81页。

学生心生不快甚至痛恨他。

二是老师的素质低、能力差。这表现在老师对教育规律的认识和对业务水平的掌握、运用上。卢梭强调，老师必须受过教育，才能教育他的学生；在敢于担当培养一个人的任务以前，自己就必须要造就一个人，自己就必须是一个值得推崇的模范；热情的老师，要保持纯朴，谨言慎行；为了做孩子的老师，就要严格地管束自己[1]。教育也需要良好的配合，老师不但要正确、全面地认识自己，同时要掌握学生的发展特点，这样才有可能实现双方的默契和融通。老师如违反教育规律，找不到与学生的最佳结合点，抓不住教育过程中学生闪耀的灵感，学生即使很听话，也是不够的。业务水平的高低是检验老师能力的重要标准。因此这要求老师要不断钻研业务，在教学过程中不断总结和探讨教育规律，提升自己的业务拓展空间。

三是陈旧枯燥的教学内容的制约。有些课本十年如一日不更新，难道其中的内容会一直有生命力吗？稍微一作思考，我们便可以发现其中的问题所在。小学语文课上，老师让学生写心得体会，许多学生对旧社会劳动人民的苦难、地主的残忍根本无法共情，当然难以写出情真意切的内容，大多是把课文的中心思想变换着形式抄了一遍。为什么课文中缺少一些激发学生联想和创造性的内容呢？老师应该用变换的形式和新鲜的内容激发学生的学习兴趣。

四是学生受社会和家庭的影响。这一点恐怕是单个老师难以把握的，这也增加了教育的复杂性，不过这可能正是驱使老师提高教育技巧的动力。老师面临的是一群个性各异的孩子，所以不断提升自己的修养、处理好师生之间的关系是相当有必要的。

以上是孩子和父母、老师之间关系的说明，这与后面所讲的社会教育相比，具有如下特点：定向性、直观性强；都是面对面式的，极易把握。家庭教育和学校教育为孩子必然要接受社会教育奠定了良好的基础，因此成为教育孩子的基础和关键。所以，父母和老师在培育孩子时，不应只看分数，还

---

[1]（法）卢梭：《爱弥儿（上卷）》，李平沤译，北京：商务印书馆2017年版，第31、109、112、113页。

要防止孩子身体的虚弱、心理的僵化、大脑的钝化。

当代中小学生教育是一个大课题,父母和老师要围绕受教育主体的变化不断改变自己。树人是一门艺术,追求一种质的美,正如雕刻匠需要精心、耐心、细心和毅力,"如切如磋,如琢如磨"。要培养孩子的人生目标,如果缺乏这一点,即使孩子取得好成绩、考上好学校,当他走向社会时,也会因为缺乏独立性和自主性而感到茫然。

三、中小学生对社会教育的认知

家庭教育是基础,学校教育是主体,社会教育是延伸。当代中小学生要走向社会,同时社会给中小学生的教育也是万象的、多元的,这就使教育的概念丰富了。也就是说,教育即根据一定社会的现实和未来的需要,遵循年轻一代的身心发展规律,有目的、有计划、有组织地引导受教育者获得知识技能、陶冶思想品德、发展智力和体力的一种活动,是一种努力把受教育者培养成为适应一定社会需要和促进社会发展的人的社会活动。

中小学生在社会面前是弱小的,社会对中小学生的影响很大。中小学生对社会一般有如下认识:

1. 大家庭型

这样的中小学生步入社会不会感到孤单和陌生,因为他们在家就受到父母的良好家教,在校有老师的正确引导。由于各种因素的作用,中小学生不断与社会联系,汲取着外面良性的、新鲜的信息,并积极参与社会活动。所以,这类中小学生的身心都是比较健康的,也比较能适应外部的人、物、环境的变化。在他们的眼里,家里家外在本质上是一样的,社会不过是家庭的延伸。这种认识会不自觉地规定其自身的行为。

2. 遁世性

外面的世界很精彩,外面的世界也很孤独、无奈。这一类的中小学生在家未养成良好的生活习惯,心理发育不健全甚至是畸形的。面对五彩缤纷的世界,他会茫然不知所措,把家庭、学校跟社会分散、对立起来,总以为围墙中、房间里才是最好的。

3. 混世型

这一类型的中小学生在社会里乱撞，像一只失群的鸟。但他却又对社会的某些方面相当熟悉，所以不会轻易在社会的风雨中叫苦。家庭教育和学校教育在他们看来非常无聊、孤单，甚至苦闷、难受。这一方面是家庭教育和学校教育不当造成的，另一方面社会上一些新鲜事物刺激了他们，如电子游戏、网吧等。这样的中小学生容易交友不慎、受人教唆，甚至误入歧途。无穷变幻的世界对中小学生来说像个大迷宫，单纯的孩子既感到新鲜，又感到刺激，但稍不留神，他们就有可能栽跟头。

由上可见当代中小学生在家庭、学校和社会上所受教育之重要了。比如在一些学校，老师会组织、引导和支持学生利用课余，走向社会做义卖。此举并不是为了让学生赚钱，而是为了增加学生的危机意识，主动培养他们适应社会、奋发向上的能力，这也大大开辟了学生的第二课堂。

"百川异流，同会于海；万区分义，总成乎实。"社会教育是一个丰富、多元、立体的教育复合体，所以在此背景下，国家、社会、学校和家庭的结合，就相当重要了。

四、两种衍生的教育形态及其组织

当代中小学生还接受了两种衍生的教育：偶像教育和家庭教师教育。

（一）偶像教育

当代中小学生正处于青少年时期，感性思维在向理性思维发生着不同程度和不同路径的转变。耳目欲极声色之好，偶像是不可避免的。何谓偶像？自己心目中的英雄是也。这个偶像可以是那叱咤风云的人物，可以是文坛巨匠，可以是大科学家，可以是体坛名人，可以是音乐指挥家，可以是歌坛天王，可以是迷人的影后，可以是神探福尔摩斯，可以是大闹天宫的孙悟空，可以是自己的父亲、母亲、老师、同学，也可以是自己，等等。在每个人心中偶像各不相同，即使是同一个人，偶像于其的含义也千差万别。有些偶像长期影响着孩子，甚至一生。大多数偶像则和流行歌曲一样风靡一阵，如过眼烟云。偶像一般是生活中的强者、佼佼者，这就反映了中小学生一种内在向上的潜力。在个人的成长历程中，偶像崇拜绝不是一种倒退，有时候还是人生的一盏指路明灯。他们是经过无数双眼睛精心挑选的，那么耀眼明亮。但偶像崇拜绝非奉行一种自然发展的原则，也有可能过热、泛滥，使孩子变得盲目肤浅、眼光狭窄。盲目崇拜同时成为投机者的市场，使中小学生变为看不见的牺牲品。因此把偶像崇拜作为偶像教育来引导，可能是教育孩子时一种简省而又安全的途径，不一定非得一味禁止、说三道四。

（二）家庭教师教育

许多家长或由于工作繁忙，或由于自身文化水平有限，难以应对子女的文化学习，家庭教师应运而生。其实，家庭教师的产生是社会发展的一种必然。家庭教师是一个由来已久的职业，但是，作为一种职业，其主体受到尊重，则是随着现代社会的发展和文明的进步而逐步形成的。家庭为孩子聘请家庭教师，一般有如下原因：① 孩子学习成绩差，父母想改变这种现状；② 孩子学习成绩好，为了保持优势，父母聘请家庭教师给其"开小灶"；③ 父母怕孩子一个人学习太孤单，给他找一个伴学人员，也包括玩乐；④ 培养孩子的特长之需，如聘请音乐老师、美术老师等；⑤ 学生有病在家或在校上学比较困难的家庭，父母给孩子聘请家庭教师为其补习文化知识；⑥ 孩子性格内向，有明显自卑感，在校不敢向老师和同学请教，父母为其聘请家庭教师以消除这种性格的不利影响。以上诸般，不能详尽父母聘请家庭教师之原因。现在的家庭教师一般是经验丰富的教育工作者或在校大学生，常见模式是名师或大学生教小学生。在这种教育模式下，师生之间易沟通，能够达到某种程度的默契。一般来说，家庭教师和孩子之间反感、敌视甚至反目为仇的事情是不多见的。其中关键是选择了合适的家庭教师。选择家庭教师一般要有针对性，对象以优秀师生为主。家庭教师一般工资未必很高，但颇受雇主的尊重和优待。而且，家庭教师若主动和孩子的父母、学校老师及孩子紧密配合，肯定有助于促进孩子的进步。有时候，家庭教师在促进家庭团结和睦方面也起着很大的作用。

五、让孩子成为一个自由高尚的个体

"回家种你那两亩地去！"多年前在农村，经常有父亲这样训斥儿子，同学之间也经常如此开玩笑的。怎能这样说呢？父亲种地，儿子一定得种地吗？不必！儿子可以考大学，当科学家、工程师、总经理等，他也可以进职业技术学校，将来成为一名熟练的技师或工人。有中小学生因成绩差而选择自杀，实在是人间悲剧。而有的中小学生却很达观，比如若干年前，有北京小学生就在一首诗歌中写道：假如我当了爸爸/我会对儿子说/儿子，如果你喜欢开车/将来就做一名汽车司机吧。如果父母有了这名小学生一样豁达的心理，那么儿女便有了独立自由感，他们会自觉形成一种自强意识。这种观念的培养应该越早越好。

具有现代意识的人要鼓励儿女奋发图强，鼓励他们勇敢地超越自己和自己这一代。千万不要对孩子空洞地许诺，千万不要让他们滋生依赖心态，要鼓励他们上进、努力、拼搏，必要时可给予他们一定的压力。

母亲在家庭中要有一定的独立感。孩子的荣誉有自己的一半，孩子的耻辱不能自己全揽。对于丈夫在家庭中的专制，母亲应予以坚决的回击，这样可给孩子营造出一种平等、民主的氛围，也有助于预防和消除丈夫心灵深处的大男子主义观念。

物质文明和精神文明向上的家庭，就会有法的意识和社会自觉意识。这样，孩子在家庭中会成为一个自由高尚的个体。

苏联教育家马卡连柯说过："儿童不仅是你们的快乐，而且也是未来的公民，你们要为他们向国家负责。"[1] 对于青少年来说，又何尝不是如此？青少年教育的社会化就是我们追求的目标，其本质是使孩子真正融入社会，取之社

---

[1] （苏）马卡连柯著、《马卡连柯全集》编辑委员会编辑：《马卡连柯全集（第4卷）》，耿济安等译，北京：人民教育出版社1957年版，第403页。

会，用之社会。在这一阶段，孩子不一定需要继承祖祖辈辈留下来的职业模式，孩子不只受到父母及近邻环境的熏陶教育，还要受到远方的、外部的各种职业教育和人生教育。

第二节　网络革命时代中小学生健康上网教育

伴随着知识经济和素质教育的热潮，一场网络革命正席卷全国。作为一种强大的传媒和通信工具、娱乐手段，网络正成为现代人生活、学习、工作和娱乐的重要内容，也成为一方独特的文化空间。

网络这一崭新的来客正越来越深入我们的生活，需要人们去认识、保护、扶持和引导。由于电脑和网络的影响，孩子变了，许多父母对网络的无知，造成了对孩子上网教育的不知所措。由于网络上的信息良莠不齐，网络暴力、网络违法和不良信息仍然存在，一些网站和 App 非法搜集、滥用、买卖未成年人信息的事件频频发生，严重威胁未成年人尤其是儿童的身心健康和安全。所以，对于正在走向网络时代的家长来说，有必要尽快了解和熟悉这一五光十色的世界，因为在家长没发现任何变化之前，孩子的心灵世界已经在悄悄萌动了。

一、网络革命时代的新文化

第二次世界大战之后，特别是 20 世纪 70 年代以来，以信息技术为标志的第三次科技革命兴起。科学技术的进步使社会生产力发展到前所未有的水平，人类对物质世界和生命现象的认识也提高到前所未有的程度。其中，最重要和最耀眼的当然是信息技术革命。

所谓信息技术革命，其核心就是信息传播的数字化和网络化。网络是由计算机互联网络构成的，上面流动和储存的信息都是以数字的方式存在的，这种数字化信息便于复制、控制和运算，并且经过适当的编码可以转化成任何形式，如文字、画面、声音和视频。数字化的信息以电和磁的方式存在，以光的速度传播。

综观人类社会发展史，我们会发现，每一次重大的技术革命，必然带来人类社会关系的重大变化。网络革命也不例外，它给我们的社会和文化带来了重大影响。

（一）网络使人们更加认识到世界的多样性和一体性

网络可以虚拟许多现实中难以实现之物，即虚拟现实（VR）。如虚拟世界、虚拟城市、虚拟企业、虚拟图书馆、虚拟细胞、虚拟政治、虚拟经济等，而这些只是无穷无尽的数字世界的一部分。虚拟的世界亦真亦假、变幻莫测，它是人机的组合，是一个包容现实和想象世界的巨大空间。

以前的科幻小说和科幻电影也存在虚拟的人物、情景和故事情节，但是我们不能有效地参与其间，所以只能认为那是离我们很远的东西。这样，人和情景的互动效果就不明显，对于世界的多样性的体会还不是很深刻。

由于技术的进步，网络世界使人们更加认识到世界的多样性。除了物质世界和精神世界之外，人们又感受到了一个数字世界的存在——网络空间。这是物质空间和精神空间的融合，是人类和机器的有机组合。

网络空间是一个崭新的社会活动场所，它大大缩短了人们活动的时间和距离，从而延展和拓宽了人们活动的时空。数字技术有效地构筑了世界村庄的小道，使国与国之间变得近在咫尺，地球成为一个布局十分紧凑的大社区。网民就生活在这个多样性和一体性结合得更紧密的地球村里。

（二）网络促进了人类主体意识的发展

互联网不但使人们深入地认识世界，而且使人们更加确立了自己在世界中的主体地位，同时增强了人的个体意识。在网络中，主体的身份具有以下特点：虚拟性、想象性、多样性和随意性。于是，他不再是机器上的某一链条，也摆脱了对现实中某一个人和组织的过分依附。这会对原有社会秩序产生一定影响，从而使人的个性得到更大程度的张扬，"我"的定义也在悄悄发生变化。

(三)网络引发了人际交往的革命

网络空间的产生,人们主体意识的增强,必然冲击着旧有的人际交往模式。网络不仅拓宽了人与人之间交往的时空范围,而且使人们之间的交往实现了即时性、开放性、广域性。在网络上,一个人可以在短时间内发送上千、上万封电子邮件,与几十人、上百人、上千人游戏、交往,这在网络出现以前都是不可想象的。

信息网络的超时空性,突破了人类文明史上交往的时空限制,并使这种方式具有平等性和交互性、普遍性和无限性等特点。网络交往活动无论在广度和深度上,都是现实社会所无法比拟的。

(四)网络正使人们的生活方式大为改观

人们的所见、所闻和所感发生了很大变化,主体性意识得到提高,而社会交往方式的革命,使人们的聚集和生活方式发生了很大的改变。

在游牧社会里,我们的祖先是流动的,而聚居则是分散和飘忽不定的;在农业社会中,我们的祖先是定居的,而信息却是分隔的;到了工业社会,由于工业生产组织化的需要,大城市出现,人们开始大规模地聚集,但很多人成了机器的附庸;而到了网络社会,我们的居住地虽相距很远,但网络的快速性和有效性,可帮助我们瞬间解决诸多双向交流中所出现的问题。

将来的社会,可能会出现一个个形似自然经济下的小村落。可以设想,那时的"村民"人人都掌握一定的网络技术,拥有一片自己的物质和心灵空间,结果就有可能出现所谓"网上经常相见,老死不相往来"的局面。

(五)网络改变了传统的文化传播方式

网络时代、数字时代不仅促进了人际关系的大变革,还创造了崭新的文化传播环境。现在,不管是高等学府、名牌大学还是国家图书馆等的资源,人们都可以在网上浏览、学习。

网络的人文环境非常好:平等(信息交流各方的地位是平等的、互换的)、开放(除极少数机密信息以外,其他信息资源都是公开的、共享的,任何个人和机构都可以极为容易地向外发布信息)、双向(双方可以同时交互交流信息)、立体(各方可以同时交互交流信息)、自主(人们完全可以从自己的需要出发,选择所需信息)。

网络的平等性和互动性,给普通人提供了与世界同步发展的机会,开拓了一片可以充分展示个人才能的空间,使人们成就事业有了新的途径。

(六)网络促进了地区间、国际间的文化交流

网络把文化交流的自由空间下放给了每一个普通人,所以,只要你愿意,就可以随时利用电子邮件及其他即时通信工具,把自己的所感所想告诉给远在千里之外的至爱亲朋。毫无疑问,网络这种由普通人参与的、不带任何功利色彩的文化交流更真诚、质朴,为进一步增强世界各国、各地区、各民族之间的相互了解架起了新的桥梁,使民族文化在相互交流中彼此认同,从而推动世界文化的发展。

(七)网络给人们带来了崭新的价值观

进入网络时代后,人们的价值观会有所改变。网络中蕴含着诸多现代化和后现代化元素,可以看出,由于网络的全方位影响,现在人们考虑事情的内容和方式已不那么单纯,价值观也在悄悄发生改变。其间要注意的是,网络使知识的重要性比财富更加得以凸显。

总之,网络以其简洁、快捷的信息传递方式,无与伦比的信息量,宣告了一个新时代——网络时代的来临。网络的发展,将形成各种文化的共享,极大地丰富人们的文化生活,尽可能多地满足人们的生活需求。

二、迅速成长的网络一代及上网问题

(一)新观念的冲击

网络时代的到来,也宣告了一个全新的中小学生时代的到来。新的时代和新的情境,对于容易接受新鲜事物的他们来说,影响是相当深刻和久远的。

网络给中小学生首先带来的当然是一系列全新的观念。

1. 效率观念

由于网络存储量大、运行快捷、使用简便，它使世界各国和地区形成了一种崭新的信息与通信系统。处理文稿、制图、绘画等相当方便，网络成了孩子完成家庭作业和学校布置的任务的好帮手；电子邮件、聊天室，也使孩子在世界范围内的联系瞬间成为现实。对于求知欲很强烈的中小学生来说，从小接触互联网络，使他们无形之中就树立了一种效率观念。

2. 平等观念

在无限广阔的网络世界中，每一个人能以平等的身份参与交往活动，从而有助于孩子平等观念的建立。

3. 学习观念

网络向人类提供了最大的信息库，在网上存储着无数的信息。网络丰富的知识内容，为中小学生提供了广阔的学习空间，给他们打开了知识世界的窗口，大大拓展了他们求知的途径。网络技术的迅速更新换代，同时也激发了中小学生的求知欲，激励他们不断学习，不断充实和完善自己，以适应不断变化的社会。

4. 全球观念

如果准备一根网线、一台电脑，经过简单的安装和调试，我们就可以做到"秀才不出门，便知天下事"了。这使中小学生从小就突破了国家、民族的界限，认识到世界是一个整体，整个地球只不过是一个大的村落而已。

同时，网络也让孩子了解世界其他国家的人民和文化，因为它是让孩子周游世界的最廉价的旅行票。

5. 全新的家庭观念

中小学生应该意识到：网络可使人们在家庭中从事社会劳动；孩子可在家中通过网络接受教育、完成学业，并最终取得学历；"电子家庭"和"网络社区"将成为未来网络时代的基本生活单位，传统的家庭和社区的内容与功能因此会发生变化。

网络世界中的新兴家庭模式，无形中影响了中小学生的传统家庭观，从而有助于他们形成新的家庭观念。

6. 全新的工作观念

网络打破了传统的时空阻隔，使工作摆脱了地域的限制。个人电脑与监视控制器及办公室网络相连，形成了移动办公室，使人们在世界任何地方都能随时办公，家庭将真正成为人类生活的大本营。新的工作方式，向中小学生展现了新时代崭新的生存面貌，从而有助于培养和树立他们全新的工作观念。

当前，大多数职业都要求求职者会用计算机和网络。所以，从孩子的职业前景着眼，掌握网络技能是必不可少的。

7. 自我实现观念

随着网络的发展，中小学生的自主性、自我选择能力增强，他们的主体能动性得到充分的发挥，这在一定程度上加强了其自我实现的力度。网络全新的发展空间，给青少年一代提供了大量的创业机会和创新平台。大家在网络世界里的起点一致、机会均等，可以说减少了创业的不平等性。新兴信息技术产业的快速发展，成为社会关注的焦点，也给中小学生开辟了一个施展才华的新空间。

伴随着观念的变革，中小学生的人际互动呈现出了全新的风貌。

一是互动范围扩大。网络拓展了中小学生的生活世界，网络的无边无际使他们融入无限的网络群体中，社会接触范围大大拓宽。快捷的电子邮件缩短了人们之间的距离，使他们的社会性得到空前的延伸和扩展，从而也出现了新型的人际关系。

二是互动主体性提高。中小学生在网络互动中表现出明显的个人本位化倾向，具有强烈的主体性和选择性。他们往往根据自己的兴趣、对方展示的资料等信息，自主、能动地选择自己交往的对象。

三是互动互助性增强。网络又是中小学生与其他人分享其创造力的奇妙之所。他们可以写、画，可以与遍布全球各地的人分享自己的艺术杰作和音乐作品。互联网仿佛是一个梦幻乐园。

当今，互联网已不仅仅是一种选择，而是与孩子的未来有关。诸多网站为来访中小学生提供真诚的、高质量的、免费的互助服务，为他们的互助行为打开了便利之门。广大中小学生通过聊天等方式帮助他人，获得他人的赞赏，满足自我实现的需要。

（二）网络时代孩子的渴望

中国的改革开放为中小学生面向世界、面向未来和面向现代化打开了窗口，素质教育的推行为他们减轻了身上的诸多重负，还给了他们更多的个体自由。网络时代的中小学生像是搭上了通往全世界的网络客车，每个孩子都有自己的见解和新的渴望。

1. 渴望学习

孩子几乎天生就有探索外部世界的渴望，比如学习语言、学习新知识。问题是如何恰当地引导孩子，发挥他们的能动性，挖掘他们的本能。在传统的家庭教育中，孩子的渴望常常被父母漫不经心的应付、不耐烦的呵斥或粗暴的灌输所磨灭。所以，如何平等地对待孩子，如何参与孩子的生活、学习，如何鼓励孩子自己观察、总结，成为网络时代的孩子对家长和老师的期盼。

学习的方法和技巧有很多种，但最重要是如何把知识的掌握和运用化为孩子内心的渴望，把方法和技巧转化为孩子自己的发现，真正让孩子享受到学习乃至成功的喜悦。家长和老师要注意到个体的特点，因材施教。只有这样，每个孩子的语言、认知和情感的正常发展才能得到保障。

在传统的单向灌输式教育体制下，教育结果是不会背离目标太远的。然而基于互联网的学习却成为学生的主动追求，成为双向甚至多向的知识探讨、辩论及总结的过程。在这种情况下，学习和创新可同步进行，知识的传播和更新能一起发生，这样更有利于中小学生的学习和思维的创新，更有利于挖掘思维的潜力，激发学习的兴趣。创造力和需求的结合，将会强有力地推动社会的进步。

中小学生喜欢接触新鲜事物，网络对他们有无穷的未知领域，因而有了无穷的吸引力。他们从网络中获得了大量的信息，拓宽了知识面，在很大程度上有利于自身的全面发展。

2. 渴望交友

2002年，《知心姐姐》杂志在全国范围内进行的一项调查显示：孩子最渴望交上好朋友。在回答"当你遇到苦恼时，通常会向谁倾诉"的问题时，选择向"身边的朋友"倾诉苦恼的占总人数的22.6%，排在第二位，第一次超过了向爸爸倾诉；排在第一位的是向妈妈倾诉，占46.7%；还有1.37%的人选择了向"网友或笔友"倾诉[1]。过去，在孩子心中，妈妈、爸爸的分量是最重要的，现在虽然妈妈仍是重要的倾诉对象，但朋友在孩子心中的地位却越来越靠前。所以说，社会的开放、个人的成长，都使得现在的孩子更需要朋友的关怀。

一方面，由于中小学生正值人生纯真和美好的时期，在心理上处于自尊心和自信心的培养期，特别喜欢和同龄人交友。另一方面，由于孩子心理发育的不同，中小学生这个时期的心理困惑越来越多，如果家庭和老师不能解答孩子的疑问，这个时候孩子很可能就走向网络，自己去寻找答案。注意：这个时候的孩子，"面子"观念也是很强烈的。

而且，随着网络文化的发展，未来网友在孩子心中的分量大概率会有上升趋势。此处以中学生为例，我们总结出几点原因：首先，中学生更容易接受新生事物。其次，从中学生的成长过程来看，他们更向往摆脱社会规范的束缚，以此来显示自身的独立性，而互联网则为中学生提供了这一条件和环境。最后，中学生更渴望交流，渴望得到更多的信息，以解决自我发展和社会发展的矛盾、现实存在和未来前景等的矛盾。

网络的发展密切了人们的联系，改变了原始的点对点的交流方式，使人们能够在更大的范围内结交朋友、交流感情。中学生热衷于在网上聊天、交友和游戏等，甚至有部分中学生有结交虚拟情人的体验。

网络满足了中学生渴求友谊的特点，特别是现在独生子女较多，他们渴望交流，但家庭和社会上缺少应有的空间。而在网络上即使说错了也不用担心被别人批评，这更激发了他们交友的渴望。

3. 追求兴趣和爱好的自我培养

孩子都有自己的爱好和兴趣，往往兴趣和爱好正是学习和创造的原动力。所以孩子的兴趣和爱好，只要是正当的，有助于自身及社会的，都应该支持

---

[1] 陈焱：《调查显示：孩子渴望交上好朋友》，中国教育和科研计算机网。

和鼓励。除了培养孩子的天赋和个性之外，还要尊重孩子的隐私权。

兴趣和爱好不是先天就有的，而是后天形成的。孩子对某一事物一旦具有了浓厚的兴趣，往往会迸发坚持到底的决心。现在，中小学全面推进素质教育，注重学生兴趣和爱好的培养。学校开展各种各样的活动，使学生可以根据自身的特长自主选择、自由发展。通过学科特长的培养，既提高了学生学习的自信心，也增加了他们的知识面。

网络上也有各种各样的课外活动，不仅满足了孩子的好奇心，也有利于孩子培养兴趣和爱好。这些活动主要包括以下几个方面：① 科技活动：计算机、摄影、科技发明小制作、标本制作、科普讲座和撰写科学小论文等。② 学科活动：主要包括学科兴趣小组活动、读书活动、学科讲座和学科竞赛培训等。③ 社团活动：主要有文学社、少先大队活动部、合唱队、舞蹈队、乐器队等。④ 体育活动：田径、乒乓球、羽毛球、篮球、围棋、中国象棋、国际象棋、体操等。

这些课外活动为孩子追求兴趣和培养爱好提供了非常便利的条件，值得关注。

4. 期盼父母的尊重和赞许

许多研究和调查表明，孩子最想得到父母的尊重和赞许。然而受传统思想观念的影响，尊重往往是上行的——"尊老爱幼""尊师爱生"，孩子在受保护的范围内，而不在受尊重的范围内。所以，在以往的社会上，孩子要求得到承认和尊重的呼声很微弱。而现在则不然，今天的孩子要求有自己的活动空间，要求父母把他们当作一个独立的个体来看待。这是一种进步，因为现代社会是一个民主社会，既然成年人不希望自己在某个权威的役使下生活，那么为什么还要让孩子感到两代人之间的等级如铜墙铁壁不可动摇呢？况且，尊重孩子不仅是父母和孩子两代人的交流与合作的需要，也会使孩子学会尊重他人，因为孩子是从生活中学习的。父母在生活中，会自觉或不自觉地向孩子渗透自己的生活态度和价值取向。

英国儿童教育学家多萝茜·洛·诺尔特中列出以下教子方略：

如果一个孩子生活在批评中，他就学会了谴责；

如果一个孩子生活在恐惧中,他就学会了忧虑;

如果一个孩子生活在鼓励中,他就学会了自信;

如果一个孩子生活在忍耐中,他就学会了耐心;

如果一个孩子生活在表扬中,他就学会了感激;

如果一个孩子生活在认可中,他就学会了自爱;

如果一个孩子生活在承认中,他就学会了要有一个目标;

如果一个孩子生活在分享中,他就学会了慷慨;

如果一个孩子生活在友爱中,他就学会了这世界是生活的好地方;

如果一个孩子生活在真诚中,他就会头脑平静地生活。[1]

网络时代的孩子,他们在大人面前的心理渴望及所需要的精神慰藉,内容是非常丰富的。

5. 追求独立、渴望长大

仔细观察后,我们会发现,现在的孩子比过去的孩子更加追求独立,渴望长大。

一般来说,家长和教师承担着启蒙孩子的责任,但如何启蒙,却让很多家长和老师一筹莫展。其实,真正的启蒙是诚实,也就是诚实地与孩子平等对话。父母之所以缺乏与孩子的平等交流,是因为虚伪。如果父母不承认与孩子拥有基本相同的情感世界,就得投入精力捍卫自己的所谓"庄严",或表演"庄严"。

生活中常常出现家长抱怨孩子的现象:有的家长抱怨孩子依赖性太强,什么事情都依赖家长,自己能做的事情也不去做、不会做;有的家长抱怨孩子没志气,缺乏上进心,得过且过,整天游手好闲,不见起色;有的家长抱怨孩子经不起一点困难和挫折,不能知难而进,总是知难而退;有的家长抱怨孩子玩心太重,玩起来劲头特别大,一坐下来读书就无精打采,甚至厌学、逃学。

孩子不自强,不能怪孩子,也有可能是家庭教育和学校教育不当造成的。

---

[1] (英)多萝茜·洛·诺尔特:《孩子们从生活中学习》,《思维与智慧》2001年第4期。

有三个原因应引起重视：一是不相信孩子独立或有能力做好自己的一些事情，时常认为孩子不行；二是对孩子进行否定性评价，责备多，肯定评价较少；三是包办甚至代替孩子去行动，不利于孩子的自主性发展。这些因素日积月累，孩子的自信心会出现问题，独立人格的发展会受到限制，自强之基础难以筑牢。

每个孩子都有成功动机，即使是问题和缺点比较突出的孩子，其对成功的渴望也会表现出来。在追求成功的过程中，孩子遇到困难最需要得到支持、鼓励和具体帮助，这些在培养自强精神方面是不可或缺的。

网络能充分展示自我，生活中的孩子听惯了老师和家长的说教，极力想摆脱束缚，寻找自由发展的空间，而网络就成了实现这一目标的工具。

（三）中小学生上网问题

中小学生是国家和社会的未来与希望，求知欲旺盛，好奇心强，他们有权利也有能力享用网络技术带来的快乐。现如今，青少年已经成为互联网用户的主体，他们被称为"网上的一代"。共青团中央等部门在调查中发现，网络已成为青少年学习知识、交流思想、休闲娱乐的重要平台，它增强了青少年与外界的沟通和交流，有利于创造出全新的生活方式和社会互动关系，这在很大程度上有利于青少年的发展。

网络为中小学生的成长带来的积极影响是非常明显的。网络可以培养他们的效率观念和平等观念，增强其学习能力和自我实现意识，开阔其全球视野，帮助其树立全新的家庭观和工作观。同时，伴随着观念的变革，中小学生的人际互动呈现出了全新的风貌，主要表现在互动范围扩大、互动主体性提高和互动互助性增强。

孩子上网聊天，可以交到许多知心的网友，实现全球范围内同龄人之间心灵的互通或互动。现在城市孩子最大的问题，是感到孤单，所以，当他们在网上聊天的时候，可以说出自己的心里话，获得许多同龄人的理解，从而大大丰富和完善自己的心灵空间。

不可忽视的是，就像其他新生事物一样，网络把很多现实问题摆在人们的面前。虽然互联网带给人们的是虚拟世界，但它却会给一些上网者造成实实在在的伤害，单纯、自护能力差的中小学生最容易受到网络不健康现象的侵害。例如，有的学生在网上浏览不良信息，有的无节制地上网，有的因缺乏自护意识而上当受骗等。

另外，单纯而数目庞大的中小学生上网人群，给一些不法分子提供了可乘之机。他们利用网络的隐匿性，将目光瞄准了这些涉世未深、容易轻信他人的孩子。由于互联网的开放性和无选择性，成人网站、在线游戏，这些原本应该远离中小学生的内容，孩子们唾手可得，可以自由出入其间。

互联网对中小学生的负面作用，暴露出社会对他们的引导和教育仍存在较多的盲区。家庭和学校疏于对中小学生社会交际能力的培养，使不少孩子养成了孤僻的性格，于是他们不得不在互联网上寻找精神寄托；又由于道德观念及法制意识的淡薄、科学素养的粗浅，一些孩子一旦沉迷于网络就难以自拔。目前全球互联网用户不断增加，上网时间也越来越长，沉湎于网络的青少年也出现了增加的趋势。

种种不良现象还说明，网络秩序亟待规范，指导青少年健康上网的任务亟待加强。而孩子能否健康上网，关键还在于家长是否对孩子采取了正确引导。

三、网络时代家长对孩子上网的指导

（一）认清网络文化的负面影响

在网络世界，信息经常被夸大，不管我们在网络中传输的是事实、判断、肤浅的俗话、深刻的学说、至理名言还是各类图片，由于技术的发展，传输事物的意义已经无人在意。价值是一个包含道德判断的系统，网络上的内容模糊，不分好坏，长此以往，会使人丧失判断性。

不良文化通过网络更容易传播。不同的国家和地区对不良文化的认定尺度存有差异，淫秽、色情、暴力等丑恶内容由此进入了网络。网络作为一种新兴媒体，现如今已经成为一种重要的娱乐休闲方式，不良文化对少年儿童的影响日益严峻。

网络文化对传统的法律及道德规范也提出了更高要求。网络文化的开放、自由和互动,带给人们的不仅是文化的平等,更给传统法律、法规带来了无奈和烦恼。在形形色色的网络信息中,既有肆意传播的负面信息,也有层出不穷的不良网站,更有网络操作中防不胜防的黑客侵入或病毒攻击。这不能不引起世人的高度警觉,促使人们不断地对传统法律、法规进行反思、修改与完善。

家长如果想进一步消解网络文化的负面影响,就必须了解有关的政策、法律和法规。《中华人民共和国未成年人保护法》《中华人民共和国网络安全法》《未成年人网络保护条例》《儿童个人信息网络保护规定》《互联网信息服务管理办法》《互联网上网服务营业场所管理条例》《关于防止未成年人沉迷网络游戏的通知》等法律、法规以及政策中,都有关于保护青少年上网的规定。

(二)参与网络素质教育的社会宣传

互联网是一个高度开放的世界,单纯依靠网络技术很难为孩子划定禁区,并且互联网对青少年的负面影响是一个综合性的社会问题,因此,必须通过制度和组织的力量,尽可能地净化孩子的网络空间。这就需要孩子自身的关注、家长的关注、学校的关注、教育和宣传机构的关注,乃至整个社会的关注。

华东师范大学课程与教学研究所的吴刚教授认为,造成网络道德教育滞后的原因主要是:人们对新生事物的认识是一个循序渐进的过程,往往具有滞后性,任何一部社会法规、条例的制订,都不可避免会经过亡羊补牢的教训。同时由于网络自身的负面影响和危害性的显露比较缓慢,所有的课程教育与教学研究不可能一步到位。"现代社会人际关系的淡薄和缺乏交往,也是青少年对网络情有独钟的原因之一,虚拟网络世界同样需要一种诚信原则,现实社会的基本道德准则,对上网者也同样适用,现实社会中自我道德约束力强的人,在虚拟的网络世界中同样会将道德内化为一种个人素养,网吧问题的解决需要全社会各方面的共同努力,从政府到个人的社会各界应重视网络道德的教育,树立全社会的健康网络观念。"这位从事教育社会学多年的专家如是说[1]。

通过在社会上宣传网络素质教育，可促使社会对孩子健康上网的关注，让中小学生充分理解上网安全的必要性，从根本上重视自己的上网安全。社区、学校和家庭可以共同发力，建设社区健康上网系统，进行健康上网的宣传，请专家指导孩子上网等。

家长和老师要切实负起管理、教育、引导的责任，把漏洞堵住，把利害讲清，通过教育和自我教育，提高青少年对不良信息的免疫能力，自觉抵制网络"毒品"。我们要教育学生在使用网络时，让它为自己的学习与成长服务，切不能"游戏人生"，误了正业，害了自己。

总之，网络虽非害人的陷阱，但它也并不是什么美丽的鲜花。互联网连着你我他，越来越多的人都在线上，所以维护网上公德，文明上网，形成健康氛围，是每个网民不可推卸的责任。所以，应鼓励孩子主动接受关于网络媒介的素质教育，做一个网络好公民，遵守网络基本礼节，不要出言不逊或做出任何伤害他人的事。

（三）帮孩子寻找网络阳光

和过去相比，现代的学习方式正发生着很大的变化，所以素质教育必须得到重视。同时，在技术要求和保障层面，网络使人类构筑起以主动性学习、个性化教育为特征的终身教育体系成为可能，实现了任何人可以在任何时间、任何地点选择任何课程。

在这种情况下，家长有条件给孩子介绍有利于提高他们学习成绩、发展智力和其他特长的网站。可以对网站进行分类，以期达到孩子充分选择的目的，也突出网络内容的服务性。还可以给孩子介绍编程和制作网页的网站与软件，提高孩子的逻辑思维能力和专注力。

不要忘了教导孩子，一定要区分网络学习与传统学习方法的不同，以使网络学习和传统学习相得益彰。

---

[1]《分析：中小学生会上网吗？》，新浪网。

(四)和孩子共享游戏空间

孩子就是孩子,家长不宜对他们过分限制;而游戏就是游戏,大人不能对此太认真。我们追求自然,但绝不是放任自流,我们提倡的是一种由家长指导的简单而淳朴的教育方式。

聪明的家长,一定能认清网络是时代发展的方向,如果硬性地割断孩子与网络的接触,那么对孩子将来的成长不利。况且,越是禁止电脑游戏,越是增加了它的诱惑力。在学习之余,如果孩子在家长的陪同和引导下,玩一些健康益智的网络游戏,不但可以满足孩子对网络的好奇心,还可以让他们在玩乐中得到诸多益处。但如何根据孩子的心理特点,找到一个行之有效的引导方法,是每个家长和教育工作者迫切需要思考的问题。

家长不妨时时提醒自己的孩子,可以玩游戏但不要沉溺其间。什么叫沉溺?简言之,若孩子忘了吃饭和睡觉,荒废了学业,美好的时光不就在游戏的时空里流逝了吗?孩子懒洋洋地在网络世界里驻足、停留,在游戏的沙滩上愉快地徜徉而流连忘返,高科技的航船却悄悄地往前行驶,离孩子会越来越远。这岂不是舍本逐末了吗?

如果条件允许的话,家长还可以给孩子了解游戏规律。怎么能使游戏成为孩子生命中的健康因子而不至于成为负担呢?家长不妨设计一下孩子的每日行动表。观察一下孩子每天要抽多少时间上网?在整个上网时间中,孩子大致又安排了多少时间供自己玩乐和游戏?他又选择了哪方面的游戏?再回头想一下他是否擅长打游戏?到底有哪些收获和心得?如果熟知这些,家长和孩子的话题就多了起来。

(五)和孩子共享上网的乐趣

学习足够多的网络知识,和孩子一起上网,和孩子一起工作、学习、玩乐,培养共同的兴趣和爱好,这也是人生的一大幸事。

家长可以试着设置一个家庭公共邮箱,将它放在电脑桌面上,使孩子可以很轻易地找到,以孩子的生日为密码,让孩子尽情地留言。不要忘了对孩子问候、表扬和祝贺。如果是他的生日,给他发张贺卡,伴一首《祝你生日快乐》；如果家长出差，何不跟孩子用网络聊聊天，还有什么比家长与子女共同在一个开放而又匿名的环境下聊天更令人感到开心的呢？

家长和孩子可以就上网的乐趣进行讨论，帮助孩子在玩电脑和其他活动之间作平衡。为了让子女健康上网，家长无论多忙，也一定要抽出时间，和孩子谈谈网上的话题，并就孩子常访问的网站及网上内容进行交流，包括一些网络趣事。有了共同语言，孩子才会把家长当"自己人"，家长的正确观点，才有可能潜移默化地影响孩子。

其实，一味控制孩子上网聊天显然不是办法，如孩子有自制能力，家长可以约法三章，甚至可以和孩子一起上网，帮助孩子分析辨别。在假期，最好还能给孩子一块广阔的活动天地，可以让孩子观看趣味性强的影片，也可以让孩子多阅读一些优美的童话和科幻故事。如果家长有时间，还可以教孩子手工、写书法，既丰富孩子的假期生活，也可以促进亲子关系。

于此，中国青少年研究中心研究员孙云晓的建议是：从孩子学习使用计算机开始，着重培养他们养成良好的习惯，因为习惯决定性格，而性格决定命运。他向父母与老师提供了5条建议[1]：

一是父母和老师应与孩子一起学习使用计算机和互联网，如能先行一步更好。在与孩子共同学习的过程中，成人不仅便于与孩子沟通互助，甚至还会保持青春和童心，这种千载难逢的良机不可错过。

二是让孩子多多体验成功。研究表明，人接触不良信息的反应是不同的，对网络和游戏的迷恋也不相同。在生活中能体验到成功的人，受的消极影响较小；而在生活中对成功体验少的人，容易沉溺于虚拟时空。因此，让孩子在生活中体验到成功的感觉，是抵御不良媒体的有效途径。

三是孩子上网之初必先立下规矩。总的原则可按《全国青少年网络文明公约》等执行，还可以具体一些，如每天使用计算机一般不超过1小时，不泄露个人与家庭秘密，学会选择并欣赏健康网站，等等。

四是丰富孩子的生活。网络之所以容易使孩子过度痴迷，往往与他们的

---

[1] 孙云晓：《网络文明从习惯养成开始——给父母与教师的五条建议》，《光明日报》2002年1月17日。

课外生活贫乏有关。因此，培养孩子养成广泛的兴趣，尤其是热爱户外运动，是至关重要的。

五是引导孩子学会交往。儿童长大的过程是社会化的过程，而社会化离不开与同龄群体的密切交往，离不开与同龄群体的深刻体验。所以，让孩子从小生活在伙伴的友谊之中，是避免虚拟时空诱惑最重要的保障。

（六）从网吧回归家庭

自从有了网吧，不少孩子的生活路线中出现了三个点：家庭、学校、网吧。当然，网吧和家庭的矛盾也在不断升级。在迷恋网吧游戏的中小学生中，大部分在家也能够上网，但在家上网由于电脑配置及家长管教等的原因，不能尽兴玩网络游戏，于是网吧就成了他们玩网络游戏的最好选择。

在全球化的今天，互联网使地球变成一个村落，拉近了人们的联系和情感，同时也造成了很多的疏离。互联网的快捷性、交互性、匿名性，为陌生人之间的迅速联络和交流提供了条件；现代社会的紧张、焦虑、碎片化等，又使人们默认并轻信许多新生甚至带有刺激性的虚拟情感。孩子选择在网吧上网，可能有以下原因：在家里得不到父母充分的关心和关爱，缺乏其他娱乐和活动空间，因为好奇、解闷或放松，等等。

所以，关心孩子健康上网，使孩子在放学后从网吧向家庭回归，或阻止孩子沉溺于网吧，是网络革命时代父母教育中的一项重要任务。

除了有关部门应加大对网吧的管理之外，有关专家还给家长提出以下意见，帮助孩子从网吧回归家庭。

一是多同孩子沟通、谈心，多抽些时间陪孩子上网。只有在孩子心理和行为两方面建立起抵制聊天和游戏诱惑的"防火墙"，才能把孩子从网络的陷阱里拯救出来，从而使他们从互联网中受益，获取知识，开阔视野。

二是多和孩子到课外活动场所。家长可适当延长一些活动时间，还可以充分利用学校的运动场、实验室等场所，最大限度地整合与利用社会资源，给孩子提供更多的健康有益的娱乐和活动空间。

三是加强家庭网络建设。孩子喜欢到网吧上网，是因为网吧有它先进和自由的地方，如果家长关心孩子的上网问题，同时加强家庭网络设备和软件的更新，那么孩子健康上网的环境可能会得到改善。

（七）正确看待孩子结交网友

现在的孩子已经不只是家庭的孩子，他们还是社会的一分子，如果家长能认真地了解网友，可使自己更清楚地认识到孩子丰富多彩的心理特征，有助于审视自己的孩子，其实这也是为自己的孩子负责。如果家长与孩子之间有一层情感的隔阂，孩子没地方说心里话，那就意味着他的心灵没有依靠。而长期的心灵孤独，不是在沉默中爆发，就会在沉默中消亡。所以，家长应该鼓励孩子交友谈心，即使是在网络上。

在此基础上，家长应该在孩子的网上生活中扮演积极的角色，多关心他们的网上生活，不宜作出过分的反应。试着认识孩子的网上朋友和笔友，这样孩子可能会说出心里话。并且，当一些问题出现的时候，家长不要一味批评孩子，要努力让孩子愿意分享秘密。同时，要注意孩子网上交友的活动场所，把握好其交往的对象，这就要求家长熟悉网络交友的工具和规则等。

网络世界千变万化，除了生活中的复杂情况不时窜入进来之外，还有高科技发展衍生出来的各种复杂局面。适时提醒孩子在与朋友交往的时候要当心，不要在网上寻找那些有着诱导性网名的聊天者，不要随便给网友发自己、家人或朋友的照片，不要随便告知网友家庭电话号码，不要轻易泄漏真实身份。确保孩子知道哪些信息可以在网上共享，哪些不可以共享。同时，也要不断对孩子进行网络道德和法制教育，因为他们的不良语言、心理和行为，同样可能伤害到其他人。

家长不妨经常向自己提问下面这些值得注意的问题：我理解网友的含义吗？我的孩子上网交友吗？如果交友，是无意还是有意的？是孩子顺其自然，还是大胆出击？我留意过孩子生活中交友和网上交友的异同吗？我是否对网上交友一直保持着警惕？我的孩子适合于交什么样的网友？未来网络交友的平台会发展到什么程度？未来网络交友是否会占据孩子社交的中心地位？等等。不断地思考，或许能在家长和孩子之间架起一座稳固而美观的心灵桥梁。

最后，家长要不断提醒孩子：不要把时间都用来上网，多在生活中交真正的朋友。

（八）珍爱生命

网络在给社会和家庭带来欢乐的同时，五花八门的电脑病也时刻提醒着现代人不要过度利用高科技，因为这柄双刃剑随时会使身体透支，从而影响到正常的生活和学习。生理上的眼睛劳损、颈部及腰背疾病等，精神上的孤独、电脑失写症等来袭，有必要引起家长的注意。

为了孩子身体的健康，在孩子上网时，家长必须注意对其身体的关注，使他们首先养成良好的生活习惯。家长要改善孩子上网的环境，保护孩子的心灵之窗，时时提醒和纠正孩子的坐姿，让孩子注意劳逸结合、适当改变孩子的上网习惯等。

总之，在通向互联网美好前景的路途中，我们既闻到花香，也应感觉到芒刺，既看到阳光，也应注意其阴影。互联网是一柄双刃剑，只有不畏艰险而又细心的人，才能用其开辟出一条光彩夺目的人生之路。

最后需要提醒家长的是，不要因为孩子上网，就主观、简单、机械地对孩子上网的方方面面采取近乎苛刻的态度，这样可能又隐含新的危害，所以一定要根据自己家庭和孩子的条件和习惯，尽快且全面地学会现代教育组织工作，正确指导孩子上网。

第三部分
新时代与新教育

中国特色社会主义进入新时代，这是一个在改革开放基础上更加迎难而上、攻坚克难的时代。此一时期，中华民族全面建成小康社会，创造了中国式的现代化道路，创造了人类新文明形态。新时代特别重视中华优秀传统文化、革命文化和社会主义先进文化的糅合。这对教育创新提出了更高、更新的要求，其实是更加重视教育的精准现代化、立足当下的"小微创新"。这部分以中华优秀传统文化融入高校教育教学工作，以及高校思政课教师的学习创新、文化创新、理念和方法创新等方面为例，来展现在新文明引领和新组织、新制度创新背景下，中国教育在日常教学和生活方面有针对性的诸多变革，重在阐述当下中华文明自信地走向现代化，以及全球化时期的教育创新。

第四章　当代高校的中国文化教育教学新实践

第一节　中华优秀传统文化融入高校工会工作

目前，随着高校中华优秀传统文化教育创新思路、内容、体制和方法的日益加强，高校已经成为中华优秀传统文化传承与发展的主阵地。高校工会是教职工的坚强后盾，将中华优秀传统文化和高校工会文化结合起来，不仅是工会工作者应有的责任和义务，更反映了高校教职工在此方面的强烈需求，这就对新时代工会工作提出了更高的要求。相关研究表明，在与校园文化建设紧密结合的基础上，将中华优秀传统文化中的"家"文化形态和工会工作结合起来，已成为当下建设和发展工会文化的理论品质[1]。这为中华优秀传统文化的深入发展奠定了基础。而在理论的深刻融会、案例的列举和分析上，还有诸多可以研究的余地。

在研究中，我得到了上海理工大学、复旦大学、福建农林大学、郑州轻工业学院等高校工会的支持；也收到了全国26所高校40位具有博士学位的

---

[1] 参见周广伟等：《高校工会在精神文明建设中的作用》，《华北矿业高等专科学校学报》2001年第1期；郑高亮：《论高校工会"家"文化建设》，《盐城师范学院学报（人文社会科学版）》2017年第3期；邱峰等：《新常态下高校工会"家"文化推动校园文化建设的机制研究》，《劳动保障世界》2017年第27期。

年轻教师填写的问卷，同时还获得了上海理工大学、立信会计金融学院、河南工业大学的 7 位在行政、工会等部门工作（含兼职）的老师的支持（其中 4 位老师的问卷将和复旦大学、福建农林大学、郑州轻工业学院以工会名义发来的 3 份问卷合在一起分析）。本节立足于网络调研（问卷、访谈和个案），结合文本资料及我的工会实践经验来展开研究，以期揭示中华优秀传统文化融入高校工会工作的新机制和新生态。

一、中华优秀传统文化融入高校工会工作的理念

理念被视为上升到理性高度的观念，在社会实践中具有反思、导向、激励和创新等功能。中华优秀传统文化融入高校工会工作，与马克思主义发展及其中国化进程密切相关。无产阶级革命导师、领导人和学者一贯重视传统文化传承和创新对社会建设的积极作用。马克思认为，人们创造自己的历史，是在直接碰到的、既定的、从过去继承下来的条件下创造的[1]；恩格斯提到，文化上的每一个进步，都是迈向自由的一步[2]；列宁指出，只有确切地了解人类全部发展过程所创造的文化，并对之加以改造，才能建设无产阶级的文化[3]；毛泽东主张，清理中国古代文化发展过程，剔除其封建性的糟粕，吸收其民主性精华，是发展民族新文化、提高民族自信心的必要条件[4]；邓小平要求，中国社会主义必须大胆吸收和借鉴人类社会创造的一切文明成果[5]，坚持"钻研、吸收、融化和发展"的原则[6]。在新时代，习近平总书记强调"博大精深的中华优秀传统文化是我们在世界文化激荡中站稳脚跟的根基"，"深入挖掘和阐发中华优秀传统文化讲仁爱、重民本、守诚信、崇正义、尚和合、求大同的时代价值，使中华优秀传统文化成为涵养社

---

[1] 马克思、恩格斯:《马克思恩格斯选集（第 1 卷）》，北京：人民出版社 1995 年版，第 585 页。
[2] 马克思、恩格斯:《马克思恩格斯选集（第 3 卷）》，北京：人民出版社 1995 年版，第 492 页。
[3] 列宁:《列宁选集（第 4 卷）》，北京：人民出版社 1995 年版，第 285 页。
[4] 毛泽东:《毛泽东选集（第二卷）》，北京：人民出版社 1991 年版，第 707 页。
[5] 邓小平:《邓小平文选（第三卷）》，北京：人民出版社 1993 年版，第 373 页。
[6] 邓小平:《邓小平文选（第二卷）》，北京：人民出版社 1993 年版，第 212 页。

会主义核心价值观的重要源泉[1]"。2017年5月，中共中央办公厅、国务院办公厅印发《关于实施中华优秀传统文化传承发展工程的意见》，要求"注重实践与养成、需求与供给、形式与内容相结合，把中华优秀传统文化内涵更好更多地融入生产生活各方面"。2018年11月，全国人大常委会副委员长、中华全国总工会主席王东明在加强职工文化建设方面强调："职工文化是职工共同理想和精神支柱的体现，是职工思想政治工作的重要内容。要大力弘扬伟大民族精神和中华优秀传统文化，深化群众性精神文明创建活动，充分发挥工会院校、报刊、文化宫、职工书屋等文化阵地作用，运用职工喜欢和熟悉的话语，多提供思想精深、制作精良的文化产品，打造健康文明、昂扬向上、全员参与的职工文化。"[2]学者陈先达论及：只有继承中国传统优秀文化，马克思主义才能在中国取得胜利；马克思主义教育完全能够与中国传统文化教育相结合，并行不悖，相得益彰[3]。2018年12月，山东省教育厅主办、曲阜师范大学承办的泰山学术论坛"马克思主义与中国传统文化专题研讨会"在山东省日照市举行，与会者认为：马克思主义中国化与中华优秀传统文化现代化是相互渗透、交融共生的；马克思主义中国化的理论成果为中华优秀传统文化现代化转型提供思想引领，中华优秀传统文化现代化转型为马克思主义中国化提供文化底蕴；新时代增强中国特色社会主义文化自信，必须在马克思主义指导下，推动中华优秀传统文化的创造性转化、创新性发展[4]。上述观点对中华优秀传统文化融入高校工会工作理念大有裨益。

《中华人民共和国工会法》第七条规定："工会动员和组织职工积极参加经济建设，努力完成生产任务和工作任务。教育职工不断提高思想道德、技术业务和科学文化素质，建设有理想、有道德、有文化、有纪律的职工队伍。"这里对职工的文化素质和道德提出了希望，也对工会开展文化活动提出

---

[1] 习近平：《习近平谈治国理政》，北京：外文出版社2014年版，第164页。
[2] 王东明：《奋力开创新时代工运事业和工会工作新局面》，共产党员网。
[3] 陈先达：《马克思主义和中国传统文化》，北京：人民出版社2015年版。
[4] 李林宝：《加强思想引领　厚植文化底蕴——"马克思主义与中国传统文化专题研讨会"述要》，《人民日报》2018年12月17日。

了要求。由此可以理解，中华优秀传统文化融入工会工作可以提高职工素质，有利于社会主义现代化建设事业。

分析高校工会的实践经验，可以对具体的理念要求进行提炼。清华大学工会曾在 1983 年、2003 年、2011 年获得"全国模范职工之家"称号，是全国唯一一所三次获得该项称号的高校；2015 年获中华全国总工会首届"全国模范职工之家"红旗单位称号，是全国教科文卫体系统唯一获此殊荣的高校；2017 年荣获中华全国总工会"全国五一劳动奖状"。2017 年 6 月，清华大学工会主席在解读工会工作及其在教职工生活中扮演的重要角色时说："工会是参与学校民主管理的基本形式，是教学科研等中心工作中建功立业的有力推手，是依法维护广大教职工会员权益的守护卫士，是温暖舒心的教职工之家，是雪中送炭、真诚帮扶的贴心人。"其中的"有力推手""守护卫士"，具有自强不息的气息；"教职工之家""贴心人"带有强烈的中华优秀传统文化情怀，确实使人感到"温暖舒心"，彰显了"厚德载物"的色彩。

河北工业大学工会曾荣获 2017 年度天津市教育系统工会工作"十大创新成果"奖，其在总结 2017 年工会工作时，以"开展教职工文体活动，创校园文化品牌"为题，总结了中华优秀传统文化进校园的内容：组织校教工运动会和"第二届全民健身走活动"，开办瑜伽、八段锦培训班，持续推进"健康生活、快乐工作"理念；举办古琴培训班，女性礼仪、妆容以及服饰搭配讲座，提升教职工艺术修养和审美情操。河北工业大学利用中华优秀传统文化塑造健康、快乐、有修养和内涵的职工，这是在新时代将中华优秀传统文化融入工作的理念。

再以华侨大学教育工会为例。其在 2010 年荣获"全国亿万职工健康活动月"优秀组织奖，2011 年荣获中国教科文卫体工会系统"全国模范职工之家"荣誉称号，2012 年通过中华全国总工会"全国模范职工之家"评估验收。在教职工的文娱方面，华侨大学工会认真贯彻"百花齐放、百家争鸣"的方针，积极开展教职工文化活动，以丰富教职工业余文化生活，提高教职工文化素养，促进校园文化建设；在体育活动方面，认真贯彻《体育法》和《全民健身计划纲要》精神，按照"业余、自愿、小型、多样、新颖"和"勤俭节约"的原则，制定教职工年度体育活动计划。工会大力倡导"快乐工作，健康生活"理念，积极打造"校级传统活动、协会专项活动及基层特色活动"三位一体的全校文体活动平台，营造有利于教职工身心健康发展的文化体育氛围，进一步推动校园文明建设和校园文化建设。不言自明，华侨大学工会在中华优秀传统文化融入工会工作方面，明确提倡健康、文明、快乐等理念。

综上可以看出，根据党和国家制订的相关法律法规、政策意见和高校具体实践等，利用中华优秀传统文化，打造健康文明、热烈向上、温暖如家的职工文化，不断推动校园文明建设和校园文化建设，可视为中华优秀传统文化融入高校工会工作的理念。

二、中华优秀传统文化融入高校工会工作的实践

（一）中华优秀传统文化融入高校工会工作的内容

中华优秀传统文化源远流长、内涵丰富，由于文化自身有连续发展的内在逻辑，所以中国工会工作与中华优秀传统文化传承和创新有共通之处。历史学家何兹全认为，中国文化的主要精神是和平、友爱，是中庸之道，不过激，不不及，是四海之内皆兄弟也，是天下为公。这种文化，是和未来的趋势合拍的，在未来世界是会占有重要地位的[1]。学者杨河认为，中国天人合一的人文自然观、仁爱民本的人文价值观、和合大同的人文理想观、发展变化的人文辩证观、诚信正义的人文社会观在世界文化体系中熠熠生辉[2]。这些观点将历史的智慧和现实的需求及未来的发展紧密相连，是与中国工会文化建设息息相通的。通过对中国教科文卫体工会委员会网络信息和上海理工大学工会开展传统文化活动进行的统计（见表4-1、表4-2），可以发现中华优秀传统文化实际上无时不在、无所不在。

---

[1] 何兹全：《中国文化六讲》，郑州：河南人民出版社2004年版。
[2] 杨河：《谈谈文化传承创新》，《中国高校社会科学》2013年第4期。

表 4-1　2017—2018 年中国教科文卫体工会委员会网站登载的
传统文化融入高校工会活动的统计

月份	2017 年的活动	2018 年的活动
1	1. 西安医学院开展"迎新春　送春联"活动； 2. 河南科技学院工会开展"义务送春联下乡"活动； 3. 安康学院工会开展春节送春联活动； 4. 福州市女教工"培育好家风——女职工在行动"主题活动之"写一封家书"征文评选揭晓； 5. 闽江学院计算机科学系教师在"写一封家书"活动中获佳绩； 6. 首届中国美术学院哲匠奖颁奖典礼暨中国美术学院长江学者特聘教授表彰会隆重召开； 7. 黄河科技学院工会举办 2017"迎新春"书法名家送春联活动； 8. 陕铁院开展"迎新春写春联送祝福"活动； 9. 苏大附儿院：辞旧迎新，相聚果香情； 10. 苏州科技大学师生共言欢，歌舞迎新年； 11. 南通大学杏林学院举办"高雅艺术进校园"——南通民乐团庆元旦音乐演奏会； 12. 江苏商贸职业学院工会举办纪念建校 60 周年教工硬笔书法作品评比活动	1. 安徽师范大学举行 2018 年新年音乐会； 2. 浙江工业大学举办 2018"筑梦工大"元旦晚会； 3. 浙江金融职业学院举办"书画倡清廉文化润校园"迎新年书画展
2	—	—
3	杭州电子科技大学开展书写"三个四"标准要求活动	素手丹青写翩翩——记江西师范大学美术学院教授、中国画硕士生导师张会元先生
4	1. 南阳师范学院举办"家风建设"专题报告会； 2. 西安工大荣获全国高校校园文化建设优秀成果一等奖； 3. 西安外事学院举办"汉字的起源演化与书法艺术"讲座； 4. 浙江财经大学中华传统文化推广月活动开幕； 5. "做魅力女性　建美丽校园"　安理工女职工走旗袍丝巾秀； 6. 景德镇陶瓷大学与澳门科技大学共同成立陶瓷文化研究中心； 7. 浙江财经大学文学联社与湖州清泉（国际）文武学校举行文化交流活动；	—

续 表

月份	2017 年的活动	2018 年的活动
	8. 华东交通大学举办"中国风，世界情"国际文化交流节； 9. 南京财经大学"教职工书法临摹与创作培训班"正式开班； 10. 西安交通大学一附院职工社团知美旗袍社成功举办成立大会暨旗袍文化艺术交流活动； 11. 江西理工大学工会组织教职工积极参与赣州2017年网上清明祭奠活动	
5	1. 景德镇陶瓷大学学生在校园里着汉服逛"庙会"； 2. 南阳师范学院工会举办"学习传统文化，树立良好家风"专题讲座； 3. 江西外语外贸职业学院女教职工礼仪队精彩亮相江西省首届旗袍文化艺术节； 4. 苏州大学2017年教职工中华经典诵读比赛成功举办； 5. 南阳师范学院珠宝玉雕学院组织教职工学习家风家训传统文化； 6. 西安外国语大学图书馆分会成功举办第二届职工技能劳动竞赛； 7. 西安工大工会一行走访人文学院工会； 8. 缅怀忠烈 继往开来——西安医学院药学院记； 9. 朗读经典 益慧静心——皖南医学院举办朗读比赛； 10. 河南理工大学举办"经典照亮人生"暨"理工情"诵读比赛	1. 南阳师范学院珠宝玉雕学院分工会开展"中国家庭传统文化及美德意蕴"主题教育活动； 2. 武汉大学人民医院"人民朗读者·最美诗词"大赛成功举行； 3. 河南科技学院举行"巾帼书香"经典诵读大赛
6	1. 河南工程学院举办"喜迎党代会，中原孝道文化"书画展； 2. 南阳师范学院工会举行"书写百家家训"活动； 3. 浙江省教职工书法作品巡展法国； 4. 洛阳理工学院工会举办"写家风颂美德"书法精品展； 5. 江西外语外贸职业学院女教职工礼仪队受邀拍摄慈善公益宣传片； 6. 传承民俗文化 共享端午情怀——河南牧业经济学院工会举办古法制作香囊传承端午民俗文化活动； 7. "跨越时间的桥梁"新丝路上的中西文化交流音乐会在南通航院举行； 8. 传承中医文化 演绎千年精粹——南昌市洪都中医院送"八段锦"进学校	—

续　表

月份	2017 年的活动	2018 年的活动
7	—	第三届浙江省高校教职工书法培训班在嘉兴举办
8	—	全国高校教职工围棋邀请赛成功举办
9	江西省长刘奇慰问华东交通大学教师，送上书籍和鲜花	1. 安庆师范大学举办教师节教职工书法作品展； 2. 马鞍山市教育工会举办教职工书法作品巡展
10	—	1. 全国百城千村健身气功交流展示系列活动启动仪式在丽水学院隆重举行； 2. 浙江省教育书法协会在哈萨克斯坦举办"一带一路"中国书画摄影国际展
11	1. 南阳师范学院工会举行 2017 年新进教师"认家门"活动； 2. 河南牧业经济学院举办"国学精粹与女性魅力提升"主题教职工文化沙龙活动； 3. 宜春学院 2017 年"健康中国，全面健身"太极拳进校园培训活动正式启动； 4. 南阳师范学院珠宝玉雕学院举办"孔子教育思想及教育启迪"报告会	1. 南阳师范学院图书馆分会举办经典美文诵读分享会； 2. 洛阳师范学院举办首届青年教师粉笔板书大赛； 3. 河南师范大学工会开展戏曲进校园活动； 4. 南昌大学四附院迅速传达学习贯彻习近平总书记同全国妇联新一届领导班子成员集体谈话精神； 5. 江西中医药大学附属医院工会开办职工

续　表

月份	2017 年的活动	2018 年的活动
		葫芦丝兴趣班； 6. 2018 年华中科技大学"十月华章"——"新时代　新风采"教职工服装秀圆满落幕； 7. 浙江外国语学院第九届运动会暨体育艺术文化节隆重举行
12	1. 千人齐聚山水校园学习经典素读教学法（华东交通大学）； 2. 学习党的十九大精神第七期培训班暨湖北省教育系统工会女工干部培训班成功举办	—

表 4-2　2017—2018 年传统文化融入上海理工大学工会活动统计

月份	2017 年的活动	2018 年的活动
1	—	—
2	—	—
3		—
4	4 月 22 日，为了提高广大教师的教学素养，加强教学基本功训练，搭建广大教师学习交流的平台，展示教师书画的艺术风采，学校工会带领参赛教师参加了上海市教育工会举办的全系统教师书法、板书、钢笔字和中国画大赛。学校积极组织老师参加。学校宣传部的董剑戟老师获高校青年组书法二等奖，光电学院的盛斌老师获高校青年组钢笔字优胜奖。	—
5	5 月 16 日，为推动教工体育活动的开展，满足教工精神文化需求，提高教	5 月 5 日，上海市教育工会、上海市语言文字工作委员会联合举办了"2018

月份	2017年的活动	2018年的活动
	工身体素质和健康水平,大力发展健康校园文化,在能动学院的大力协助下,校工会举办了太极拳培训活动。	年上海教师书法·板书·钢笔字·中国画大赛"。来自全市高校、区县、中职等教育系统83家单位584名选手参加比赛。学校宣传部的董剑戟老师获高校青年组书法一等奖,光电学院的盛斌老师获高校青年组钢笔字优胜奖。
6	—	—
7	—	7月,上海理工大学职工暑期疗休养与中华优秀传统文化认知活动开展。为做好2018年教职工暑期疗休养工作,在上海市教育工会招标的基础上,根据《上海理工大学工会关于教职工休养工作的若干意见》规定,先后广泛听取教代会生活福利委员会、部门工会主席、往年疗休养领队及相关人员的意见,初步确定了疗休养路线。根据相关要求,确定14条线路作为校教职工2018年暑期疗休养的目的地,并进行公示:① 重庆武隆(双飞五日);② 云南丽江(双飞五日);③ 宁夏银川(双飞五日);④ 内蒙古鄂尔多斯(双飞五日);⑤ 陕西西安(双飞五日);⑥ 湖南张家界(双飞五日);⑦ 湖北恩施(动车五日);⑧ 海南三亚(双飞五日);⑨ 贵州黔东南(双飞六日);⑩ 广西桂林(双飞五日);⑪ 甘肃敦煌(双飞五日);⑫ 山西壶口(双飞五日);⑬ 福建大金湖(双高五日);⑭ 江西庐山(双高五日)。其中敦煌线比较火爆,带队的工会工作人员有意安排了参观敦煌博物馆等活动,受到教职工的欢迎。
8	—	—

续 表

月份	2017 年的活动	2018 年的活动
9	9月，学校各类教工协会面向全校教职员工招收新会员。为了丰富全校教职工的文体活动和业余文化生活，营造欢乐和谐、积极健康的校园文化氛围，校工会一直以来致力于开展丰富多彩的校园文体活动，同时也扶植了一大批成熟的协会。在此基础上，校工会再成立4个非常有特色的协会，包括太极拳协会、棋牌协会（象棋、围棋、扑克牌），面向全校教职员工招收新会员。教职工积极报名太极拳协会、棋牌协会。	9月13日—10月21日，为纪念改革开放40周年，增强文化自信，传承中华戏曲精髓，推进"京昆进校园"，党委宣传部和校工会联合组织京剧电影《曹操与杨修》免费观影活动，并举办影评大赛，欢迎全校师生积极参与。
10	—	—
11	—	11月20日，举办首届教职工智力运动会。
12	—	12月15日，举办师生空手道团体赛。

总之，中华优秀传统文化融入工会工作的内容，可涉及高校教职工的思想政治教育、职业精神培养、专业课程教育和科学研究、文化冲突与生活失调、家庭与个人生活（包括爱情婚姻、家庭养老、儿童培养、妇女生活等）、日常交往、审美情趣诸方面，实际上是将中华优秀传统文化的哲学和形式融入教职工日常工作和生活。

（二）中华优秀传统文化融入高校工会的机制和方法

将中华优秀传统文化的哲学和形式融入高校教职工日常工作和生活并不容易，它需要建立科学有效的机制和不断创新各种方法。在机制上，可以根据中华优秀传统文化中的"家文化"的传统和理念，将学校工会的大"家"和学院工会的小"家"紧密联系起来，在学校工会大"家"的活动新天地中打造新高地，在学院工会小"家"的情境中开拓新天地。理想的状态是，为了让每位教职工感受到家庭般的温暖，学校工会将服务的触角尽力延展至各个院系，离教职工越近越好；对待教职工工作和生活中的大事小情，工会处处体现出"娘家人"的温暖与无微不至的关心。

以清华大学为例，中华优秀传统文化融入高校工会的机制突出表现为以下两点：

一是学校工会强力支持基层分工会的建设和创新。为了建设好"模范教职工之家"，清华大学工会制定了一系列规范，把基层分工会建设放在首位。从2009年起，校工会设立"特色活动"经费支持计划，对"特色活动"项目给予重点支持，至2017年6月，学校工会支持300多个项目，累计达100多万元，其中70%以上与青年教职工队伍建设项目有关。在此资助下，各分工会纷纷创新工作思路和方式，推出了一批有新意、有影响、有成效的特色活动，团结教职工凝心聚力，有力促进了院系工会工作的顺利开展。

二是学校工会主办发挥教职工个性与爱好的各种协会和活动。"景昃鸣禽集，水木湛清华。"清华大学主办了剧艺社、水木舞团、摄影协会、插花协会、太极拳协会、乒乓球协会、中长跑协会等20多个协会，中华优秀传统文化的内容无处不在，教职工的个性与爱好得到淋漓尽致的发挥。校工会也为广大教职工提供了各种切磋技艺和展示技能的机会，至2017年6月，约有4 000名教职工参加了以"喜迎百年校庆""纪念抗日战争胜利70周年""喜迎党的十八大""庆祝中国共产党成立95周年暨清华党组织建立90周年"等

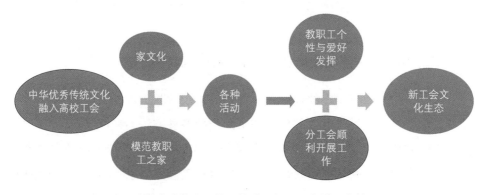

图4-1 清华大学的中华优秀传统文化融入高校工会的机制图

为主题的教职工文艺汇演。

由图4-1可以看出,清华大学的中华优秀传统文化融入高校工会的过程,是在坚持"家文化"理念的前提下,以"模范教职工之家"建设为具体目标,在各种活动的推动下,教职工的个性和兴趣爱好得到充分发挥,分工会的工作顺利开展,从而形成一种全新的工会文化生态。

如此,在中华优秀传统文化融入高校工会的方法上,可以以重视学院工会小"家"的日常创新、节日庆祝活动与传统融合等形式进行。

一是学院工会小"家"的日常创新。工会小"家"是基层工会的日常家园,中华优秀传统文化可以在此汇聚。在工会小"家",可装饰一些相关的象征物,如中国结、唐三彩仿制品、中国字画等,给人的视觉带来愉快的审美效果;放置经典的中国图书、音像资料等,加上中国茶的招待、优雅的聚会,可给人带来中国文化的体验效果。有效利用中国传统文化观念、文化资源的优势和现代传播媒介,可进一步发挥视觉文化语境下中国语言与思维相统一、工具性与人文性相统一的特征[1]。因此,对工会小"家"的日常建设不可或缺。

二是将节日庆祝活动与传统融合。利用节假日,学院基层工会组织编排有关中华优秀传统文化的节目,自觉地将中华优秀传统文化融入工会工作中,可提升工会工作主体思路的新改变、方法的新突破、能力的新提升,使工会组织更加具有人文关怀、历史意识和社会价值。

三是组织活动,品味中华优秀传统文化。如今,网络、影视里的中华优秀传统文化节目或相关题材,深受观众喜爱,高校教职工也自然受此风的影响。尤其不少高校老师受国外文化熏陶已久,返璞归真情怀有时很是迫切。学校工会组织利用举办太极拳班、国画班、民族舞班,开展书画比赛等文体活动,将中华优秀传统文化有效地融入工会工作中,可以将高校教职工对中华优秀传统文化的热情提升到民族自信和文化自信的新高度。

---

[1] 罗双兰:《视觉素养教育:语文课程发展的新延伸》,《中国电化教育》2011年第9期。

三、中华优秀传统文化融入高校工会工作的思考

（一）中华优秀传统文化融入高校工会工作的作用

中华优秀传统文化融入高校工会工作带来的积极影响显而易见，主要表现为工会工作更加顺利、教职工的工作和生活更加顺畅等。

对于工会工作来说，以下三点值得关注：

一是高校工会工作的理念得以提升。在中华优秀传统文化融入工会的实践上，高校教职工有着更为迫切的愿望，因此校工会更愿意听取各方意见，提升工会工作理念。基层工会也积极开展相关工作，活跃气氛，增进教职工在工作和生活中的趣味性、文化感。

二是高校工会工作的机制和方法稳步推进。高校工会顺应时变，成立与中华优秀传统化融入工会工作实践密切相关的各种文化活动组织——不少学校主要以校内资源的开发为主，举办太极拳、国画等培训班，工作开展较为顺利、扎实，教职工反映良好。

三是高校工会工作的内容不断丰富和深入。中华优秀传统文化是根、是源，在新的时代不断生发出新的风貌，高校工会工作的内容也变得更加生活化和日常化。

关于教职工的工作和生活更加顺畅方面，其主要体现在以下两点：

一是教职工的文化素养和情感交流不断提升。由于中华文化的博大深厚、绵延不绝，高校教职工生活中的文化冲突与生活失调、爱情与婚姻、家庭养老、儿童培养、妇女生活、道德教育等问题，可以通过中华优秀传统文化来进行生动有效的沟通和化解。这种思想文化传承的方式，是中国的巨大优势。经高校工会干部群体积极引导后，教职工文化素养得以不断提升，教职工的工作和生活情境、习惯也得到有效提升。比如从2018年春季开始，上海理工大学工会举办了零基础国画班，请出版与印刷艺术设计学院的专业教师给教职工上国画课。由单位到家庭，教职工的情操得以陶冶和提升，大家与同事的文化和情感交流更丰富，与家庭成员的亲密关系也更上一层楼。

二是教职工的集体生活和育人意识得到加强。随着现代化和全球化进程的深入，高校人才竞争愈发突出。提升高校管理者和一线教职工之间的心灵互动和思想沟通、加强教职工的集体生活意识非常必要。教职工在民族自信心和文化自觉意识的作用下，会更好地参与集体活动，提升育人意识。这有助于教职工"三观"的整体建设，从而能推动学校"全员育人、全程育人、全方位育人"实践活动的深入。

比如 2018 年 5 月 8 日，上海理工大学体育文化节暨田径运动会开幕，校工会组织的教工太极拳表演首次亮相，一招一式，动静结合，充分展现了学校师生的良好精神面貌，也彰显了良好的校园体育文化氛围。校工会的张旻老师在高兴之余，写道："今天为你们而骄傲／不同岗位／不同年龄／共同的爱好让我们／走到一起／在进场的那一刻／大家的脚步是齐的／心是齐的／为大家超越自己的精神而感动／为能有这样一支队伍而骄傲／能成为这支队伍中的一员而自豪／今天为大家而感动。"我作为其中的一员，也作文《为上理太极而歌》："你有一个梦想，我有一个希望，在沪江温暖的怀抱里，我们品味着太极的阴阳。有机械的操练，有光电的碰撞，有材料的聚合，有能动的成长。柔软的身姿演绎着智慧的霓裳，舒缓的节奏装点着人生的课堂。带着不同的专业，守着不同的职岗。在虚实结合的问道中，我们提升着身心的健康。迈着整齐的步伐，身着统一的服装，循着心灵的默契，闪着团结的光芒。曾经的青春与学子翩翩飞翔，多彩的阳光在校园愉快地流淌。"在此活动的影响下，9 月，为弘扬中华民族传统体育文化，传播太极拳艺术，进一步增强学生身心健康，助力高水平大学建设，学校体育教学部联合上海陈家沟陈氏太极拳运动促进中心、上海市杨浦区太极拳协会共同举办陈氏太极拳培训班。

通过对 40 位具有博士学位的高校教师和 7 位其他工作人员的调查和访谈，可以发现高校工会工作者和教师对日常生活、社会交往和家庭生活的重视以及由此产生的期待，这些会激发工会工作者对此付出更多的努力（见图 4-2、图 4-3）。

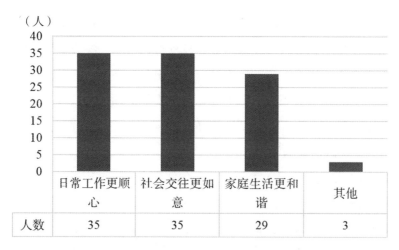

图4-2 40位具有博士学位的高校教师对于中华优秀传统文化融入高校工会工作作用的态度

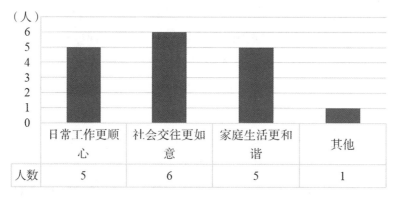

图4-3 7位其他人员对于中华优秀传统文化融入高校工会工作作用的态度影响

（二）中华优秀传统文化融入高校工会工作的问题和对策

中华优秀传统文化融入高校工会工作是一项创新性工程，其间出现问题是不可避免的。通过对40位具有博士学位的高校教师和7位其他工作人员的调查和访谈，可以发现中华优秀传统文化融入高校工会工作还有很大的提升空间（见图4-4、图4-5）。

调查还发现，高校教职工对学校方面要加强顶层设计、工会干部要提升传统文化修养、学校传统人文环境要加强等方面有强烈的要求。（见图4-6、图4-7）。

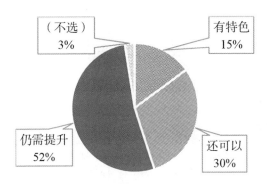

图 4-4　40 位具有博士学位的高校教师对于中华优秀传统文化融入高校工会效果的认识

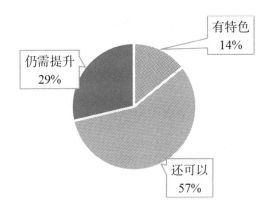

图 4-5　7 位其他人员对于中华优秀传统文化融入高校工会工作效果的认识

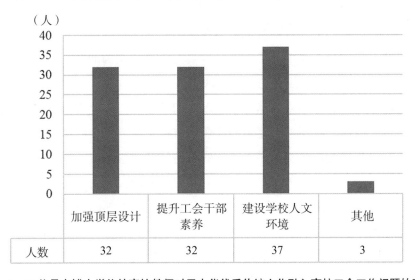

图 4-6　40 位具有博士学位的高校教师对于中华优秀传统文化融入高校工会工作问题的意见

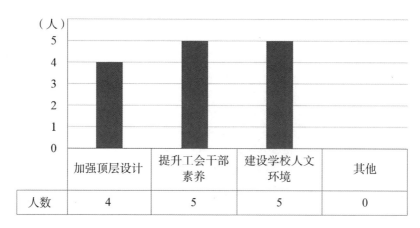

图 4-7　7位其他人员对于中华优秀传统文化融入高校工会工作问题的意见

关于中华优秀传统文化融入高校工会工作，以下诸方面值得继续思考：

一是不同层级的工会领导在文化建设上要进行顶层设计与创新。目前，在工作理念的鲜明阐释和传达方面，从学校到学院还有意识模糊和渠道不足的缺陷，这体现了工会在此方面理论的薄弱。加强中华优秀传统文化融入高校工会工作的顶层设计，其一要紧紧围绕相关的法律法规、政策和指导意见，深入贯彻落实中共中央群团工作会议精神；其二要坚持问题导向，利用中华优秀传统文化着力解决工会发展中的重点难点问题；其三要主动适应形势发展要求，结合地域特色、校风校训等，凸显学校工会工作的优秀传统文化特色。

二是基层工会工作者要有意识地持续拓宽和加强自身的人文素养。中华优秀传统文化融入高校工会工作是一项具有深远意义的活动，绝非一朝一夕之事、一蹴而就之功，因此必须对此项活动予以高度重视，组织专门工作人员进行多方交流和总结，甚至可以进行专门的培训，在此方面的工作实践还有待完善。当前，我国工会建设的薄弱环节在基层，工会的经验意识比较浓厚，这对中华优秀传统文化融入工作的可持续开展会造成不利影响，也会出现各学院工会在此方面工作参差不齐的状况。同时，也必须看到工会工作的活力和新鲜经验也出自基层。其中，高校基层工会领导的个人修养和能力起着关键作用。只要基层工会工作者坚持眼睛向下，工作和资源下沉，深耕基层，扎根职工，夯实基础，不断完善基层工会的组织体系、管理模式和运行机制，一定能成为落实工会改革、促进工会发展的有力组织者、推动者和实践者[1]。

三是建设富有特色的校园人文景观是最直接目标。校园文化是学校精神、校园传统和校园作风的综合体现,是高校育人的重要组成部分,因此注重校园文化的整体建设至关重要。现在,高等学校中新的办学理念和校园文化得到呈现,继承和发扬传统文化精华,融合富有特色和魅力的地域文化,打造健康向上、生机盎然的校园文化成为热潮。富有特色的校园人文建设成为老师的深切期盼。在中华优秀传统文化融入高校工会工作方面,首先应将校园人文建设当作一项长期的重要任务来看待,尽力打造富有特色的品牌文化;其次要精心选择校园人文建设需要的优秀传统文化元素,赋予其崭新的风貌和时代的气息,让老师能更顺畅地接受;最后要认识到富有特色的校园人文景观建设是一项科学的、系统的流程,非一朝一夕之功,需要高校工会长期的经营和管理。

另外,将中华优秀传统文化和现代信息、智能科技结合起来,通过网络、手机等信息终端与教职工建立密切的联系,也是一种行之有效的方式。传统和现代并不是对立的,近代以来的中国思想文化传统屡屡受到挑战,情急之下人们则把各种文化思维对立起来,深刻的教训常常给人警示。网络革命时代,将网络技术不断地与传统文化结合起来,这是工会工作者必须面对的挑战,当然也是机遇。微信的公众号和朋友圈已经成为当下工会工作的重要宣传途径。

通过研究发现,中华优秀传统文化融入高校工作,体现了中华优秀传统文化和工会文化的紧密联系,在实践上为高校工会现代化和高校教职工文化生活水平的提高提供助益,从而有助于新时期高校"全员育人、全程育人、全方位育人"工作的深入开展。在具体的工会实践中,研究发现中华优秀传统文化融入高校工会工作,实际上是将中华优秀传统文化的哲学和形式融入教职工日常的工作和生活中,工会需要注重教职工的期盼。

总之,在新的历史时期,党和国家对大力弘扬中华优秀传统文化提出

---

[1] 可参看深圳市总工会:《2016~2017年深圳工会工作发展报告》,张骁儒、邹从兵主编:《深圳社会治理与发展报告(2017)》,北京:社会科学文献出版社2017年版,第205页。

了新的要求，中华优秀传统文化融入高校校园文化建设成为高校工作者要思考的重要内容。虽然在此方面已有相关研究和实践成果，但由于历史和现实诸多因素的影响，中华优秀传统文化融入高校工会工作还需要不断地探索和创新。

第二节　孔子学院与国内高校语言文化课创新

教育和文化创新成为时代潮流，人才培养、科学研究、社会服务、文化传承创新、国际交流沟通，是新时期中国高校发展的主要职能。作为现代教育和文化领域中的新鲜事物，孔子学院在向世界推广汉语和传播中华优秀传统文化的过程中，表现得日益活跃和突出[1]。在不断增强中国文化软实力方面，孔子学院的中国语言文化传播和国内高校的语言文化教育具有相似性与高度关联性。同时，我们也看到，在孔子学院在国外发展如火如荼的同时，国内高校的语言文化课不时遭遇某些尴尬，有的学校甚至宣布大学语文不再作为必修课[2]。此处即以我于2010—2011年在孔子学院的工作经历为基础，以2014年以来在国内高校工作的经历为切入点，以对中国语言文化传播研究的状况为参考，谈谈孔子学院对国内高校语言文化课创新的启示。

高校语言文化课的创新可归于教育和文化的创新，反映在内容、形式、传播技术和手段等方面的革新或飞跃，包括价值观念、思维方式、道德体系、

---

[1] 单纯地认为孔子学院目前仍以对外汉语教学为主，输出书法、国画、戏曲等文化产品的力度不大这种观点，实则有失偏颇。实际上，孔子学院作为中国对外语言和文化传播的窗口，近些年日益受到思想、文化、教育界的重视。在对外文化传播过程中，众多年轻的孔子学院工作人员，除了肩负向世界展示中华优秀传统文化的魅力之重任外，其本身就是一道亮丽的风景线，这一点已经得到诸多国家和民众的高度认可。

[2] 相关争议可参看：《拯救大学语文关键不在于选修还是必修》，《华西都市报》2013年11月11日；韩浩月：《大学语文从必修到选修不是倒退》，《新京报》2013年11月14日；王玉琴：《大学语文教育应超越选修必修之争》，《光明日报》2013年11月20日；赵婀娜：《呼唤"大语文"：重知识到重素养》，《人民日报》2013年11月21日；赵婀娜：《大学语文为何不受待见》，《人民日报》2013年11月25日；李晓阳：《专业化研究是语文教育的出路——一位语文老师的思考》，《人民日报》2014年9月12日；温儒敏：《中文学科：传统深厚　路向开阔》，《光明日报》2014年11月18日。

理论提升、制度建设及知识和文化生产诸方面的创新[1]。因此，高校语言文化课创新的时代性、综合性、实践性等要求已提上日程[2]。

一、因应时代变化，美化语言文化课堂的环境营造

首先是人文环境的塑造。在孔子学院，语言和文化气氛的精心营造非常重要。在孔子学院的大门口，一般都设置有孔子学院近期活动预告牌，活泼醒目，吸引着来往的国外青年学子在此驻足。在孔子学院办公室和教室外墙上，多挂有展示中国文化和中外文化交流的照片、书法和绘画作品，包括国内艺术家、孔子学院工作人员和海外学生的智慧结晶，中国风情和世界风情的结合，让人生发兴趣；走进孔子学院的办公室和图书室，这里的中国文化气氛更为浓厚，而国内高校语言文化课堂的文化氛围的营造就显得非常重要了。有的地方人文环境可能相对简单，但老师可以在课堂经常带一些与语言文化课程相关的象征物，如中国结、中国字画等，给学生视觉带来愉快的审美效果。

其次是教师文化形象的创造。孔子学院虽然很小，但要经常直接和世界各国的人打交道，代表着中国形象。因此，孔子学院的工作人员，既要在异域文化氛围中充分展示个人形象，还要时刻注意自己身上中国元素的体现。教师文化形象的重要性更加突出，一定意义这比教材建设更为重要[3]。孔子学院的负责人经常强调，每个人都是一个窗口，上好每一节课，就是孔子学院

---

[1] 相关论点参看袁贵仁：《不断推进教育创新》，《北京师范大学学报（人文社会科学版）》2002年第6期；张献忠：《论文化创新》，《北京工业大学学报（社会科学版）》2003年第3期；王传满：《文化创新：繁荣文化的必由之路》，《理论建设》2007年第6期；孙寿山：《推动文化创新 促进文化创意产业发展》，《中国流通经济》2008年第2期；张晨强：《论文化创新的内容、原则和对策》，《中共太原市委党校学报》2010年第4期。

[2] 参看袁贵仁：《不断推进教育创新》，《北京师范大学学报（人文社会科学版）》2002年第6期；张静蓉：《文化创新及其实现机制》，《中共杭州市委党校学报》2003年第1期；王剑：《全球化语境与文化创新》，《长沙铁道学院学报（社会科学版）》2003年第6期；王传满：《文化创新：繁荣文化的必由之路》，《理论建设》2007年第6期。

[3] 可参看李晓阳：《专业化研究是语文教育的出路——一位语文老师的思考》，《人民日报》2014年9月12日。

的口碑[1]。孔子学院工作人员身上的精细精神和责任意识，实际上是教育和文化创新的主体意识的升华。那么，国内高校的传统文化课堂，完全可以说：上好每一节课，就是老师的口碑，就是学校的口碑。由此，既然在孔子学院老师可以穿着唐装、汉服和太极服等与学生共舞，其乐融融、生趣盎然，那么在国内高校老师更有条件做到，而且可以做得更好。

最后是文化课教学团队打造。孔子学院每次有教学和社会活动，大家的集体意识很强，分工明确，效率很高，注意节省，因此效果明显。比如每周有一两次教师集体学习和专题学习时间，大家互相交流、切磋技艺，探索劲头十足；每次上课，谁来提前开教室的门，谁来上课，谁来倒茶，谁来值班，谁来与学生在课后进行交流，都有精密的规划。如此高效而充满活力的孔子学院教学团队，经常会取得意想不到的中国语言文化传播效果，无疑增强了老师的文化自信和在海外工作的获得感。相对而言，国内高校的语言文化教学，面对教学的时代难题和现实问题，直接面对学生的集体教学研讨意识、相互配合意识，以及由此形成的团队组织建设和集体精神，还有待进一步提升。当然，在此基础上，也可吸收国外学者和老师加入相关教学团队。

二、根据学生需求，加深对语言文化课内涵的综合理解

首先，从结构上整体理解语言文化课程。在孔子学院讲授汉语、传播中国文化，不仅要注意中国语言和文化的细节，还要有效把握对中国语言文化的整体理解和普及，这是因为海外学生经常会以一种整体的眼光来看待中国语言文化。一项关于欧洲、亚洲、北美、拉丁美洲地区本土汉语教师的需求的调研结果显示：无论是中小学汉语教师或是大学汉语教师，他们都希望加强当代中国与中国文化等方面的培训[2]。在国内，这种对中国语言文化的综合

---

[1] 可参看杨卫民：《文化的温暖——土耳其海峡大学孔子学院汉语教师志愿者教学侧记》，《上海大学校报》2012年9月17日。
[2] 田鑫：《试论汉语教学如何更好地为中华文化走出去战略服务——以提升汉语教材中的文化含量为例》，《中国文化研究》2016年第2期。

理解与把握显然也是非常急需的。因此，在面对新时代的大学生时，高校教师要始终注意对语言文化课程进行整体理解与把握。还有，语言文化本身不仅具有结构—功能性，还具有系统之间的信息交换性，这更要求教师把握语言文化课的整体性变化。

其次，在动态上加强对中国迅速发展的语言文化的理解。孔子学院需要直面国外学生或朋友提出这样的问题：中国的发展道路和发展模式到底是什么？这里面和中国文化什么关系？等等[1]。为应对这些提问，老师必须多关注中国当代社会的发展。有时在课堂上，由于专业分工的细密化和教学对象的不同，有的老师缺少对中国当代发展的深入思考和理解，就很难给学生讲透中外语言文化的差异，不容易把握新时代中国话语创新，缺乏对中国语言文化底蕴的深层次理解和建构，对中国语言文化在解释和引导当代中国社会发展方面的贡献也说不透[2]。

再次，在视野上努力认知全球语言文化。孔子学院的老师身在异国他乡，不能不重视对全球语言文化的理解。在此基础上，我们会发现世界上的许多国家和地区表达和书写世界历史文化，都会出现完全不同的视角、内容和体系。因此，只有注意语言文化视角的转换，才能对世界语言文化的发展得出更加客观的看法。如此，我们会清晰地认识到，每个国家都有自己独特的语言文化及其发展方式，都有值得我们欣赏和学习的地方。当然，开眼看世界，绝不是只看着发达国家和地区，每个国家和地区都应该给予关注。由此，我们会发现，人类语言文化的兴衰是如此的混合、复杂，同时又是如此有趣、多变。而对于国内的语言文化课，老师需要睁开世界之眼，这样才能有更大的作为。与世界的很多国家相比，中国语言文化不是侵略性、流动性很强的文明形态，而是稳定性、建设性的文明模式，而中国语言文化的迁移性、模糊

---

[1] 实际上，改革开放的时代，世界越来越密切地关注中国的发展。在2016年北京国际图书博览会上，中国发展经验、科技图书成新热点。见张贺：《在家门口走向世界——从北京国际图书博览会看中国出版"走出去"》，《人民日报》2016年9月1日。

[2] 温儒敏谈起大学语文教学现状时深有感触："在当前比较实利化、浮泛的风气中，'中文学科'也还有困境，有弊病。比如学科分工过细，各自为营，产生许多学术泡沫；学生读书不多，写作不过关，缺少'文气'，没有文化传承的自觉，等等，都是需要改进的。"见温儒敏：《中文学科：传统深厚　路向开阔》，《光明日报》2014年11月18日。

性、渗透性和包容性等特征，西方人不太能明白，但却闪耀着中国文明的独特魅力。

当然，这里要积极辨析语言文化传播领域中的若干差异。文化创新离不开价值观的积极交流或融汇，同时也会在比较中有鉴别和扬弃。在孔子学院积极辨析语言文化传播领域中的若干差异，是语言文化有效交流的一项基本功。比如孔子学院结合相关文化机构，将中国优秀的图书、电视、电影、演出等介绍到国外进行欣赏，相对来说还是比较成功的。在国内高校的语言文化课堂，需要重视两种情况：一种情况是我们强调语言文化经典的力量和影响，但是少了对自身语言文化系统中的糟粕的辨识和批判，使自己陷入某种被动。比如当前一些古装剧的过度娱乐化，与目前大众的观念形态应该说是一致的。我们不能漠然视之。尤其是在市场经济大发展时代，文化精英若没有一定的独立性，那将直接影响社会观念的合理变化。另一种情况是我们在奉行"拿来主义"的时候，既有可能忽略了其中最应该学习的内涵，也有可能忽视了最应该摈弃的内容。如我们在欣赏《花木兰》《功夫熊猫》等外来优秀影视作品时，往往忽视了对国外语言文化传播创新方法、创新精神的斟酌和品评，而国外某些电影在中国的流行，又显示了价值观坚守意识的不足。语言文化创新必须有某种价值的坚守，绝不能粗制滥造、允许资本大肆地扩张及控制等。总的说来，世界文化之间的交流，最需要的是相互欣赏和品味、相互帮助和促进，这样人类社会的和平与发展曙光才会持续呈现。欣赏需要诚挚的批评，同时也需要赞扬和鼓励。这些对我们目前国内的语言文化教学活动，应该具有重要的启示。

又次，在技能上需要开发自己多方面的语言文化表现潜质。在孔子学院，老师可以说汉语、英语和当地语言，有时是多语并用，并且可展示自己在中国服饰、书法、音乐、舞蹈等方面的技能。这里既有语言技巧的展示，也有文化能力的传递，还可升华为文化艺术的品味。在语言熟练的基础上，加上对多元文化的认识，老师实际上在以一种综合技能讲述中国语言和文化，与世界进行沟通[1]。在国内，我们的语言文化课老师一定要不断增强语言和文化

---

[1] 徐克谦：《孔子学院，以"文化方式"与世界沟通》，《新华日报》2011年6月8日。

知识，同时强化自身的多种兴趣和爱好，这样才能为课程创新打开更宽广的绿色通道。技不压身，日有所进，老师"讲文化"的能力会得到提升。中国语言文化的表现或表述离不开文化创新，形式和技能创新也都不可或缺。久而久之，这就可能形成一种现代的文化综合能力，那么这样的课程肯定会受欢迎。

最后，在情感上需要加强对人性文化的多重理解。从事对外汉语教研工作的学者一般对此深有同感：尽管在这个世界上存在各种差异，但追求真、善、美是人的本性[1]。实际上，无论身在何处，当进入中国语言文化的深处，我们就会发现：每个心灵都渴望交流，渴望流动，每个人的心灵也都应该有自己的去处、归属。人性文化应该是语言文化创新提升的根基和归宿，即语言文化创意落脚于人性的创意。因为你要了解世界，你要洞悉人性，你就要对这个社会有诸多的情愿、志向和愿望，并尽快付诸实施。我常常思考一个问题：孔子学院的老师到底是在从事一种什么样的活动？其一，在异国，自己与十几亿中国人的理想、梦想和形象在世界舞台上的展现密切相关；其二，自己所从事的中国语言文化实践工作，本身就是在搭建中国和世界民众沟通的桥梁；其三，关于游历的经历对一个人品性、心胸、视野等的作用及其对语言文化创新的迁移和扩展作用，有时候真是很难用已有的心理分析方法去解释。原来，我们正通过自己的努力和智慧，吸取世界优秀的语言文化精华，然后编织出更加美丽的人生和社会画卷。网络社会让人看到了更多人性相互鄙薄甚至谩骂的文章，地域攻击就是其中一例。难道人性的飞鸟真的不能飞跃文化和地域的重重迷雾吗？在孔子学院中国语言文化能传播，在国内的大学教育中亦能。在孔子学院，我们感觉非常有必要了解所在国家或地区的大众生活，在那住上一年，了解其历史、熟悉其文化、查看其现状，和当地人共呼吸，走进他们的世界。我们学会了与当地人共同创造和守护美好家园的方式，并不断地感受到诸多人性的温暖。当然，我们身在国内，在本土传授语言文化课，现在看来就有些像在温室里培养花草树木。因此，我们要主动

---

[1] 窦雅斌：《文化交融与适应——外国友人接受中华传统文化途径探讨》，《中华文化论坛》2013年第4期。

以中国语言文化激发青年学子的生活态度和精神面貌。

三、结合日常生活，加强语言文化课的社会实践

　　文化研究学家指出，文化不是简单地吸收，而是一种学习。这种学习过程就是一种文化认知、适应过程，是一种心理在外部条件下产生作用的过程，社会学家用社会化形容人成为社会文化人的过程[1]。这一点在中国语言文化课学习中，显得尤其突出。目前，国内越来越多的大学人文素质课程教育工作者认为，语言文化课，是一种人文素质的培养而不是死板的教和学，应该更贴近于大学生的日常生活，做到循序渐进，从而可以使大学生能亲身感受到人文的力量和意义。如此，中国语言文化的精神才能真正地引导学生。结合日常生活，加强语言文化课的社会实践活动创新非常重要。

　　一是在意识层面要注重修养的引导。在孔子学院的日常生活中，老师面向海外学生时要特别注重用公平、公正的教育理念引导他们，开展一项文化活动时则需要大家像一家人一样共同努力。在此基础上，孔子学院的工作人员，包括老师和志愿者等，经常要对个人的修养进行反思，甚至会思考自己的家庭教育、在国内高校所接受的教育等。因此，大家在日常生活中，一言一行要特别注重传统文化和现代文明的结合。目前国内高校的传统文化课，越来越注重传统文化的日常生活实践，尤其是在家风文化、校训文化等方面，我们可以从孔子学院这儿得到诸多启示。以家风、家训为例，其与中国文化精神关系密切。进入21世纪以来，关于高校家风文化教育的实践和研究日益深入[2]。这里，我们首先要强调家风与国家、社会和文化的关

---

[1] Brian Longurst, Greg Smith, Miles Ogborn.Introducing Cultural Studies. 3rd New edition. Routledge, 2016.
[2] 参见聂森、浅论：《〈颜氏家训〉蕴含的思想政治教育方法》，《海南师范学院学报（社会科学版）》，2007年第1期；邓剑华、叶湘虹：《颜之推品德教育思想在高校学生管理中运用的研究》，《教育探索》2010年第11期；徐敏、史为恒：《〈颜氏家训〉对当代大学生道德教育的指导意义》，《湖北经济学院学报（人文社会科学版）》，2012年第4期；戴月舟：《〈朱子家训〉对大学生素质教育的积极意义》，《南京医科大学学报（社会科学版）》2009年第3期；陈泗铮、张世洲：《司马光俭德思想对当代大学生道德教育的启示》，《教育探索》2014年第4期；高立梅、黄浩：《论〈弟子规〉对当代大学生的人格养成教育》，《现代企业文化》2008年第17期；刘静、陈志勇：（转下页）

系。要让学生深刻认识到只有良好的家风,才能治理好国家和社会,同时让学生深入理解国家和社会对家风建设的重视,如此,我们的青年学子才能更从容地走向世界。其次,我们要教会学生在日常生活中特别注意自己的言行,并经常做到自我反思,"每日三省吾身",效果更佳。最后,我们也应该摒弃那些不适合中国发展实际和世界文明发展趋势的中国语言文化内容。

二是在技术层面上要注重日常化学习习惯的熏陶。在国外从事中国语言文化传播活动时,要积极引导学生在孔子学院尽量说汉语,在中国语言文化活动场所给学生和外国朋友详细解释中国文化的精髓与魅力所在。前者是对学生的严格训练,后者是对自己的严格要求。因此,学习成了日常活动。国内高校的语言文化课教育教学,老师也都很认真和努力,但是在以学生个性化教育和培养为主的时代,日常学习习惯的培养是重中之重。学生要在课外实践中强化自己的课堂教学内容,同时老师也应该积极设计和参与相关中国语言文化活动,使学生和社会人士参与进来,而自己在日常的自我知识和素养培育中也能得到知识体系和能力的提升。

很明显,孔子学院是一种非常新鲜的文化事物。它是在中国社会主义现代化建设发展到一定程度后应运而生的,是优秀的中国语言文化顺应改革开放的潮流、积极主动地与世界语言文化和文明进行对接和相互交流的产物。其中的许多创新之处,可以说是前无古人的。这里就有值得我们学习和借鉴之处,以便应用于国内高校的语言文化课教学。

其一,通过学习孔子学院的语言文化传播经验,可以有效促进国内高校语言文化教育教学的人文环境塑造、教师形象创造和教学团队打造。国内外中国语言文化教学活动在学习内容上具有高度关联性,但在国外要注意与诸

(接上页)《家训文化中的合理因素与高校精神文明建设》,《思想教育研究》2004年第9期;郝玉明:《家训文化与当代大学生道德观之养成》,《韶关学院学报》2008年第4期;朱鸿飞:《中国传统家训对大学生个人品德建设的启示》,《成功(教育)》2008年第4期;覃勇:《试论传统家训与我国高校的思想政治教育》,《高教论坛》2013年第11期;韦震:《马克思主义视域下以家风弘扬社会主义核心价值观探究——结合当代大学生理想信念教育》,《新闻传播》2014年第13期;柳礼泉、胡港云:《培养大学生文化自觉的四维向度》,《思想理论教育导刊》2014年第10期;等等。

多基本精神和价值观的全面融汇，如此，信息的有效性传播、互动性交流，才有可能实现。国内这方面碍于惯性思维，创新力不足，此处有必要强调之。

其二，通过学习孔子学院的中国语言文化传播经验，可以使国内教师加强自身综合素养的提升，并在教学课堂上具有更充分的发言权和主动权。教师在从事语言文化教育教学活动中需要有教学热情、坚定的价值和深厚的文化素养，教师承担此方面的工作，不仅可以"倒逼"或催化自己的学习潜能，还能使自我得到新的升华。对于学生而言，学习中国语言文化的目的是既要让自己会讲述中国故事，增强文化自觉意识和文化自信，还要培养社会洞察力、识别力。孔子学院强化了教育要面向世界的一面。

其三，通过学习孔子学院的中国语言文化传播经验，在国内高校进行语言文化教育时，不仅要注重课内教学，还要让学生将其和日常生活修养、社会实践相结合[1]。此处强化了教育要面未来的功能。

总之，当我们积极主动开阔自己的语言文化视野、借鉴孔子学院中国语言文化传播创新经验时，会明显感觉到，国内高校语言文化课的创新离不开教育教学理念的整体更新和建设，离不开对语言文化传播时代内涵的深入探索和思考，离不开思考和学习方法的拓展和变化，也离不开日常生活实践的检验和升华。

第三节　大学生家风文化教育与社会主义核心价值观的融入

进入新时代，在党和国家领导人的倡导之下，家风文化教育更加得到重视。我在上海理工大学从事思想政治理论课和中国传统文化课教学，在家风

---

[1] 孔子学院在此方面当然还有诸多值得深入和提升之处。比如有学者中肯地指出："在中华文化传播过程中，不仅要传播优秀传统文化，我们还应思考，如何传播当代中国优秀文化，让这些古老的和现代的理念灵活运用，与各个国家汉语学习者的生活紧密地联系起来来，这是值得深思的一个问题。"见董学峰：《汉语国际推广存在的问题及对策》，《东北师大学报（哲学社会科学版）》，2016年第1期，第95页。

文化教育中，对于所教的本科生给予了相关指导，力图将家风文化教育与社会主义核心价值观糅合起来[1]，并在此基础上将中国古诗文融入高校思政课（课程实践设计见本书"附录1"）。以下是2014年和2015年我在"古文观止"课上对学生所作的调查和分析，其间融入了社会主义核心价值观的基本内容。

一、重视"家和万事兴"

在大学生心中，家庭的重要性不言而喻。他们认为，家庭对个人以及国家来说是极其重要的；家庭从古至今，都是一个人的重要部分；一个人无论成就多大，家庭对他来说，还是一个根本；家庭对社会很重要，父母以身作则，言传身教，影响孩子性格成长。

在此基础上，学生强调家庭要和谐、家和万事兴。比如："要和谐，家和万事兴；家庭和睦了，人的身心才能得到一个提升；父母都是孩子从小学习的模板，好的教育、好的引导才会给孩子正确的思想。"

二、现代社会应当重视家风、家教

1. 何谓家风？

有学生认为："说到我家的家风，没有成文的，有的只是我母亲的、父亲的言传身教罢了：孝为先、学习为重、做诚实正直的人。"有学生说得具体些："现代的家庭会遵守上一代人给我们留下来的一些传统，比如我家，每年春节（大年初一）大家都会待在一起，不能随意出门。我妈告诉我这是爷爷

---

[1] 有关学者注意到了中华优秀传统文化与社会主义核心价值观在大学的糅合，给我们的教学创新工作有指导意义。比如学者吕晓芹就认为，大学人文教育应以社会主义核心价值观为精神指引，实现德才合一。社会主义核心价值观反映了中华民族几千年的价值诉求，是中华民族文化自觉的结果。大学人文教育应当超越职业的目标，以社会主义核心价值观为精神指引，实现"德才合一"。见吕晓芹：《大学人文教育的坚守与创新》，《光明日报》2015年5月10日。

的规定,大年初一都聚不齐,说明家快散了。爸妈坚持这个规定很多年了。传统也是家风的一部分,家风可以塑造一个人的情感,具有好的家风的人全身上下都是正能量,阳光、心平气和地看待每一件事。"

"孝"是家风中一项比较明确的内容[1]。有学生认为:"我家的家风是孝,孝敬父母,尊敬长辈。百善孝为先,家风是一条应该牢记的座右铭";"对于我个人来说,家风家教严格以孝字为先,以严为律";"'孝'是家庭建设中极为重要的部分";"要做一个好人,一个善良的人,一个成功的人,首先要做到孝。失去了孝,就好比人已失去了心脏";"家风是和(家和、人和、团结)、孝(百善孝为先)、爱(爱护弟、妹、幼小)、勤(勤奋、恶懒)"。有学生对"孝"的理解很是迫切,比如:"趁父母还健在,请献上你的一份孝心";"母爱伟大珍贵,尽自己的努力践行孝道"。

对家风的好坏和新旧之变,学生也给予了关注。比如:"有好家风,也有坏家风";"家风严,则人品高;家风散,则人品差";"家风有好也有不好,并不都是传家宝";"良好的家风,是文化精神在家庭中的凝练,是做人立身处世的指引,也是价值观的传承";"好的家风应是融洽的,是家人可以相互倾诉的";"古代家教重礼仪、重孝道;现代更重家庭和睦,其乐融融"。

2. 家风的意义

家风对人的成长很重要。比如:"树立正确价值观的第一步,就是要以家庭为单位注重家风、家教建设";"家风家教,影响一个人的性格,从而影响一个人为人处世的态度、方法,进而影响一个人的未来";"君子之风,始于家教";"一个家族的文化底蕴会极大地影响在这个家族之中长大成人的后辈的品格与人格,通常来说后辈往往会受到父辈言行的影响,潜移默化之中,父辈的品性往往会在子辈身上有所展现";"父母在孩子的成长中起到启蒙与引导性,应注重家风";"家教是一个人一生教育的奠基,父母是一个人一生最重要的老人,家庭是一个人一生最重要的学校";"父亲在我小学时期对我进行严加管教,使我养成了相对于同龄人的更强的独立思考能力、更强的自

---

[1] 《人民日报》《光明日报》等主流媒体关于孝道的宣传日益突出,2015年4月5日清明节,《光明日报》刊登的《珍惜拥有妈妈的每一天——沈阳80后女孩写千篇微博给天堂里的妈妈》,彰显了现代青年人的孝心。

我约束能力，至今想来都十分庆幸当初的艰辛养成了我现在近乎强迫症的自我约束管理"；"一个谦虚、其乐融融而对于原则问题绝不退让的家风家教对于孩子的成长有着良性的作用，养成与人为善的性格同时又兼具有一个坚实原则底线的、人格完全的公民也并非难事"。

家风是延续、可扩展的。比如："家风与家教对于一个人的影响可以深深延续，甚至影响到他人"；"家风的传承很重要，家风是一代一代的经验，有时总会为我们指引家的方向，有时会减少很多的矛盾，好的家风造就不一样的人"；"古语云：修身、齐家、治国、平天下，指的也就是这一过程吧"。

家风与中华文化精神关系密切。比如："中华文化源远流长，中华美德需要每个家庭、每个人来传承"；"家风的传承是必需的，它不是一种繁文缛节，而是随着时代变迁并被赋予新内涵的一种精神"。有学生说得很具体："家庭是中国人最本质的伦理环境，包含了各种亲情关系和教育的意义。其中，家风是外在的屏障，是克服不良思想和行为的律条，使人更易接近理性、远离困惑和懒惰。教育是内在的升华，是对人类心灵和精神的熏陶，形成了人自身的性格和气质。这样看来，家庭不啻为人类最赖以生存的基础了，而家风和教育则是让人的生存更具意义，体现了价值的升华。"

对于家风家教，有的学生表现出了渴求之情："随着经济社会的快速发展，网络的日益发达，人们正渐渐变得陌生，家庭关系中父母与子女、长辈与晚辈的关系变得没有以前那么亲密，在尊老爱幼这一块特别明显。娇生惯养是现代社会最典型的风气，也就造就了我们大多数独生子女骄傲、自恃、目中无人、冷酷。所以在我看来，父母应该如早前的教育一样，应该坚持教育自己的孩子学会谦虚，学会待人接物，学会和他人相处，学会节约，学会独处和生活。"

三、家风和家教的关系

家风离不开家教。比如："有了好的家教，才有好的家风，充满正能量的家风能够为良好的家教提供基础，而规范的家教能够不断修正、强化家风"；

"风正与教严,其乐也融融";"好的家教,才会带来好的家风,更会促进整个社会的进步与完善";"家风对人的影响可能超过家教,但两者向来同行,良好的家风与家教对人的行为方式、品格是至关重要的";"家风为正,家教从严";"家风和家教是相互联系的,家风是无形的,家教是有形的,但都是家庭文化的承载";"家庭教育在家庭和睦方面有重要作用";"现代社会,良好的家庭懂得循循善诱,不仅在知识更在精神文化方面给于一定深度的提高,从而形成一种和善、友惠的家庭关系"。

良好的家教从父母开始。比如:"'家教'是中华文化传统遗留至今的瑰宝,父母才应是孩子最好的启蒙导师,良好的家教反映在孩子的修养、为人处事等方面,一个优秀的孩子应该从良好的家教开始,而不是一张张打上红钩的试卷";"最好的家教,就是父母的一言一行,那对孩子的影响肯定是深远的";"所谓父爱如山、母爱如水,父亲在外拼搏是孩子们的榜样,但母亲和孩子接触更多,母亲对孩子的言传身教更是无时无刻不对孩子的一生起到至关重要的作用"。

四、现代家风如何塑造?

家风家教是一项原则。比如:"家风家教应成为做事、待人的原则,为之奋斗";"在如今社会经济发展飞速、物欲横流的社会,我们更应重视优良家风的维护,坚守住底线,做个有道德有原则的人";"家教应重孝悌,年长者教育小辈,不仅在口头上谆谆教诲,更应以身作则,从实际行动影响小辈"。

公平、公正的理念不可或缺。比如:"公平要融入家风";"当代社会,应重视家教,重视青少年理性知识的灌输,重视公平、公正、爱的感化";"父母是后辈的榜样,其一言一行都对子女有一定的影响,父母首先爱子女就要教育子女以德为本、以孝为先,对待子女要公平";"家教的关键在于父母的以身作则、公平公正,因为父母给予了子女家教,便是子女的榜样与师长,父母行为的偏颇将导致子女的家教出现问题";"父母要公平对待子女,注重言传身教，同时子女要有主见，建立自己的价值观，有时可以与父母教学相长，避免愚孝"。

家风需要家庭成员的共同努力。比如："家风家教是需要整个家庭一起实施的"；"良好的家教家风，需要家庭内每个成员的努力"；"子女应做到孝，理解父母，懂得体谅父母；父母也应做好长辈的担当和责任"；"家风家教如每个人内心中植一棵树，日后必长为参天大树的树，需要我们每个人为它悉心浇培"。

家风塑造还离不开个人的修养。比如："要读书：我们个人的努力应与读书紧密相连，当一个人拓宽了思维的广度和深度之后，才能探寻出家风家教及修身齐家治国平天下的真正要义，或以此来获悉生命的真正含义"；"我们大学生在课后之余也应该多读这一类的书籍来加强个人修养，细细品酌古代家风和现代家风所存在的优越性和劣根性"；"要心静：心静方思齐家，静思齐"；"家风塑造中要注意什么？要注意不放任，克制自己、克制欲望，相互尊重"；"要多交流，避免家庭矛盾的发生"。

有的学生结合自己的家庭进行反思。有学生说："在古文《郑伯克段于鄢》中，颖考叔在与庄公的宴会上不肯吃肉，为的就是将肉留给母亲。多孝顺啊！反思我们，在当今社会中，孝道虽有大大提倡，但远远不够深化。就拿我自己来说，平时也对母亲大呼小叫、发脾气，有点惭愧。"还有学生说："我们的一句'妈妈，我想你'便可能令母亲高兴一整天，母子（女）关系来之不易，这是千年也修不来的缘分，把握这段缘分，珍惜这段缘分。如今我们已上大学，接着便是工作，陪伴父母的日子越来越少了，多多尽孝，这是为人子女的责任。"

家风塑造要注重时代的变迁，其间要注重传统文化和现代文明的结合。比如："当代家风应适当吸取古代家风，但还要适应当代潮流趋势"；"我们应该学习古代先贤身上的这种孝，去尽心尽力地赡养父母，但我们也要反对愚孝，不能一味顺从"。

要注重家风塑造的计划和节奏。有学生说："现在国家重视家风家教建设，是一件好事，但我们仍任重而道远。家风家教的重新确立，不可能在短时期内实现，因此慢而有力地前进，是一种我个人认为较好的方式。"

五、强调家风与国家、社会和文化的关系

只有良好的家风,才能治理好国家。比如:"中华民族之所以自强不息,薪火相传,与中国的家风、家教关系很大";"家风成就了我国谦虚不争的国风,影响着我国的命运";"父母把握大的方向,引领子女朝着正确的方向走,应从家风推至国风,从小家做起,和谐的家庭将会融成和谐社会、和谐国家";"修身为先,而后方可讨论治国、平天下";"善于治国的人,也必然善于治家";"一个出自有优良家风的人,定是谦虚温和、有所成就的人;而一个拥有中国优良家风的国家,定是和谐进步、屹立世界的大国"。

国家要重视家风建设。比如:"家风家教与修身、齐家、治国、平天下联系紧密,良好的家风家教能培养出修齐治平的人,而要做到这些,国家必须在发展经济的同时,重视对每个人的人文关怀,这才是整个社会的真正福祉。"

家风与社会关系密切。比如:"现在的家风家教是社会进步、文化发展的产物";"良好的家风应讲究孝、礼、义、勤俭、谦虚等,这些品质都能联系到整个社会";"与家人多沟通,弘扬积极、充满正能量的家风,对现代社会非常关键";"只有将家风代代相传下去,理解仁慈、尊重等精神文化,才能通过言行展现,这些积极的言行才能成为良好的家教修养,社会精神发展才能进步";"好的家风,有如春风,拂过千家万户,普天下融融和谐;不良家风,有如黑夜,最终整个社会也陷于泥泞中"。

第五章　新时代高校思政课教学创新

第一节　高校思政课教师再学习中的品性塑造

　　高校思政课是中国精神建设的重要路径。重视思想政治教育是中国共产党人的重要特色。中共中央要求，把马克思主义理论作为必修课，组织广大党员、干部特别是领导干部学习和研读经典著作，推进经典著作编译、导读工作，加强教育教学；加强对党的十八大以来理论创新成果的学习研究，不断深化习近平总书记系列重要讲话精神和治国理政新理念新思想新战略的学习，梳理总结好新探索新实践，在理论上不断拓展新视野、作出新概括[1]。2019年3月18日，习近平总书记在人民大会堂主持召开学校思想政治理论课教师座谈会，邀请众多一线优秀教师代表和教育工作者畅谈交流。他强调："党和国家高度重视学校思政课，今后只能加强不能削弱，而且必须提高水平。""办好思想政治理论课关键在教师，关键在发挥教师的积极性、主动性、创造性。""思政课教师，要给学生心灵埋下真善美的种子，引导学生扣好人生第一粒扣子。"他对思政课教师提出六点希望：政治要强、情怀要深、思维要新、视野要广、自律要严、人格要正，也对思政课改革创新提出坚持八个"相统一"的要求：坚持政治性和学理性相统一；坚持价值性和知

---

[1]《中共中央印发〈关于加快构建中国特色哲学社会科学的意见〉》，新华网。

识性相统一;坚持建设性和批判性相统一;坚持理论性和实践性相统一;坚持统一性和多样性相统一;坚持主导性和主体性相统一;坚持灌输性和启发性相统一;坚持显性教育和隐性教育相统一[1]。因此,高校思政课教师在工作实践中不断地再学习、多参加培训和会议等,必不可少。习近平总书记说:"我们的干部要上进,我们的党要上进,我们的国家要上进,我们的民族要上进,就必须大兴学习之风,坚持学习、学习、再学习,坚持实践、实践、再实践。"[2]一定意义上,人的品格和人的社会关系模式在很大程度上是由他们所做的工作塑造成形的[3]。在与名师交流、同行切磋中,思政课教师在思想情感、专业技能和作风修养等方面皆会有所提升,从而可加强品性塑造[4],使自己更加明确前进的方向,进一步开拓创新的路径,并日益巩固坚守的平台。此处以上海为例[5],对新时期高校思政课教师再学习中的品性塑造作一探究。

---

[1] 吴晶、胡浩:《一堂特殊而难忘的思政课——习总书记主持召开学校思想政治理论课教师座谈会侧记》,《新华每日电讯》2019年3月19日。

[2] 习近平:《在中央党校建校80周年庆祝大会暨2013年春季学期开学典礼上的讲话(2013年3月1日)》,《人民日报》2013年3月3日。

[3] (美)丹尼尔·贝尔:《资本主义文化矛盾》,赵一凡等译,北京:生活·读书·新知三联书店1989年版,第197页。

[4] 随着时代的发展,教育工作者品性塑造的内涵,越来越丰富,从品质性格、品性细微化到专业态度、价值观与信仰的表现,有一个理解上的不断更新。参见杜萍:《德育工作细微品性刍论》,《教育研究》2005年第10期;李义胜:《论教学的伦理品性》,《教育学术月刊》2009年第7期;张建桥:《美国教师教育之"品性"标准探微》,《比较教育研究》2011年第2期。国内的高等教育学和思想政治教育学论著也都非常重视教师的自我修养和人格塑造。参见杨德广主编:《高等教育学概论(修订版)》,上海:华东师范大学出版社2012年版,第98页;陈万柏、张耀灿主编:《思想政治教育学原理(第二版)》,北京:高等教育出版社2007年版,第151、159页。

[5] 此处所用材料,来源于如下培训班或研讨会:2013年4月7—8日,由上海市教委德育处主办、上海高校思想政治理论课名师工作室承办的"2013年度上海高校思想政治理论课教学质量提升专题培训班";2013年4月12—13日,由立信会计学院召开的"中国近现代史基本问题研究"学科建设研讨会;2013年9月13—15日,由上海市教委德育处主办、上海应用技术学院承办的"2012—2013年度上海高校思想政治理论课新上岗教师专题培训班";2014年10月19日,由上海理工大学社会科学学院和上海高校思想道德修养与法律基础教学协作组联合主办的"社会主义核心价值观教育研讨会";2017年7月3—28日,由上海市委承办的上海市哲学社会科学教学科研骨干研修班;2017年8月17—22日,上海理工大学在井冈山江西干部学院召开的以"学习贯彻全国高校思政工作会议精神 扎实推进示范马克思主义学院建设"为主题的专题培训班;等等。

一、通过再学习，使思想更加坚定

列宁说过："在任何学校里，最重要的是课程的思想政治方向。这个方向由什么来决定呢？完全而且只能由教学人员来决定"[1]《中共中央关于进一步繁荣发展哲学社会科学的意见》提出：造就一批政治强、业务精、作风正的思想家、理论家、学科带头人和青年骨干，改进思想政治教育理论课，成为必需[2]。以人生自觉和道德自信为基础，思政课教师要遵照国家希望和要求，不断加强个人自识和人生修为，增强政治思想的坚定性。在各种培训和研讨会中，教育部和上海市相关负责人以及诸多思政课教育名师多次强调，思政课反映着国家的意志，思政课教师要坚定不移地以马克思主义思想为指导，加强理论素养建设，密切联系实际，不断增强创新意识。

第一，不断加强对意识形态理论的研究和教学。

习近平总书记重点指出，要坚持马克思主义在意识形态领域指导地位的根本制度，并指出意识形态工作是极端重要的工作。高校思政课教学，一刻也不能放松对意识形态理论的学习。尤其是在对党性和人民性的判断、远大理想和近期目标的设定、正面宣传和舆论斗争等问题上，理论判断和识别要求更高，这与意识形态的研究和传播息息相关。这里不仅要求教师继续深入研究马克思主义理论，还要重视西方资本主义理论的新动向，以便紧紧把握世界主流意识形态的发展轨迹。如思政课中的"马克思主义基本原理"课程，就不仅向学生讲授马克思主义理论特色的变迁，还深入挖掘资本主义世界体系的本质和演变。因此，思政课教师关注的对象，可扩展至费正清、裴宜理、亨廷顿、福山等人的作品，从而彰显马克思主义理论魅力。在全球化时代，不断自觉、系统地发掘马克思主义理论的魅力，实际上也更加有利于思政课教师的教育教学实践。其中，上海交通大学陈锡喜、上海大学胡申生等老师，时刻等待党的召唤，认真传播好正确的路线、方针和政策，最终在培养大学生健全人格方面有所作为。

---

[1]《列宁全集（第45卷）》，北京：人民出版社1990年版，第249页。
[2]《中共中央发出关于进一步繁荣发展哲学社会科学的意见》，中华人民共和国中央人民政府网。

第二，不放松对国情的关注、认知和教育。

理论的发展离不开对实际的分析。习近平总书记多次阐述中国梦、中国特色社会主义等内容，这就要求思政课教师立足实际、踏踏实实，从具体细微的工作做起，为实现国家和社会的美好愿景而努力。因此，高校思政课堂，有必要加强对国情的深刻教育。如"中国近现代史纲要""毛泽东思想与中国特色社会主义理论体系概论"课程，在深入认识中国国史、国情方面，具有其他相关课程不可替代的作用。现在通信手段很发达，人们的思想活跃，各种舆论借助于科技手段扩展很快，思政课教师可充分应用中华优秀传统文化中的经典教育，借用先进的科技方式，制作精美的多媒体课件，使当下中国的主流意识形态得到有效的传播。这方面，教育名师李梁的精美课件，就体现了其对国情的深刻把握和对高科技的熟练掌握。信仰一定是理论和实践的有机结合体。脱离实践的理论，大多是不切实际的；而没有理论的实践，也是盲目的，让人多停留在经验总结的认识层面。总之，将国情和意识形态紧密结合起来，可谓思政课教学中的法宝之一。

第三，深入探究对中国特色社会主义教育的理解和创新。

当前，国家在加强教育投入进行人才兴国战略的同时，也对教师队伍提出了更高的要求。一个国家或一个地区，随着经济、社会的发展，会对人的素质和能力提出越来越高的要求。上海处于中国现代化建设的前沿地带，而且有长期的现代文明成果积累，经济发达、人才荟萃、文化多元，教育富有特色。上海市政府特别重视教师的创新和实践能力，也特别制定了各种奖励计划。作为新时代马克思主义理论在中国的传播者，思政课教师的任务更加明确：牢记党的重托，不辜负人民的希望，教书育人，品德为先，专业也要精湛；牢记坚持社会主义道路，独立自主，坚持中国特色；牢记思政课教师的目标是要增强国际竞争力，增进国家富强、人民富裕；牢记以学生为主体，以"我"为主导，紧紧把握社会主义教育规律，促进学生全面健康发展。上海大学的顾晓英老师等创造思政课"项链模式"教学法，开设"大国方略""创新中国"等课程，可谓对中国特色社会主义教育深入理解和创新的成功举措。

二、通过再学习，使业务更精湛

第一，专业课一如既往不能放松。

"工欲善其事，必先利其器。"优秀的思政课教师始终提醒再学习者要注重专业。上海大学的王天恩老师强调：思政课教师的研究成果和课堂之间一定有关联；思政课教育指导专家陈大文建议：思政课教师一定要深入研究那些与自己所教的课程有关的课题；等等。思政课教师的专业可分成两大类：一是思政课教师当下从事的思想政治教育理论专业；二是思政课教师原来所学的专业，比如有的老师原来的学科专业是中国近现代史，他能更好地研究和讲解"中国近现代史纲要"或"毛泽东思想与中国特色社会主义理论体系概论"。将这两大类有效合一，专业可升级一层。上海大学的忻平、顾晓英等老师努力探索和实践"项链模式"教学法，依靠群策群力，充分而有效地将新颖、深刻的专业知识和思政课理论结合起来，受到学生的广泛欢迎，"大国方略"课程就是其中出彩的篇章。而从"思政课程"到"课程思政"的转换，则是专业课程的升华。

对于思政课教师再学习，有关领导要求思政课教师应不断学习、终身学习，并希望大家要潜心钻研，学习理论，了解学生，多学科交融；专家也勉励再学习者一定要保持对科研的热情，要苦练基本功。"不忘初心，方得始终。"上海应用技术学院的李国娟老师以自己的实际经验和体会，说明专业特色的重要性；王天恩老师提醒大家：思政课最容易教条化，要注意创新，把课程变成一门智慧的教育；复旦大学的肖巍老师则将马克思主义发展的最新研究成果和前沿提供给大家；华东师范大学的青年教师闫方洁将对教学质量的追求和科研有机结合起来，很快成绩斐然；等等。这些都对提升再学习者的专业认识水平大有裨益。

专业离不开国家的需要和时代的需求。陈大文老师认为：我们现在需要管用的理论体系，为党的理论创新服务，为思政课提供支撑；王天恩老师说：要发展专业，适应综合性要求。所以，把教学专业和原来所学专业合二为一，这会为实现马克思主义理论学科的创新打下坚实的基础。

第二，进一步走进学生的心灵深处。

在信息化时代，高校思政课教师光自己信仰坚定、热情万丈还不够，更应该把理论讲明白，真正让学生接受，这就要求思政课教师必须进一步走进学生的心灵深处。王天恩老师认为，优秀的老师和学生，一定要有默契；上海交通大学的青年教师陈鹏认为，要把尊重学生的主体地位和主体需求放在首位，以便满足学生的各种精神需要。老师要充分展现思政课的理论魅力很重要，就得将理论的高度抽象和表达的生动具象结合起来，如此才能真正打动学生、感染学生。

第三，越发珍惜每一次上课的机会。

在上海的思政课教师再学习中，教育部思政司原处长陈矛和上海市教委德育处原处长胡宝国的报告，使大家更加清楚地认识到：国家给思政课教师提供了很多培训、交流和发展的机会，上海更是走在前列，每位思政课教师应该珍惜这样大好的环境。

对于思政课教师来说，每一次上课，都不啻为一回人生自我提升、为社会努力奉献自我的机会。如果哪节课自己认为讲得不好，老师若赶快去反思，寻找解决的途径，比如与同事交流，听他们的课，及时向自己的指导老师汇报等，相信会日新，日日新，又日新。俗话说：失败有再一、再二，不能有再三、再四，思政课教师可严格要求做到失败有再一不能有再二，尽量一次性成功。在此方面，思政课教师既然有诸多机会，大可拿出勇气，展现智慧。

三、通过再学习，使作风更正派

作风正派，反映在思政课教师身上，就是更加热爱教育工作，具体来说就是更加热爱自己的选择、自己的学校和自己的学生。

不断再学习，总能见识不少名师的风采，他们最突出的特点就是热爱教育工作。以上海市为例，这里有兢兢业业、成果丰硕的上海交通大学陈锡喜老师、胡涵锦老师、施索华老师、李梁老师，将真善美巧妙糅合的上海大学忻平老师、顾晓英老师，等等。他们热爱自己的本职工作，把大量的时间放在研究与学生的思想沟通和交流上、专业的有效探讨上、思维方式的转变和创新上。陈大文老师是中央"马工程"专家,具有深厚的历史学、法学基础,几十年来坚持站在讲台,立志从教育的上游入手,为国家培养少犯罪的人,此种精神让人心生敬佩。他要同行增强职业认同感,就是将兴趣和选择结合起来,热爱教育工作。

第一,更加热爱自己的选择。

教育事业是一个良心活,是一项育人的事业,是高尚的事业,也是艰苦的社会实践过程。思政课教师既然做了这项选择,就要热爱自己的工作。为了做好这项工作,明确的人生发展规划不可或缺。

首先是注重教学。对于年轻的高校思政课教师来说,要尽快熟悉所在单位的校园文化,向有经验的老师学习,迅速适应教学角色,上好自己的课,教学相长,寻找适应学校要求的教学和科研平台,并创造新的教育事业增长点,当为要务;对于有一定经验的思政课教师来说,不断更新教学内容和方式尤为重要。胡申生老师备课很精细,而且多有创新,谦虚、朴实的美德体现得也很明显;生于教育家庭的李梁老师,坚守教书本分,坚持课件日日更新、堂堂不同[1]。

其次是加强科研。对于所有的思政课教师来说,利用已有的学术研究基础,积极参与国家级或省部级研究课题等,有助于提升思政课教师的综合水平和能力。其间会遇到不少团队合作。李国娟老师就是不断借助于团队的力量,充实自己,提升自己的。当然,注意多为团队无私付出,并积极学会创造和组织团队,是科研中的宝贵品质。

最后是创新教育。以教学的熟练和科研的深入为基础,就可更上一层楼,进行思想政治教育教学和研究的创新,探索既具有学校特色又具有新时代要求的教育和科研体系。上海市不断增长的各种类型的思想政治理论课名师工作室,如"施索华工作室""李梁工作室""胡申生工作室""王建新工作室""赵勇工作室""徐蓉工作室""董玉来工作室""李国娟工作室""顾晓英工作室"等,就是这方面创新的典型。其中,上海大学思政课教学不仅有团

---

[1] 计琳:《解码李梁:思政课教师的魅力从何而来》,《中国教育报》2008年4月6日。

队意识，还有方法创新，更有品牌生长。比如"大国方略""创新中国"课程，领导重视，老师用心，学生投入，这与转智成识的教学理念、"项链模式"的教学方法有关，可谓经年积累、水到渠成。这里有大国的热题，是思想的盛宴，是青春的舞台。时值社会风云多变、价值多元，思政课教坛改革正兴，有此品牌新立，风头一发而不可收，实乃上海思政课教育众创典范。因了坚持创新，所以独树一帜，乃成其大；更因团队建设，必将方略纷呈，再上层楼。"大国方略"课充分展现思政课教师的创新风貌，教师作风深处所追求的正能量如花绽放。

第二，更加热爱自己的学校。

当下，考究校史、梳理校训成为高校思政课教师关注的重要文化景观。上海理工大学历史文化资源丰厚，学校对校园文化的发展建设非常重视，2014年6月24日，由光明日报社、上海市教卫系统思想政治工作研究会、上海理工大学联合举办的"大学校训与社会主义核心价值观"研讨会举行。通过不断了解校史来看自己所在的学校，可以发现，从20世纪初到现在，不少高校在曲折和辉煌中前进，这些能增强思政课教师的主人翁意识和对同事、学生的认同感。实际上，一个人要做好一件事情，对所在的单位一定具有深厚的感情，自觉将其放在重要的地位。如果看到学校中一些情况和自己理想中的状况有差异，则可以不断通过调整自我和学校的关系，尽快适应学校的文化特色，熟悉所在学院的人文活动情景，并积极地融入进去，自己也会感到自然、惬意。

第三，更加热爱自己的学生。

施索华老师注重把教书与育人联系在一起[1]，她深情地对学生说："我要帮侬生生世世。"[2]陈大文老师认为，备课首先要备学生。这都是基于对学生的热爱而发出的由衷之言。同时，他们又非常注重学生的实践，经常把新理论、新的社会发现通过有效的形式传达给学生，也希望学生不是死坐在书桌旁，而是思维要活跃，并且要多走走，多些实际的创造。如今，家训、家风文化

---

[1] 施索华：《网络：思想政治理论课堂教学的拓展和延伸》，《思想理论教育》2008年第5期。
[2] 杨谧、施索华：《"我要帮侬生生世世"》，《光明日报》2014年5月26日。

正吹遍神州大地，在学校教育中，思政课教师有意识地将中华优秀传统文化融入课堂内外，相信亦是热爱学生的重要行动。

思政课教师不仅要热爱祖国，热爱人民，热爱党的教育事业，还要热爱单位里的每一个人、每一寸土地、每一棵花草，珍惜每一份难得的情感，个人的品行修养和作风建设定能增强。

通过有效的再学习，新时期高校思政教师会更加坚定不移地以马克思主义思想为指导，加强理论素养建设，密切联系实际，不断加深对社会主义教育的理解和创新；更加不放松专业，珍惜每一次上课的机会，努力走进学生心灵深处，加强专业能力建设；更加热爱自己的人生选择、所在学校和所教学生，加强作风建设。如是，可将国家的要求和个人的追求结合起来，将明确的目标和坚持不懈的努力结合起来，将优秀的品质和日常生活实践结合起来，有利于思政课教师的品性塑造。

对于高校思政课教师来说，其工作是融会古今中外理论和实践的意识形态宣讲过程，是培育和塑造学生信仰与美德的过程。必要的再学习就是及时雨、大熔炉。为了在再学习过程中更好地进行品性塑造，我以为下面三个结合非常重要：

一是真正将国家的要求和个人的追求结合起来。当下，思政课教师生活在一个创新型时代，做一名思政课教师，实际上是在创新型时代做优秀理论和精神的阐释者、引导者。民族的命运、国家的期盼，都会在自己的教育教学中有所反映，更重要的是将思想政治理论深处最本质、最本真的内容传递到青年学子那里。思政课教师既然重任在肩，若不辜负众望，最好的方法就是将国家的召唤和要求与自己的人生理想和追求融为一体。

二是坚持将明确的目标和坚持不懈的努力结合起来。思政课教师的目标是使学生变得更优秀，这里不仅要有好的课堂教学景观的呈现，还要有教师实实在在的研究能力、与学生有效沟通的能力。人的差别主要在对时间的态度上，思政课教师坚持利用一切可以利用的时间、地点和机会，去认真备课，去考虑如何有效地完成课堂教学和课后交流，成为新常态。为了有效地完成思政课教育教学工作，利用智慧，捕捉灵感，培养临场发挥和应变的能力必不可少。

三是时刻将优秀的品质和日常生活实践结合起来。不搞歪门邪道，不到处钻营人事，投身思政课教育这项事业，是为社会着想，而不是为了个人，这些是对思政课教师品质的基本要求。"其身正，不令而行；其身不正，虽令不从。"为了完善自己的作风建设，思政课教师应时刻将个人的美好修养与日常生活实践密切结合起来，严格要求自己，以身作则，才能给学生树立榜样，才能将思想政治理论有效传输到学生心灵深处。

第二节 高校思政课堂的声景、风景和心景设计

高校思政课教学越来越以学生为本。突出学生的主体性地位和作用，成为改进高校思政课教学方法的出发点和归宿。因此，老师要尊重学生，走近学生，激发学生。如何贴近学生专业，优化思政课教学课堂，以便提升高校思政课教学有效性，值得思考和探索。整体来看，如果高校老师齐心协力，将思政课教学贯穿于各专业教学中，相信这是一种最好的方式，也会达到最好的效果。目前来说，这还是一种理想的追求。此处的视角是以思政课为中心，兼顾学生的专业课，旨在探索贴近学生专业，优化思政课教学课堂，更偏重于具体实践的方式，或可说微观思政课教学分析。在此领域，清华大学马克思主义学院连续几年在做有益的探索[1]，山东师范大学马克思主义学院也注重不同专业的教学方法各异[2]，杨文圣教授对此领域有重点揭示[3]。通过贴近学生，思政课堂会逐步呈现更多值得关注的景观：声景、风景和心景，从而使思政课堂更富有互动性、立体性和品味性。

---

[1] 蔡乐苏、王宪明：《教学并重 因材施教——清华大学"中国近现代史纲要"课程教学改革探索》，《光明日报》2014年10月13日；邓晖：《清华学生用专业表现思政成果》，《光明日报》2014年12月2日；陈佩雯、程曦：《清华思政课，变身"万人迷"》，http://news.tsinghua.edu.cn。
[2] 李亚彬、赵秋丽：《山东师大：让思政课在互动中增加温度》，《光明日报》2015年10月8日，第6版。
[3] 杨文圣：《高校思想政治理论课贴近学生专业教学探析》，《河北师范大学学报（教育科学版）》2013年第12期。

一、声景·风景·心景：思政课堂师生交流的主要景观

声景、风景和心景之说，得益于首都经贸大学程虹教授关于生态文学的分析。将三种欣赏自然的感受集合起来，可构筑人们与自然和生态在各种层面的心灵相通与共鸣，类似于和谐生态共同体理念的建构，并且可以达到声景、风景和心景的对话与融合[1]。实际上，这与高等教育关注大学生思想品德教育时重点论及的情境熏陶方法是相通的。在思政教育中，就是通过各种情景对学生进行积极影响，潜移默化地培养学生的思想品德[2]。思政课堂引入声景、风景和心景，层次感较为强烈，并与生态文明、网络文明的发展日益相关，也与新一代大学生的心理习惯和学习态度及方法密不可分。一定意义上，声景、风景和心景的引入，也可使抽象的心灵交流变得具象起来，进一步加深对夸美纽斯、裴斯泰洛齐提倡的直观教育原则的理解和运用。

在综合性、创造性、个性化极强的思政课堂，老师通过对讲课内容作精心的梳理和思考，注重与学生的口耳交流，可以设计出让人悦耳的声景；通过现代多媒体技术的合理应用，可以设计出让人悦目的风景；通过与学生进行心灵的深入分享和共鸣，可以设计出让人舒怀的心景。声景、风景和心景，其实构成了美好的思政课堂师生交流的主要景观。这样就一步步使思政课堂变成了一种景观化教学。

景观化教学，使思政课堂上升到了审美的层次、艺术的境界，这对任课老师提出了高要求。许多思政课名师为了构筑思政课的灿烂景观，一心扑在教学上，利用时间钻研教案，与学生了解沟通。比如有的老师就经常上网与学生互动。一分耕耘，一分收获。这种收获是必然的。顾晓英老师，长期主持"项链模式"教学课堂，经常利用现代技术给朋友发送精美的图片，她平时很注重仪表仪态，可谓淑女范十足。另外，她还会唱歌、跳舞、写作，都很突出。这样的老师，本身就是一道亮丽的风景，其创造出让学生喜爱的思政课教学法，也是自然的。上海教育名师李梁，也是个人魅力十足，他经常

---

[1] 程虹：《自然之声与人类心声的共鸣——论自然文学中的声景》，《外国文学》2013 年第 4 期；程虹：《地域之乡与心灵之乡的联姻——论自然文学中的心景》，《外国文学》2014 年第 4 期。
[2] 孙绍荣主编：《高等教育方法概论》，上海：华东师范大学出版社 2010 年版，第 92 页。

背着一个大包，里面装满了各种各样可见的软硬件，很是辛苦，也很自然。自然之美，就是一种沉醉之美。同济大学的陈大文老师是教育部思政课领域中的专家，上海理工大学的阎向阳、王素雷和王海斌等老师，经常获得学校"最受学生欢迎的教师"荣誉称号。这些优秀的思政课老师，听他们的课，学生感到有趣、有意思；看到他们，学生觉得可爱、亲切；多年以后回忆起来，学生还感觉到和他们心意相通。思政课堂上的声景、风景和心景，构筑了学生健康成长中的美好记忆和宝贵元素。

二、声景：深入挖掘教材内容，让学生聆听专业的方向和结构

根据教学内容的适时原则要求，老师上课时传授的知识既要符合历史潮流，又要符合现代科技发展水平与潮流，对于理工科和其他一些应用学科领域，尤其如此[1]。通过思政课堂，在深入挖掘教材内容的基础上，让不同专业的学生在此聆听到自己专业的方向和结构，可以构成思政课堂的声景。

声景的设计，首先要综合审视所教学生的专业整体特点。我在讲授《中国近现代史纲要》教材第一章"反对外国侵略的斗争"时，看到一个班的学生多是光电专业、管理专业和传播专业的学生，就结合教材本身挖掘出与这些专业相关的重要内容，并且寻找材料，首先给学生讲授近代中国之落后，是科技、管理和传播等方面综合的落后，列强利用坚船利炮攻破了我们的国门，资本家用先进的管理手段控制了我们的市场，传教士等利用先进的传播手段对我国进行文化的渗透等，然后再让相关专业的学生深入思考、发表看法并与当代中国作比较。许多学生，尤其是新生能从中领略到自己所学专业发展的历史方向，可进一步明确自己所学专业在国家和社会发展中的位置。声景的设计，还可以突出某个专业的整体特点。比如发现某个专业的学生所占比重特别大，可以在问题的设计和讲解的重点上有所偏重，这样的讲解和

---

[1] 杨德广主编：《高等教育学概论（修订版）》，上海：华东师范大学出版社2010年版，第163页。

交流，无疑更能走进学生的心灵深处。

教学课堂，离不开老师声音的表达，其中的内容，自然有所选择和侧重。对于思政课来说，说理的成分必不可少，因此需要寻找切入点。以人为本的现代教学课堂，需要从学生的兴趣和需求寻求突破，专业课是一个可以相对方便的切入口。思政课与学生专业的结合，不是故意迎合学生的趣味，而是在声景的设计中，让学生体会到思政课老师的用心、魅力和学习内容的独特性及知识的关联性。

三、风景：精心选择课件素材，让学生阅览专业的魅力和韵味

当下，多媒体课件教学成为常态。贴近学生专业，精心选择课件素材，可以让学生浏览到自己所学专业的魅力和韵味。此为思政课风景之设计。

上海交通大学的李梁老师会强调根据思政课学生对象不同而变动内容和方式。这样的效果是他让不同专业的学生能多多少少领略到自己专业领域的魅力。学生对李梁老师也印象深刻：人类学、新闻学、政治学、经济学、地理、历史无所不通；经常往国外跑，去过很多地方，见识超广。想选他的课绩点不高是没可能了。学生修了李老师的思政课，对自己专业课的学习也更感兴趣了。

我在讲授"中国近现代史纲要"课第一课"综述"时，看到一个班级多是视觉传达设计专业的新生，就结合中国"九三"阅兵，与德国1934年阅兵、苏联1941年阅兵等进行比较，让学生在视觉欣赏中，对世界历史的风云变幻、各国思想文化的发展特色有了形象而生动的了解。现代的视觉艺术，加上其背后的深刻历史动因，再与学生在课堂进行一定的互动，学生对自己的专业认识会深入一步，也对思政课堂生发兴趣，从而留下应有的印象。

有一句话说得好：人生就像一场旅行，不必在乎目的地，在乎的，是沿途的风景，以及看风景的心情。类推到教育领域，风景的设计在思政课堂是非常重要的。学生来到思政课堂，如果能聆听到与自己相关的话题，并且在

观赏与自己话题的风景中有所感悟，领略到自己专业的魅力和韵味，那么他的学习热情和兴趣就会大大增加。在听觉和视觉的双重作用下，学生在思政课堂对老师及其教学内容的期待会更上一层楼。

四、心景：认真分享自己所学，让学生品味专业的功能和价值

专业中多隐藏着个人的喜好和热爱，思政课里面蕴含着诸多兴趣的思想和思想的兴趣。每人皆有思想，相互交换，大家的思想皆有增加，这与交换苹果有本质的区别。四川成都七中育才学校的全国"最美教师"叶德元，对历史学专业非常热爱，经常把讲台当成自己的舞台，幽默信手拈来，举止"张牙舞爪"，与学生分享自己的专业，颇受学生欢迎[1]。这一点值得思政课堂借鉴，可以让师生在快乐交流中构筑优美的心景，也符合思政教育中的示范原则。

我在讲授"中国近现代史纲要"课中的"灿烂的中国古代文明"时，为了让学生在学习中把中国古代传统和近现代社会变迁结合起来，就拿了一个唐三彩仿制品进课堂。首先，我让学生说这是什么，重点引导相关专业学生回答；接着，我将唐三彩的历史和文化与唐朝和中国封建社会的顶峰联系起来，激发学生探索、认知中华文明的科技，增加荣耀感；然后，我就中国古代的物质文化、制度文明、精神文明发展做了简要的说明，让所有专业的学生都集中精力；最后，我把话题转移到1840年前后的中国，以便在对比中呈现近代中国的衰败化、边缘化，使学生对当下的所学产生更多的兴趣和思考。另外，要让学生用自己的专业所学丰富中国近现代史知识，鼓励学生创造属于自己的历史。

再比如，当我讲授"世界资本主义的发展与殖民扩张"的内容时，先是提出一种说法：英国人常说，中国有"四大发明"，英国有"三大贡献"：英语、工业革命和议会制。就人类近现代文明而言，英国可以说作出了重大贡

---

[1] 胥茜等：《麻辣班主任叶德元》，《中国教育报》2014年10月17日。

献，产生了众多的科学家、文学家、思想家和政治家。英国逐步引领世界，开创了真正具有世界意义的全球体系和现代文明史。然后，我选择《大国崛起》中的片段进行播放。所有专业的学生都能从不同角度体会到这一点。但我马上指出，殖民主义随资本主义而生，随资本主义而发展，因此在现代世界体系下，既有开发，也有剥削，"落后就要挨打"和"知识就是力量"的发展逻辑同时展开，并且相互联系。这给了理工科专业的学生诸多用心思考的机会。

教师通过分享自己的专业爱好，不仅让学生习得许多新知、增添新的观感和听感，更重要的是和学生进行了心灵的沟通和交流。学生就会对自己专业的功能和价值的认知不断增强，这样就会增强社会责任感和历史担当意识。叩开了学生的心灵之门，思政课能进入一个广阔而迷人的天地[1]。

"师者，所以传道、授业、解惑也。"道不远人，但也要言之有文，才能行之久远。伴随着高校思政课的新要求和新发展，贴近学生，在思政课堂设计出优美动人的声景、风景和心景，是提高思政课教学效果的有益探索。通过对贴近学生专业的课堂教学实践进行探析，可以看出：深入挖掘教材内容，让学生聆听专业的方向和结构，可塑造思政课堂的声景；精心选择课件素材，让学生领略专业的魅力和韵味，可聚焦思政课堂的风景；认真分享专业爱好，让学生品味专业的功能和价值，可构筑思政课堂的心景。声景是基础，风景是重点，心景是关键。思政课堂的互动性、立体性和品味性得以呈现。在高校思政课堂，贴近学生专业，从听觉、视觉、感觉等方面与学生进行沟通，可以形成相应的教学声景、风景和心景，这与新时期学生的心理特征和学习形态相呼应。

深入挖掘教材内容，让学生聆听专业的方向和结构是基础，精心选择课件素材，让学生领略专业的魅力和韵味是重点，认真分享专业爱好，让学生品味专业的功能和价值是关键。如此，可以把老师所教的思政课程和学生的专业课联系起来，时间长了，两者就可以紧密结合起来。老师和学生的兴趣

---

[1] 顾晓英：《致力于入耳、入脑、入心的思想政治理论课教学——对"项链模式"教与学的探索与思考》，顾晓英编著：《叩开心灵之门——思想政治理论课"项链模式"教与学实录》，上海：上海三联书店2009年版。

爱好和人生追求由是产生了有机结合，可促进学生共同进步、取长补短，从而促进思政课教学的深入和升华。

第三节 以"四史"书写推进"中国近现代史纲要"教学创新

根据中共中央、国务院印发的《关于加强和改进新形势下高校思想政治工作的意见》以及上海市相关文件精神，为深入学习和贯彻习近平总书记关于"四史"学习教育重要讲话和重要指示精神，特别是在学校思想政治理论课教师座谈会上的重要讲话精神，上海理工大学马克思主义学院对"中国近现代史纲要"的教学方法不断探索和实践，组建"青史红史照我心"教学创新团队，将"四史"学习与"中国近现代史纲要"课程教育创新相结合，在教学创新中推动学生书写"四史"的教学理念和方法。20世纪60年代初，党和国家号召大众书写"四史"（厂史、社史、村史、家史等），当前党和国家要求党员干部学好"四史"（党史、新中国史、改革开放史、社会主义发展史等），"青史红史照我心"教学创新团队将两者结合，并将其区分为"小四史""大四史"，意在吸取历史经验，将多年来对"中国近现代史纲要"教学的探索进行总结升华，进一步与全国广大师生和同道共创、共享[1]。

一、教学创新活动的背景

（一）书写"四史"活动具有深刻的历史渊源

"小四史"教育和写作发端于1963年5月。当时，毛泽东就中共东北局

---

[1] 关于"四史"（包括地方史）融入"中国近现代史纲要"教学的探索在不断增多，但以此视角研究的成果还未见公开发布。

与河南省关于农村社会主义教育运动的报告作出批示："用讲村史、家史、社史、厂史的方法来教育青年群众这件事，是普遍可行的。"[1] 此后，书写"四史"活动迅即席卷全国，被视为"社会主义革命基本大业之一"[2]。"小四史"教育和编写也成为主要事项。这里，阶级教育是运动的核心内容，忆苦思甜、访贫问苦、进行今昔对比等阶级教育中的常用方式常常得到反映。同年11月，共青团北京市委召开扩大会议，决定进一步加强对青年的阶级教育和继续发扬革命前辈的斗争传统，要求对他们进行"四史"教育。12月，北京市委《前线》杂志发表社论《更多更好地编写家史、村史、社史、厂史》，做鼓动和指导。1964年6月，共青团中央工作报告《为我国青年革命化而斗争》要求："结合社会主义教育运动的开展，要普遍运用村史、社史、厂史、家史来教育青年。经验证明：'四史'教育，是帮助青年续无产阶级'家谱'的工作，是依靠工人阶级、贫农、下中农教育青年的一种好形式，是在阶级教育中贯彻群众路线的一个新发展。为了让一代一代的青年少年都续上无产阶级的'家谱'，应当把'四史'教育、阶级斗争历史和革命传统教育，列为我国青少年的政治必修课。"[3] 1965年，赵有福、黎凯在《历史研究》上发表《试论编写和研究"四史"的重大意义——编选〈北京四史丛书〉的几点体会》，高烈文在《学术月刊》发表《更多更好地编写和研究"四史"》，《文汇报》发表《编写"四史"为历史科学研究开拓广阔的道路》，都认为群众编写"四史"活动是革命事业中的一个新生事物，标志历史科学的一次深刻的革命，同时亦为历史科学研究开拓广阔的道路，在盛赞和提倡"四史"教育运动时提供了一些可行性建议。其中，赵有福、黎凯一文还受到毛泽东的重视。

改革开放以来，历史研究和写作向大众生活领域的深入，主要表现在从宏观研究向微观领域的求索。1980年，胡乔木在中国史学代表大会上谈到，历史科学满足政治需要的正确理解应该是：历史向社会也向政治提供新

---

[1]《建国以来毛泽东文稿（第10册）》，北京：中央文献出版社1996年版，第297页。
[2] 赵有福、黎凯：《试论编写和研究"四史"的重大意义》，《历史研究》1965年第1期。
[3] 胡耀邦：《为我国青年革命化而斗争》，《中国共产主义青年团第九次全国代表大会文献》，北京：中国青年出版社1964年版，第26页。

的科学研究成果，社会和政治以此作为自己活动的向导[1]。这一马克思主义的表述，给学界深入社会生活提供了明确指引。历史学界对社会生活史、小历史、微观史等的重视，开拓了历史联系社会和政治的更多理论视角。南开大学的冯尔康教授积极提倡社会史研究，北京大学赵世瑜教授注重"小历史"和"大历史"研究的交汇；澳门大学王笛教授更是在微观历史的写作上渐入佳境。他们的研究成果非常丰硕。宁波大学钱茂伟教授，是国内公众史学的主要倡导者，他认为历史学如何走进公众，是未来新史学要不断努力的；建立一种可以涵盖通俗史学、应用史学、小历史书写、公民写史、口述史学于一体的完整的"公众史学"体系，是一种适应未来公民社会形态的新史学；今日的民史建设，也当从公众历史记录积累开始；人人参与，民史资源自然丰富，未来的史家才可以建构出新的民史来[2]。尤其是钱茂伟教授比较注重公众历史的大众书写，在此方面的理论和实践成绩斐然。此外，历史学的大众化传播也和人们的日常生活紧密结合起来。这些都大大激发了"小四史"的写作。

2020年1月，习近平总书记在"不忘初心、牢记使命"主题教育总结大会上发表重要讲话，强调要把学习贯彻党的创新理论作为思想武装的重中之重，同学习马克思主义基本原理贯通起来，同学习党史、新中国史、改革开放史、社会主义发展史结合起来，同新时代我们进行伟大斗争、建设伟大工程、推进伟大事业、实现伟大梦想的丰富实践联系起来[3]。之后，各种形式的"四史"学习活动开展起来，其中就包括多种多样的"小四史"写作。比如，"学习强国"中的不少征文活动就和"小四史"写作密切相关，活动本质上就是"大四史"和"小四史"的结合，这大大促进了大众的积极参与。

可以说，中华人民共和国成立以来，在中国革命、建设和改革大潮的推

---

[1] 林永匡：《中国史学会代表大会在京举行》，《中国史研究（动态）》1980年第5期。
[2] 《学者探讨：公众史学的中国式境遇》，《社会科学报》第1393期；钱茂伟：《公众史学的定义及学科框架》，《浙江学刊》2014年第1期。
[3] 《习近平在"不忘初心、牢记使命"主题教育总结大会上的讲话（2020年1月8日）》，《人民日报》2020年1月9日。

动下,历史学者和爱好者深入实际、深入基层编写各类史书,收集了大量史料,记录了大量口述历史,编写了各种专门史、乡史、村史、厂史、校史、家史,这些都体现了"小四史"和"大历史"的结合。大学生在其中一直起着非常重要的作用[1]。

(二)关于书写"四史"活动的评价

对"小四史"写作的评价伴随着书写"四史"活动,其间呈现出科学书写"四史"和思政教育、学术发展之间的历史联系。

在"四史"运动及其关联密切的年代,关于书写"四史"活动,学界在价值和技术上评价甚高。1964年,蒙登进、牛欣芳认为:在全国各地开展以阶级教育为中心的社会主义教育运动中,普遍地进行村史、社史、厂史、老工人和老贫下中农家史的教育,这是一种群众性的自我教育,是向人民群众特别是青年一代进行马克思列宁主义的阶级教育和革命传统教育的好办法;它是一种最生动、最具体、最亲切、最感人从而是最有成效的阶级教育和革命传统的教育,是马克思主义认识论的具体运用[2]。1972年,河南省南阳市第五中学语文教研组曾编著《文章体裁知识》一书,把"四史"写作的主要特点总结为:① 作者在严格尊重史实的原则下史文结合,强调史料的真实,不容任何夸张虚构。当然也不是有闻必录。② 它具有相当大的文学性,运用叙述、描写、抒情等文学表现手法,因而读来生动具体,有相当强烈的感染力。③ 它是晓人以理的读物,常常是夹叙夹议,"史论结合"既要史料,但又不是史料堆砌,既有评价,但不是空发议论[3]。

改革开放以来,尤其是进入21世纪以来,评价逐渐趋于多元和理性。2006年,赵有福发文认为,实践证明:用村史、家史及革命和建设史教育农民是个永久的课题。现在各方面条件都好了,有丰富的史料,有大批的编写人才,有经济上的保证,印刷条件和农民群众阅读的条件也好了;各级党委

---

[1] 参看朱慈恩:《论新中国的"三史"编撰》,《党史研究与教学》2016年第2期。
[2] 蒙登进、牛欣芳:《"五史"教育的认识论意义》,《哲学研究》1964年第4期。
[3] 河南省南阳市第五中学语文教研组编著:《文章体裁知识》,内部资料,1972年。

和党史部门、宣传部门还应继续组织倡导写村史和有选择的写家史。但他也依据历史经验提醒：编写村史、家史是一件基础建设工程，不可追求速度忽视质量，要真正抓住各村的特点，写出特色；村史、家史搞好了，就为农村进行传统教育提供了一方面的教材，也为农村开展旅游休闲度假活动提供了新的内容，同时编好区县史志也更有基础了[1]。2012年，赵庆云认为：改革开放前的"四史"运动具有与现代史学思潮相契合的一些基本理念，但由于过于强调政治目的，因而在实践中滋生乱象；专业史家着力挖掘、阐发编写"四史"对于史学研究的正面因素，但无力影响"四史"运动方向[2]。2016年，朱慈恩认为，这场运动中的史学作品，按照阶级斗争的叙事模式来进行编写，是为了起到思想上的教育作用，编写存在很多问题（编撰粗糙、主观感情色彩浓厚、极端的片面性），但亦有着有限的积极意义（保存了一些有价值的材料；在编撰方法上的群众写史、实地调查、口述历史等与当代历史学还颇有合辙之处）[3]。

  国外学界持有较高评价者不乏其例。美国学者阿里夫·德里克和劳伦斯·施奈德着力阐发了"四史"运动："这'四史'是群众规模的口述历史，其目的在于教育没有直接经历过革命的年轻一代，在于揭示历史上为专业历史学家忽视的、通过常规方法不能证明的一面……'四史运动'收集了大量人民经历的资料。如果历史学没有'革命'，历史学家将可能永远丧失这些资料，他们总有一天会明智地利用这些数据资料的。"[4]日本学者齐藤博认为，过去的正史、旧史性质的书籍，一般以记载"帝王将相的历史"为主，"四史"运动首次以历史社会最基础的劳动人民的历史为主体进行记载[5]。美国学者利萨·皮蒂认为："（这是）毛泽东领导下的伟大的'四

---

[1] 赵有福：《农村"四清"运动中写"四史"的成效和启示》，《北京党史》2006年第6期。

[2] 赵庆云：《专业史家与"四史运动"》，《中共党史研究》2012年第4期。

[3] 朱慈恩：《论新中国的"三史"编撰》，《党史研究与教学》2016年第2期。

[4] （美）伊格尔斯主编：《历史研究国际手册：当代史学研究和理论》，陈海宏等译，北京：华夏出版社1989年版，第461页。

[5] 来新夏、（日）齐藤博主编：《中日地方史志比较研究》，天津：南开大学出版社1996年版，第332页。

史'运动,在这场运动中,成千上万的普通群众诉说他们的生活史。"[1]美国学者高家龙认为在"四史"运动中,"中国历史学家精心编纂出版了数量众多的中文档案汇编,其中不乏可谓迄今最具有启示性的内部材料"[2]。需要注意的是,国外学者对"四史"运动的来龙去脉及其广泛而深刻的社会联系并未做深入研究和论述,因此会产生"因语境隔膜而产生的偏蔽"[3]甚至错误的判断。

通过以上分析,可以发现:其一,中国"小四史"学习和书写颇有革命传统,内容丰富,随时代变迁而不断被赋予新的含义。近代以来,"四史"学习内容从农业文明到工业文明的变迁非常明显,因此"小四史"的书写越来越具有承载中华优秀传统文化、革命文化、社会主义先进文化传播的功能。其二,随着信息社会的到来、小康社会的全面建成、大众教育的普及等,社会大众的历史文化自觉意识提升,学习和书写"小四史"的参与者和资料越来越多,传播方式日趋多元,书写能力得到很大的提升,数量不断涌现,成果质量也越来越高。其三,可以通过理念、组织、方法等方面的改进,提升"小四史"写作质量,充分发挥史学传播的社会功能,为广大百姓的精神需求服务。

总之,中国历史有注重"四史"教育和书写的传统,从传统的"四史"研读,到社会主义革命和建设年代的"小四史"写作,再到今天的"四史"学习,我们的"四史"教育形成了中华优秀传统文化、革命文化和社会主义先进文化紧密联系的一条文化线,其间有宏观和微观的结合、有精英和大众的融合。可以说,"大四史""小四史"本质上是天然合一的,其内涵也绝非分散、孤立,关键在融合。这给"中国近现代史纲要"教学提供了重要启发:要积极而科学地书写我与祖国、与家乡的新"四史",推进教学创新。

---

[1] (美)利萨·皮蒂:《人类学的应用》,北京大学社会学人类学研究所编:《东亚社会研究》,北京大学出版社1993年版,第158—159页。

[2] (美)高家龙:《中国的在大企业:烟草工业中的中外竞争(1890—1930)》"导言",樊书华、程麟荪译,北京:商务印书馆2001年版,第12页。

[3] 参看赵庆云:《专业史家与"四史运动"》,《中共党史研究》2012年第4期。

二、教学创新活动的开展

（一）教学创新理念、目标的逐渐完善和提升

书写家史、村史、家乡史等，是全国高校历史课和思政课教学中一种常见的活动。20世纪90年代我在河南大学历史系求学时，系里就组织学生动手书写家史、家乡史，然后贴在教室里进行展览。我任教的上海理工大学中国近现代史教研部，多年来也有让学生写家史、参观红色景点以及老师将校史、地方史融入教学的做法，为了让学生写出新意、写出特色，老师还让大家拍照片，甚至录音、录像。

2020年初，"四史"学习开始融入"中国近现代史纲要"教学过程中。我对"四史"教育活动了解较早，在此基础上，提出如下建议：通过与党史学会老师打交道和向思政课老师学习，可带领着大家在以下几个方面推进"四史"学习：① 讲座系列：跟习近平总书记学"四史"；② 老师漫步上海谈"四史"，如参观中共一大、二大、四大会址谈党史，参观杨树浦发电厂谈建设史，参观五角场谈改革开放史……可纳入教学资料数据库建设；③ 学生课外实践作业——"四史"访谈，利用上海工业文化资源进行"四史"教育。5月19日，我加入学校领导学"四史"讲座备课中心组，深入"大四史"学习。

5月22日，我在教研部群里讨论时建议："咱们可搞'小史促大史'尝试，叫学生按一定格式交电子版材料。""百年上海，这里最有条件做大、小四史结合。""名字叫：中国大、小四史结合实践研究项目。发动学生走进工厂车间、田间地头等，获取第一手资料。"教研部正式将书写"四史"促进"大四史"学习作为教研部教育教学创新项目，名为"青史红史照我心"，开始在"中国近现代史纲要"教学中进行试验。"青史"，就是"小四史"，这是鲜活的历史、青春的历史；"红史"就是"大四史"，这是沸腾的历史、火红的历史。将两者结合，起意是充分吸取宝贵的历史经验，将教研部多年来的"中国近现代史纲要"及相关思政课教学实践探索进行总结、升华，进一步推进教学改革，在此基础上，将成果编辑出版，与全国广大师生和同道共创、

共享。26日，我在与刘振华老师、学校档案馆馆长孔娜老师的交流中说道："'小四史'将改为家史、区史、校史、厂史，厂史成果可作为我们工业文化研究所（待建）的一批成果。""关于厂史，特别说明，工矿企业是个广阔的天地，年轻人到那里也是可以大有作为的。"刘振华老师明确计划："下学期开始有计划地按照'小四史'要求布置给学生，积累一年，当有不少小文章，到时可选择较优秀的结集出版。这也是研习'四史'、学习校史的成果，一举多得。"

2020年7月2日，中国近现代史教工党支部开展"青史红史照我心"——"四史"专题学习活动，将其拓展成中国近现代史党支部的党建创新项目，作为党支部的特色项目进行广泛宣传和交流，以便扩大社会影响力，同时意味着"青史红史照我心"教改活动在学校大规模推广的开启。8月15日，"青史红史照我心"微信公众号建立，功能介绍明确指出："最早在全国提倡以'小四史'彰显'大四史'，并加以实践和研究。"2021年1月19日，为进一步加强理论和实践的结合，又将其作为上海理工大学中国近现代国情研究所科研创新项目，项目建设理念和目标更加明确、具体和系统：将"青史红史照我心"建设成马克思主义学院一方党建、教学、学术、社会服务一体化、综合化、均衡化发展的新平台。可以看出，以项目的形式深入理论研究，以团队活动的形式逐渐推进实践，是上海理工大学书写"四史"推进"中国近现代史纲要"教学创新开展的特点。

（二）教学创新开展的基础分析和资源利用

一是创新活动有一定的人才基础和环境基础。

以上海理工大学"青史红史照我心"为例，该活动项目组以年轻的中国近现代史教研部团队为中心，大家全是中共党员，而且在不满10年的时光里取得了丰硕的教学科研成果。

在项目创始和活动不断实施过程中，学校领导、学院领导和同事、校宣传部都给予了密切关注，不少专家、学者、同行也提供了诸多意见和鼓励，这些都增强了大家持续做好这一项目的信心。特别需要提及的是，教育部

"中国近代史纲要"课教学指导委员会委员、《中国近现代史纲要》教材编写组主要成员仝华教授很早就在教学层面给予该项目积极肯定。

二是创新活动具有自身的教学实践和传播基础。

2020年之前,"青史红史照我心"活动有数年的指导学生进行家史写作、将校史融入思政课等理论和实践的基础;2019—2020学年第二学期,在"青史红史照我心"活动中,学生完成了数百份"小四史"文章。2020—2021学年第一学期后,每学期学生可完成上千份"小四史"文章,并且完成质量越来越高。

另外,项目组办有公众号"青史红史照我心",发布学生书写的"小四史"优秀文章和相关文字,争取每日一篇。

三是项目共建及其在全国推广的基础逐步加强。

2020—2021学年第一学期,广东石油化工学院对本活动给予热烈响应并同步实行,这是国内同行的认可;其他社会单位也给予了关注和支持。

(三)创新活动在线下和线上同时展开

在教育教学研究与实践中,"青史红史照我心"以老师指导学生书写"四史"、促进思政课教学为中心任务,在线下和线上同时展开。具体内容如下:

一是布置书写任务,阐明书写要求。

新学期开学之初,教学创新项目实施总负责人、总策划人督促各位老师布置好"小四史"写作任务,参与项目的老师组织学生关注微信公众号"青史红史照我心",学习"小四史"的写作范文以及相关内容,公众号及时发布与新学期书写"四史"活动密切相关的信息。

老师强调书写的基本要求[1]:

(1)为与自己密切关联的老百姓写史。要使"青史红史照我心"项目能够成为对大众进行日常生活教育的生动、具体、感染的工具,必须是在中国近现代以来革命、建设和改革开放大的方向和目标指引下,忠实地记录与自

---

[1] 此处参考了《更多更好地编写家史、村史、社史、厂史》一文,《前线》1963年第24期。

己密切关联的劳动人民自己亲身经历过的事迹。之所以要求"为与自己密切关联的老百姓写史",是要求学生在书写中必须出现"我"的观感、参与或联系,主要是激励大家深入观察日常生活、反思自身、加强创造性。"青史红史照我心"公众号所发的学生文章,这一要求都做到了。于是,情感的联系和力量就出现了(正好近年来,情感史在历史研究中也日趋升温),标题就不再是像以前期中作业或期末文章那样出现简单或雷同样式,如"近代史作业""红色景点考察报告"等,而是有了自己的新创造。内容也少了七拼八凑、过多的苦思冥想,而是在剪裁的基础上注重结构梳理、顺序安排、详略得当,尤其是中心都非常集中,不是那么游离或散漫。

(2)"青史红史照我心"项目提倡以小见大,要求学生从自己熟悉的一个角度进入宏大的历史进程中去。于是,"我"和我的家庭、家乡的联系等内容很好地结合在一起了。这样,呈现在我们面前的,仿佛有诸多大大小小的镜子相互映照,构成了一个丰富多彩的大众生活世界。主观和客观、个人和集体关系的古老问题就得到新的思考和回答。"青史红史照我心"项目虽然从厂史、区史、村史、家史等小处着眼,但是写史的人眼光却要看到整个国家、社会乃至世界,因为任何一个厂、区、村、家都不过是整个社会的一个角落和缩影,而不能孤立于社会之外,只有联系到整个国家、社会乃至世界的风云变幻,才能理解一厂、一区、一村、一家人的探索和奋斗,才能准确把握百年或千年大变局中劳动人民社会生活的诸多境遇。百年中国看上海,这里非常有条件做"大四史""小四史"的结合。

(3)"青史红史照我心"项目建议重点突出新中国部分,尤其是劳动群众在技术创新、制度变革、思想观念转变等某一方面社会生活实践的经验。关于厂史,学校沪江文化研究所工业文化研究人员特别说明:工矿企业是个广阔的天地,年轻人到那里调查也是可以大有作为的。这样就充分利用了最为直观的实地调查法、口述史方法等,有利于写作中的科学性提升和深入探索。同时还要看到,独立的新中国正在向工业化、信息化社会迈进,我们青年学生一定会感受到大量的数字家园、数字村落、数字公社、数字社区、数字工厂等社会单元的存在。这些空间的历史文化与传统空间的历史文化不可分割，我们书写"四史"，对象也包括这些新的数字基层空间、微单位。

（4）"青史红史照我心"项目顾及写作的文艺性。写作过程中注意典型突出、形象鲜明、叙述生动、文字简洁。同时，要注意：讲历史，不能离开真人真事进行虚构；历史书写的文艺性要服从它的科学性。

以下几点有必要补充说明或强调：①"小四史"——厂史（公司或企业），可主要对应工业化；区史（社区、乡镇等），可主要对应城市化；村史，可主要对应新农村；家史（家庭或家族），可主要对应新家风。②为何是厂史、区史、村史、家史这样的排序？就是为了突出工业化、城市化，但是不能离开农业国家文明之基础，家风之传承和创新。③为何是"为与自己密切关联的老百姓写史"？要求书写中必须出现"我"的观感、参与或联系，一是为了方便着手，二是防止学习腐败（如抄袭等）。

二是关注书写进程，加强创新研究。

其中，老师组织学生组队或分类汇报文章的资料搜集、构思（主要是和"大四史"的结合情况，要反映一个明确的有意义的主题）、写作情况，可算作平时成绩。立足于"中国近现代史纲要"课程教学内容的整体性，老师正好结合学生的汇报情况，将学生文章的核心与中国现代史关联起来。

平时，项目组成员树立创建品牌的意识，积极在学术会议、教学实践活动中和在微信群等数字平台上进行积极交流，宣传书写"四史"推进"中国近现代史纲要"教学创新活动，准备以联盟形式与全国同道交流。

三是认真进行评定，持续开展活动。

期末，学生提交文章，每位老师对自己负责的班级文章进行评定，征得学生的同意，推荐优秀文章在项目公众号上发表。项目组成员在期末对活动进行总结和反思，并以集体选择的方式，结集优秀文章百篇——可以分厂史、区史、村史、家史等类别进行编辑、评析，准备出版，便于促进创新活动与社会实践之间有更紧密而深刻的联系。

"青史红史照我心"活动核心思路和过程可见图5-1：

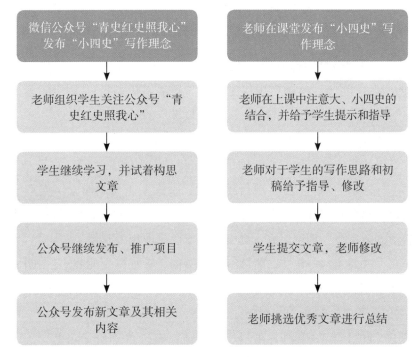

图 5-1 "青史红史照我心"活动实施主要流程

（四）加强与教学创新活动配套的科研

一是研究方法不断整体化、具体化。

第一，"青史红史照我心"活动具有更加明晰的项目团队分工。有老师负责项目的总体策划、推广和研究，有老师负责项目的总动员和实施，有老师负责项目在课堂的具体实施和研究等。大家经常联系和交流，将教学和科研活动融为一体。

第二，除了在平时积极鼓励大家参加相关的学术会议和教学研活动外，每学期结束之后，项目组召开书写"四史"推进"中国近现代史纲要"教学创新活动总结和提升会议。项目组有一份整体的总结和计划，提交至学院党政系统，并在项目公众号上发布相关信息，继而进行学术层面的修改和提升。

第三，经与学生商量，项目组继续选取大家的优秀文章，在项目公众号上发表，并适时进行学术评点，丰富和提升其学术内涵。实际上，项目公众号已经与相关知名学术公众号取得联系，并受到了对方的重视。

第四，项目组每年选取学生的优秀文章汇编成书稿——《青史红史照我心："四史"书写与"中国近现代史纲要"教学创新实践》，用于明确指导学生的书写、深入探讨老师的教学、交流项目推广的经验。

二是研究计划更加明晰化、长期化。

此处以"青史红史照我心"项目2021年计划为例。

第一，2021年1—3月，项目组批改、整理上千份"四史"文章，不断进行研讨、总结；完成"青史红史照我心：'四史'书写与'中国近现代史纲要'教学创新实践"理论研究，提交给学术会议或相关刊物[1]。

第二，2021年4—6月，项目组编辑书稿《青史红史照我心："四史"书写与"中国近现代史纲要"教学创新实践（第一辑）》，组织上海理工大学"青史红史照我心"建党100周年征文比赛。

第三，2021年7—9月，项目组再批改、整理数千份"四史"文章，完成"青史红史照我心：'四史'书写与'中国近现代史纲要'教学创新实践"学年报告，整理书稿《青史红史照我心："四史"书写与"中国近现代史纲要"教学创新实践》。

第四，2021年10—12月，项目组继续推进相关理论研究和教学实践，争取开一次学术会议或组织一次学术交流活动，继续完善年度学年报告，制定来年研究计划。

综观"青史红史照我心"这一以书写"四史"驱动的教学创新活动，可以发现：在创新活动中，团队紧密合作和师生共进、共享的形态明显，越来越呈现出创造性、实践性、开放性的特征，"中国近现代史纲要"教学越发有了新的意义。

---

[1] 在2020年9月18—20日河北师范大学组织的"学四史、知来路、明方向"学术研讨会上，项目组成员宋青红副教授已提交论文《"小四史"写作与"中国近现代史纲要"教学》，报告了活动的部分情况。

三、教学创新活动的成效和意义

（一）教学创新活动获得诸多肯定

书写"四史"推进"中国近现代史纲要"教学创新的成效，可从项目组自我追求的定位、学生的感受和评价、专家和同行的意见等方面来总结。此处主要以上海理工大学"青史红史照我心"活动为例进行阐释。

一是教学创新活动具有创造性，因此项目组积极而明确地给自己进行定位。

项目组自我肯定，这是一项创新活动，主要因为它在网络时代利用高水平科研和教学优势，积极主动地进行团队合作，在不懈探索中找到了一把打开"中国近现代史纲要"课程教学之门的钥匙。

2020年10月10日，习近平总书记在秋季学期中央党校（国家行政学院）中青年干部培训班开班式上强调：干部特别是年轻干部要提高政治能力、调查研究能力、科学决策能力、改革攻坚能力、应急处突能力、群众工作能力、抓落实能力，勇于直面问题，想干事、能干事、干成事，不断解决问题、破解难题[1]。而"青史红史照我心"活动具有鲜明的主观性发挥空间。

第一，把好政治关，教研更相连。在政治大局上，在"四史"学习大背景下，活动积极和努力展现马克思主义学院教师队伍和新时代学生的才力、能力和精力，坚持正确的历史观、党史观，旗帜鲜明地反对历史虚无主义；在教学探索上，自觉地面向和发展一种更系统、更明确、更具体的教学形态，与现实的需要非常契合。习近平总书记说：每个人都了不起，提出要"用深邃的历史眼光"，"紧密跟踪亿万人民的创造性实践"[2]。书写"四史"教学活动创新，实际上是当年毛泽东主席重视的"小四史"写作运动和新时代习近平总书记强调的"大四史"学习活动在当下的自然结合，是在原来重视阶级斗

---

[1] 习近平：《年轻干部要提高解决实际问题能力 想干事能干事干成事》，《人民日报》2020年10月11日。

[2] 习近平：《习近平在庆祝改革开放40周年大会上的讲话（2018年12月18日）》，《人民日报》2018年12月19日。

争、革命传统教育的基础上，将"小四史"的内涵恢复到其本来的面目，是将历史书写回归正常的轨道，符合中国特色社会主义现代化建设的要求。"小四史"和"大四史"的有机结合或者说天然合一，正是"中国近现代史纲要"课程教学的主题，当然也贯穿于其他思政课程中。在学术研究上，"小四史"内容其实反映着一种大规模的国情调查，不仅大大丰富"中国近现代史纲要"课程教学的素材，也给每位老师的专业研究方向和学生的专业发展提供有特色、接地气的探索空间。可以说，无论是国家和社会的要求，还是学术发展的逻辑和教研部实践的经验，都推动我们在"小四史"写作活动上继续向前、更上一层楼。通过做"小四史"创新活动，我们也感到自己如同引领着千军万马，驰骋在中国历史文化的广袤原野上。

第二，开拓新领域，勇做新事情。志存高远，有志者事竟成。如今，高校思政课教学面临的挑战越来越大，要求也越来越高，这就要求必须集中力量和智慧不断创新思政课教学理念和方法。新时代，我们在高等教育领域和学术层面率先提倡以"小四史"推进"大四史"学习和思政课教学活动，并加以实践、研究和推广，可以形成高校思政课的课堂教学、网络教学、思政教育传播等有机结合的立体学习系统。

第三，走好实在路，有效办大事。新时代的高校思政教育工作不但要求师生做实事、走正道，而且要求做到点子上、做到路子上。引导学生系统地、有规模地去做"小四史"，从技术发展、物质生产到制度变革再到精神层面，比较有效地使师生共同了解和熟悉国史、国情，广泛地联系家庭和社会，可更有力地增强和弘扬以爱国主义为核心的民族精神和以改革创新为核心的时代精神。

二是教学创新活动具有实践性，不少专家、学者、同行都参与其中，提出了宝贵的意见和建议。

活动受到思政课教育同行、专家的重视。2020年8月30日，广东石油化工学院张红春副教授在微信上留言："这个项目很有意义，以小见大，见证中国的发展。"2020年9月16日，我将"青史红史照我心"活动策划书发到"全国高校思政课教师家园"微信群，北京大学仝华教授、西安电子科技大学蒋冬双副教授、浙江财经大学韩跃民副教授等明确给予肯定。2021年1月19

日,在"青史红史照我心"项目年度总结会议上,学院副院长牛海谈到,这是个好的创意,可以进行梳理、塑造品牌,并建议结合校史、校本,使项目更接地气,使学生有可触摸的感觉。2021年2月9日,上海立信会计学院思想政治教育教师赵凤欣给我发微信:"青史红史搞得好,透过变迁话小康,可以出本小册子了。"

相关研究计划的科学化水平不断提升。我打算申报的书写"四史"推进"中国近现代史纲要"教学创新课题,也在开放的学术争鸣中经受着洗礼。2021年1月12日,在学院组织的国家社科基金申报论证会上,国防大学孙力教授建议:课题针对性要强,要注意"小四史"在现代思政课教育中关注度有多大。上海交通大学张远新教授建议:课题针对性要极强,应紧扣思政课之需求;到底要解决什么问题,要让专家认可接受。

三是创新活动具有开放性,拥有广泛的参与者。在不间断的教学实践中,教学创新活动得到了老师、学生及家长的赞赏和支持。

第一,学生的反映很积极,有的想法还相当有见地。有学生在超星学习平台上留言:"此番'跨越省市的心灵旅途'令我接触到了未曾涉足的尘封的家史,更与那浩繁卷帙相沟通,或许能使我进一步明确自己的定位、自知、自爱。""在完成期末文章的过程中,通过访谈,我进一步了解了自己的家乡、自己的家族,感触颇深,我想我对家乡的思念和热爱更加浓厚了。""期末文章写作,我选择了家史与国史这样一个角度,感觉以我的文笔,很难将家史与国家的关系描写得细腻、自然,但也是尽力使两者彼此照应。家史的书写过程,让我进一步了解了家族的过往,增强了我的认识。对于整个过程,我感到很有意义。""我采访了爷爷,不能说对历史有了多么深入的了解,但对家里的故事似乎生出了更多亲切感和联系。"

第二,社会人士主动而认真地给予评价。2020年9月26日,《世界历史》编辑部主任张红菊研究员在微信上留言:"'青史红史照我心'这个项目有意义,又生动有趣。"中国社会科学院董向荣研究员接着留言:"假期和小朋友也讨论过。"2020年10月4日,郑州人民检察院党青华检察官看到学生的文章,留言:"很有代入感!"16日,我在公众号"青史红史照我心"上发表《"老照片历史影像研究中心"规划与影像史学发展》一文,原《南风窗》

主笔袁卫东先生回复:"不错的方向。建议可以考虑增加一个方向的内容,就是关于'家'的老照片,能够研究人们生活的历史。这个也相当有价值。"31日,中国作协会员、郑州市作协原副主席赵富海先生与我通话时说:"你们的'小四史''大四史'学习结合很好!各方都能顾及,并将其紧密结合。'小四史'书写,把中国社会发展的历史一环一环套起来了。"11月4日,河南人民出版社文史处原处长赵向毅编审在微信上发布:"为老百姓立传,可嘉也。青史红史是一个多好的角度啊!又一可贺处!中国也许是世界有此命题,可见其创新也,又一可贺处!发给大家,求读老百姓的历史。"20日,袁卫东先生进一步与我联系:"刚才认真看了你用心推自己的公号("青史红史照我心")以及其中的内容,感觉以后有机缘可以在家史研究上有合作。"2021年1月13日,张红菊研究员再留言:"这个活动很棒,很有意义!"21日,河南工业大学张书海副教授打来电话,谈到"小四史"教学和研究的事宜,他提供了自己的宝贵建议:历史写作要看变迁,看别人没看到的东西;关于"小四史",家史、村史、区史、厂史可以组合成多个课题,与现实变化和需求结合起来,能产生不少新文章。他提醒要关注当前乡村振兴的五个方面——产业振兴、人才振兴、文化振兴、生态振兴、组织振兴,这些都是新的课题研究点。关于如何振兴,他又提及当前党和国家重视的"资源下沉","淘宝村"建设就是这样一个逻辑和实践的结果。他认为"小四史"在这些方面是可以大有作为的,围绕一个点,能做好多文章。他在短信中还建议"青史红史照我心"项目组申报国家社科基金的选题——"数字农业时代的'小四史'研究"。他考虑的"小四史"组合论,在学生提交的文章中已经有所反映,这一点以后要强调;他关于书写新"小四史"篇章的建议,完全可以作为下一阶段的重要任务。

这些都有利于书写"四史"推进"中国近现代史纲要"教学创新活动的准确定位、顺利开展和及时校正,同时彰显其时代意义和价值。

(二)教学创新活动获得了丰富而可共享的教学资料和成果

一是活动可形成丰富的教学资源库和相关教学研究成果。

第一,活动逐渐形成丰富的高校思政课教学资源库。这一活动可谓是大规模的国史、国情调查。学生来自五湖四海、东西南北、城市乡村，在写作中，大家提供了丰富了"小四史"资料，包括文字、图片乃至音像等信息。其间，学生流露出的单纯的情感、认真的态度和美好的期冀等，一定程度上也展现了新时代青年的风貌、后浪的智慧和创造。这些都给人留下了深刻的印象。

第二，活动正促进教研部相关教研成果的产生，并以此孵化出新的教学、科研项目。项目组每年要完成有关"青史红史照我心：'四史'书写与'中国近现代史纲要'教学创新实践"的报告一篇。此外，老师可以相关资料和已有研究成果，参加相关教学和学术会会议，此可提升高校思政课教学和研究的结合水平。活动还能提供新时代马院建设的特色和品牌，如"青史红史照我心"活动，每年打算编辑一辑书稿《青史红史照我心："四史"书写与"中国近现代史纲要"教学创新实践》。2020 年 11 月，上海理工大学马克思主义学院准备上海市马院教学和学科建设检查材料，学院认为"青史红史照我心"活动比较有特点，就请项目组将已经完成的"小四史"资料整理成册，支撑了学院的特色教学这一块。2021 年，"青史红史照我心"教学设计入选《高校思想政治理论课实践教学案例与课程设计》一书[1]。

二是活动具有多向交流和可示范推广之处，并取得了宝贵经验。

书写"四史"，推进高校思政课教学活动是一个创造、实践、开放的教育教学平台，其活动经验可以和诸多单位交流，并进行逐步推广——利用中国近现代史教研部等平台在大学思政教育中推广，利用教学和学术交流机制在全国高校推广，利用数字化平台在社会上推广。

"青史红史照我心"活动的顺利开展具有如下特征：其一，以项目的形式展开，形成教学、党建、科研、社会服务四位一体的格局。其二，以团队合作的形式共建。"青史红史照我心"活动不但逐步明晰，巩固了教研部的教学、科研重心所在，而且将不断扩大共建单位。目前，已有其他高校和社会单位参与共建。"此是良田好耕植，有秋收获仗群才。"相信会有更多志同道合者共同建设此平台。其三，以线下线上结合的方式推进。在同一活动指

---

[1] 胡绪明主编：《高校思想政治理论课实践教学案例与课程设计》，天津：天津人民出版社 2021 年版。

引下，教研部各位老师在课堂上可以发挥自己所长。同时，活动在线上办有公众号"青史红史照我心"，力争每天发文一篇，展示学生的作品和相关文字，这给了大家一个相对统一的参考标准、项目认识和活动指向等。"日拱一卒无有尽，功不唐捐终入海。"项目组培元固本，顺势而行，集体合作，不断前进。

"青史红史照我心"项目组积极与学院和学校相关部门沟通和联系，对更大范围的"四史"学习活动的开展具有启发和影响。2020年6月29日，上海理工大学宣传部发布"关于开展'学四史 担使命 致未来'征文活动的通知"，7月20日，马克思主义学院发布"2020年全国高校学生'四史'学习研讨会征稿通知"，都明确采纳了"青史红史照我心"活动提倡的以"小四史"彰显"大四史"的理念和建议。

（三）教学创新活动明确了老师工作的意义和价值

一是深入理论探索的思想天地。

项目组努力吸收中国农业文明时期的传统"四史"研习、20世纪六七十年代新中国的"四史"运动（用村史、家史、社史、厂史的方法教育青年群众）的优点，积极参与到新时代"四史"学习的进程中，梳理出中国"四史"学习的历史脉络，可以让更多青年学子增强对"四史"内涵的理解和对正确的历史观、党史观的认识与把握。

二是丰富学科建设的社会园地。

在数字化时代，项目组引领大学生利用多种手段，拎起包袱（家史、村史），开动机器（厂史），这也是"中国近现代史纲要"教学研究寻找活生生的资料的过程，符合如今高校新文科和新工科、新农科等结合进行建设的需求，同时具有很强的可操作性和浓厚的趣味性。

三是提升社会实践的文化境地。

在把握"大四史"总体框架基础上，项目组从"小四史"着眼，让更多地青年学子以"小四史"书写促进"大四史"学习，有利于历史发展潮流（历史观）和青年人生选择（历史感）的结合，提升大学生的历史自觉和历史自信，也符合信息时代老百姓写史的潮流，可以在情感和精神上将学生的个人命运与祖国的发展紧密结合起来。

（四）教学创新活动提升了学生学习的意义和价值

书写"四史"的观念坚定了学生新的历史观。严格说来，作为一门古老的基础学科，历史学传播的大众化，历史研究向微观领域的深入，乃至于历史学者的民间化，这些事件和现象都不是什么稀罕的事情。之所以在此强调"小四史"，是因为在现代化进程日益推进的今天，中国历史的创造者和书写者越来越可以有机地融为一体了，其间主体性日益张扬的趋势非常明显。人民是历史的创造者，人民当然可以书写自己的历史，尤其是在信息时代。当大众逐渐从烦琐的体力劳动中解放出来，历史记忆就成为人们精神生活的重要事项。可喜的是，对于大多数中国人来说，大家基本上都是在书写"我"与祖国、家乡的历史，学生对此也越来越明了。

我们强调的"小四史"写作，是历史书写的一种形式，尤其是当下公众史学的一项重要内容，更是中国思想政治教育的一种方式。"小四史"主要表现的是转型期中国老百姓的一种生活状态和方式。书写者若深入观察、调研国家和社会的变迁，尤其是与劳动者增强联系，一定能对家庭、社会和国家的发展、对人情的冷暖有所关注和体味，"小四史"文章的表达效果会更好。如此，诸多大学思想政治教育的基础会更扎实。

进一步而言，书写"四史"是学生融入劳动人民的过程。"小四史"主要写的是老百姓的历史，从寻常日子、柴米油盐等材料中，去寻找、去整理、去汲取、去沉淀、去解析，寻找自己想要的答案。大家就会发现自己与劳动人民是如此的近！我们想要融入社会，离不开和劳动人民的亲近；我们想要实现自己伟大的理想，至少是自己的美好愿望，就离不开劳动人民的支持。2021年2月20日，党史学习教育动员大会在北京召开。习近平总书记的强调铿锵有力："江山就是人民，人民就是江山。"我们想要有作为，我们心里就经常想着劳动人民。实际上，我们越来越感到，我们创造的历史本质上也就是一部劳动人民史，真实的历史也就是劳动人民史。在此基础上，学生正确的历史观、党史观更加坚定。

（五）"青红志"：以教学创新活动为基础的新教育理念的产生和实施

"青史红史照我心"教学创新活动，转眼之间也开展两年多了，从创立时系最早在全国提倡以"小四史"彰显"大四史"的高校"四史"学习阵地、新时代新青年国史国情调查和百姓日常生活书写的展示馆和即时报告厅，到现在已发展为以思政课为核心的青年新文明教育平台。

"青史红史照我心"简称"青红志"，是以历史文明教育为基础、思政教育为核心、人文生活教育为日常切入点的现代教育实践活动。青者，青史、青春、青山绿水也，注重文明引领，仰望星空、高瞻远瞩，提升人生志气；红者，革命、奋斗、热情向上也，注重革命实践，尤其是社会组织和制度创新，培养人生骨气；志者，心愿、书写也，注重日常记录、反思和修养，让人脚踏实地、持续力行，坚固人生底气。"青红志"内涵可简要概括为三条："青"以明志，"红"以壮骨，"志"以强基，甚至可以更简化为"求青、求红、求实"。"青"以明志，重在理论学习课堂，在智力提升和专业创造时进行文明引领的思考；"红"以壮骨，重在实践课程环节，做好对世界和社会革命性实践的探索；"志"以强基，重在期末文章书写，做好对大众日常生活变迁的关注和书写。三者紧密结合，相互补充、相互推进。这是结合国家和社会要求、时代发展潮流、当代青年学子精神状况以及我们团队的教育创新实践而总结和升华出来的。

四、教学创新活动需要解决的问题

（一）更加明确学术要求，坚持科学书写之道

学生对于书写"四史"还是有不少困惑或疑问。学期中，有学生问："在文章里，四个'小四史'是都要写到吗？还是说，比如我觉得我家的家史（从我太爷爷到现在的我）很值得一写，我就只写我的家史这一块（作为'小四史'之一）来与'大四史'呼应，可以吗？"文章书写过程中，有学生将

厂史、区史、村史、家史等内容很机械、很牵强地罗列在一起。学期结束后，有学生在超星学习平台留言："就期末文章而言，我在单纯的写作方面没有遇到问题，只是在选材方面，就我个人而言，举家都是普普通通的上海小老百姓，确实没有突出的经历和故事，祖辈年事已高，对往事的记忆也早已模糊，有的祖辈也早已驾鹤西去。若是以家史作为切入点，确实有些强人所难；而若是以厂史、区史作为切入点，又显得有些宽泛和空虚，写起来没有了那份真情实感。"这些都涉及科学书写"四史"的问题。

如何能做到科学书写"四史"呢？首先，要明确坚持基本的学术原则。其一，注意书写的价值取向，选取富有社会主义核心价值观精神的题材进行写作。简言之就是"真实为民"。老师在平常的课堂教学及其有关活动，都要用心，与学生进行心灵沟通，传播人格独立、人人平等的价值观，这样学生才能更好地走近大众。其二，对所选取的史料进行认真鉴别，尽量采用多种资料、方法互证的方式进行叙述。其三，在总结或观点的表述上，本着实事求是的作风，不故作惊人之语，不高喊口号，不吹牛，不做违心之论。其次，在价值观明确的基础上，在要素上注重"两史（"大四史""小四史"）一心（我心）"，在实践中要求积极认真，真正体现活动的创造性、实践性和开放性特征。再次，老师要率先示范。比如在平常教学中，老师可以指导学生参观相关历史文化景点，进行"小四史"写作训练。2020年月10月28日上午，"方寸映春华'四史'学习教育集邮巡展"系列活动在上海理工大学正式揭幕启动，学生写"小四史"，老师就得经常"观微"——人类学家克里福德·格尔茨主张"深描"，因为确实在方寸之间就可能蕴含着不同寻常的历史、文化意义。在方寸之间，我们又重新感受了一遍中国近现代史的发展历程。从面向世界，到奋发图强，再到国富民安，这些激动人心的过程都生动地被传递出来，我们的家国情怀自然也被激发了。又比如在课堂教学中，老师以教材内容为本，给学生提供写作的视角。以《中国近现代史纲要》教材第三章"中国革命新道路"为例，可以"书写'小四史'，传承和弘扬红军文化"为题，谈谈"小四史"文章的书写视角：① 搜集整理家乡的红军文化资料，进行自然书写；② 回忆、梳理家庭所受的红军文化教育，进行建构性写作；③ 走近与红军文化关系密切的人物，进行深度写作。总之，因地制宜，因人而异，认真准备，努力完成。最后，坚持在项目公众号上不断选登优秀文章，并适时或适当做出点评、总结等，让学生不断地从同龄人处获取新鲜的、有益的写作灵感。

总之，学习"四史"要立足高远，真正的精神落实则始于足下。我们书写"四史"文章，来促进"大四史"学习、推进"中国近现代史纲要"教学，首先从周围亲近的人开始，就是为了更好地将理论和实践结合起来，切实做到知行合一。就老师自己的学习来说，大家所在的院系也是书写"四史"的好地方。毕竟从微观历史、小历史、公共史学的角度来说，人人皆可以入史，每个人的精彩都可以记录下来，这样和大历史结合，才会使历史的叙述更趋于全面、真实、合理，关键是显得有生命力和思想张力。

（二）加强书写内容中"大四史""小四史"的契合度

严格来说，"大历史"和"小历史"一体化是天然的，对于"中国近现代史纲要"课程来讲，老师若经常留意，"大四史""小四史"两者的契合也不成问题，但在学生实际写作中，却会出现视角和内容集中于现代的问题。这个问题也很自然，毕竟老师和学生都是初次涉入该领域，且我们都有自己的时代局限性。解决问题的方法还是要加强整体性、融合性的写作。

我建议将"小四史"的运用范围继续自觉扩大，比如《中国近现代史纲要》教材第一章"反对外国侵略的斗争"就可以探究林则徐等人的家史，还有广东三元里的村史，中国的工厂史、社区史等。这样的事例在中国各地都有，重在联系老师和学生的家庭或家族的百年历史进行开拓。如此形成习惯，学生的历史感会和大的历史观逐渐自然结合。

我还建议：一是写作中若在家风提取、乡风总结、区风建设、厂风把握等方面有所深入，文章的精神风貌会更上一层；二是写作中再注重中国近现代巨变中的区域、领域等联动机制（比如工厂变革与乡村变革的关系、中央和地方发展的关系等），文章的创新水平会更进一步。这样也能照顾好一般和特殊、宏观和微观之间的关系。

由以上可以看出，"四史"运动作为一场轰轰烈烈全民写史、讲史运动，其眼光面向基层、服务大众的理念和取向并未过时，在今天可以与公众史学理念更加紧密地结合起来。书写"四史"推进"中国近现代史纲要"教学创新活动，可以联系青年、沟通社会、深入大众，青春风采、家国情怀都能得到展示，从而有利于当代教育面向现代化、面向世界、面向未来的潮流。通过这一个新的高校思政教育平台，"中国近现代史纲要"教学过程产生了新的良性循环机制。这提升了老师的信息获取水平，激发了学生课程学习热情，也引发了社会人士的瞩目和积极参与。

习近平总书记强调，办好思政课关键在教师，关键在发挥教师的积极性、主动性、创造性[1]。在新时代"中国近现代史纲要"教学实践中，通过明确的团队分工作战、线上线下结合步步运作和推进，辅之以配套的科研活动，长期开展书写"四史"活动，推进"中国近现代史纲要"教学创新活动是可行的。

在书写"四史"活动实践中，有学生会产生畏难情绪，我觉得此项活动的开展也不容易。不过，"天下事有难易乎？为之，则难者亦易矣；不为，则易者亦难矣"。更重要的是，学习就是攻坚克难的过程，且不说这还是集体的学习和提升了。"更喜岷山千里雪，三军过后尽开颜"，谁说不是这样呢？需要强调的是，书写"四史"推进"中国近现代史纲要"教学创新活动的要旨是：活动是需要各方支持、团队建设、师生合作、学生执笔才能完成的，在要素上注重"两史一心"，在价值上追求"真实为民"，在实践中做到"积极认真"，其实质是为广大劳动人民书写历史，也是师生融入劳动人民的过程。总之，在情感上化被动为主动，在内容上由理论到实践，在技术上化繁为简，良好的思政教育效果自然会水到渠成。

---

[1] 习近平：《思政课是落实立德树人根本任务的关键课程》，《求是》2020年第17期。

结语　于百年未有之大变局中推进教育创新

每一次世界现代化浪潮，都给相关国家带来机遇，同时也给世界带来巨大冲击。19世纪中叶鸦片战争以来，追求现代化、实现现代化是中国人民的伟大理想和主要奋斗目标。可是，中国真正自主、自信地走向世界和融入世界才是近几十年来的事情。中国学术界全面而深入、科学而系统地研究中国现代化进程，作为政府指导中国实现现代化目标的参考，作为国人了解中国现代化的历史、现状和未来的指导，也是近40多年来的事情。"多少事，从来急，天地转，光阴迫"，人类转眼已进入21世纪，在全球化的游戏规则之中，我们更需要认清自己的历史，明白自己的现实处境和大胆地迎接未来的诸多挑战。必须看到，当我们还在农业文明向工业文明的征途中行进时，光电时代的更高层次——信息、智能时代已悄然来临。以现代化的眼光来看，当我们还没有实现人类文明史中第一次现代化进程时，发达国家已经在为实现人类文明的第二次现代化而飞奔向前[1]。由此，我们要做自己急需做、应该做的事情。

中国的现代化进程越往前推进，不仅是经济建设，还有政治、文化、社会、生态建设，都需要我们放眼全球，寻求借鉴对象，加强中外交流。综观百年中国现代化进程，我们不难看出，中国现代化的持续推进，与教育创新

---

[1] 关于国内第二次现代化研究，中国社会科学院何传启研究员等近年来思考颇多。

结语　于百年未有之大变局中推进教育创新

关系密切。百年未有之大变局，要求中国教育必须不断加强创新，才能应对全球化、现代化之需要；文明是教育创新的引领，文化是教育创新的灵魂，由近代思想启蒙、改革开放以来的"文化热"与当代新文明建设等为内核产生的教育创新，在中国现代化进程中不断产生正向效应[1]。

14世纪以来的世界史，尤其是百年未有之大变局，不只是一部政治经济的急剧变迁史，而且是一部文化的激烈转型史、一部教育的深刻创新史。中国现代化进程中的教育创新也不是一个简单的问题，在实践中，其与全球化、现代化、民族化、本土化、中国文化等历史和文化价值问题紧密相关，在国家和社会层面被赋予发展战略、改革思路、充分发挥师生的主体作用等意义。由此，其内核可谓新文明教育，强调实验性、数字性和融通性等。

在行动上，中国教育创新有力地推动了以"穷则变，变则通，通则久"为要义的中国新文明发展路线的绘制和实施。

进入近代以来，中国屡遭列强欺侮甚至霸凌，山河破碎、草木含悲，人民饱受磨难和耻辱。无数有识之士奋力揭竿，引领人民不断抗争，创新文化和教育，力图改变中国文明发展之困窘。

1978年的中共十一届三中全会，开启了改革开放和社会主义现代化建设历史新时期。新时期，新气息。经过40余年的努力，中华民族"富起来"已成为现实，不仅为全面建成小康社会打下了坚实基础，而且为中华民族伟大复兴注入了源源不断的新动力。中国改革开放的进程明确了中国现代化的议程和目标，"文化热""科学的春天""三个面向"等现代化气息扑面而来。中国人民是善于学习和反思的，随着改革开放的全面展开和日益深化，在当代中小学生家庭教育、学校教育和社会教育等的创新上，人们对健康的体魄、完善的人格、丰富的知识技能、健全的心理特征等方面越来越重视。中国人民搭上了第三次工业革命的列车，在信息技术的发展和运用方面，已经居于世界前列。20世纪末和21世纪初，伴随着知识经济和素质教育的热潮，一场网络革命的呼声席卷全国。网络与孩子的结合越来越广泛和深入，人们对这

---

[1] 强调文化在现代化乃至后现代化进程中的作用的主张一直非常盛行。参见 Ronald Inglehart. *Modernization and Postmodernization: Cultural, Economic, and Political Changes in 43 Societies*. Princeton: Princeton University Press, 1997。

一新生事物的认识、保护、扶持和引导也提上日程。所幸的是，面对新时期的诸多教育新问题，国家和社会在组织和制度建设上常抓不懈，在问题的解决上越来越有信心和能力。

党的十八大以来，中国特色社会主义进入新时代。新时代，新气派。直面以智能科技、低碳技术为主要特征的第四次工业革命，身处世界百年未有之大变局中，中共中央坚定不移地全面深化改革、全面依法治国、全面从严治党，领导全国人民全面建成小康社会。其间，"精准扶贫"、乡村振兴等塑造着中国社会新风貌，"一带一路"倡议增强了中国与世界广泛而深入的联系，逐步打造人类命运共同体成为国家意识觉醒与勃兴的体现与延伸。随着国家治理体系和国家治理能力现代化理念的日益增强，社会主义初级阶段成为中国精神建设的现实基础，国家综合发展的特色越来越明显，维护世界和谐、推进中外交融，成为全球化和社会主义理念在实践中的主旋律，中华民族伟大复兴的进程在内涵上更加丰满而有特色。随着"大历史观""大文明观"的深入人心，大力推进中华优秀传统文化、革命文化和社会主义先进文化的融合，积极倡导不同文明交流互鉴，成为新时代教育创新的主旋律。特别要强调的是，以中华优秀传统文化为土壤生发新的思维、创立新的体制、培养新的人才的中国现代化理念日益突出。目前，随着高校中华优秀传统文化教育不断创新思路、内容、体制和方法，高校已经成为中华优秀传统文化传承与发展的主阵地，中华优秀传统文化融入高校工作的新机制和新生态逐渐形成。随着中外文化交流的加强，中国文化"软实力"须不断提升，高校中国文化课程也因应时代要求而进一步推进大学生家风文化教育与社会主义核心价值观的融合。高校思政课是中国精神建设的重要途径、教育创新的主要阵地。教师持续强化学习强国意识，自觉传承中华优秀传统之道，向高校学子讲好中国故事，促进学生陶冶理想情操，将"四史"学习教育有效融入课堂，时不我待。总之，在日常生活、基层建设等层面加强精准教育创新、小微教育创新，成为中国新时代现代化建设的必然要求。

在结构上，中国教育创新在文明引领、革命实践、日常书写的新文明教育建设蓝图中的功能越发明确。

中国教育创新强调文明引领。世界现代化研究中的依附理论学派认为，发展是各国人民、是人类的一桩带有冒险性的事业,故而,在对它进行勾画和研究时,需要有一种超越技术专家、官僚和学者的局限性的广阔视野和分析角度[1]。因此,对文明的深入理解和研究必不可少。文明之概念,解释者众。一般意义上,我们认可"文明是一个可以被描写和叙述的事实——它是历史","这个历史是一切历史中最伟大的,因为它无所不包",它既包括社会关系、社会力量和幸福的完善,也包含个人的发展、内心的发展、人本身的发展,人的各种能力、感情、思想的发展,即社会和人的完善以及两者的紧密结合、同步、互相激发产生自身的那种广度、便利程度和速度[2]。结合中国文明发展的历程,我们在大历史视野下关照之,坚持恩格斯"文明时代乃是社会发展的一个阶段"的主张[3],将文明看作历史发展的宝贵结晶,"人类的精神瑰宝"[4]。人类文化和社会发展的高级阶段[5],蕴含着人类社会创造的物质财富和精神财富(文化和教育等优秀成果)的高度结合。文明包括农业文明、工业文明、生态文明等的次第演变;世界现代文明的进程包括知识化、工业化、城市化、信息化等,但就中国近现代史而言,它经历了落后就要挨打、知识就是力量、文明塑造世界的过程。我们要在现代教育中不断灌输这些理念,这是教育创新的第一步。进入历史的场景,聆听历史的钟鸣,瞻仰历史的荣光,仰望历史的面貌,是重要内容。

中国教育创新重视革命实践。"实践"一词,并不简单。从亚里士多德经笛卡尔到马克思的螺旋推进式阐释,加上当代学者布迪厄等的深刻补充,"实践"一词越发有魅力。实践是人基于某种善的目的、亦可因人的努力而改变的事物为对象所进行的行为活动;实践意指人实现自身价值和自由的全部活

---

[1] (巴西)特奥托尼奥·多斯桑托斯:《帝国主义与依附》,杨衍永等译,北京:社会科学文献出版社1992年版,第286页。
[2] (法)基佐:《欧洲文明史》,洪逵、沅芷译,北京:商务印书馆2017年版,第5、11、12页;(法)基佐:《法国文明史(第一卷)》,沅芷、伊信译,北京:商务印书馆2017年版,第9—10页。当代学者萨缪尔·亨廷顿也直言:人类的历史是文明的历史,不可能用其他任何思路来思考人类的发展,这一历史穿越了历代文明。见(美)萨缪尔·亨廷顿:《文明的冲突与世界秩序的重建》,周琪等译,北京:新华出版社2010年版,第19页。
[3] 《马克思恩格斯全集(第二十一卷)》,北京:人民出版社1965年版,第198页。
[4] 习近平:《共同构建人类命运共同体》,《求是》2021年第1期。
[5] 王巍:《中华文明探源研究主要成果及启示》,《求是》2022年第14期。

动,既包括维持人生存和生命的活动,也包括改变整个世界的活动;实践是结构与行为、文化与个体、集体与个人之间的连接点[1]。我们对这些观点并不陌生。在文明引领的前提下,我们在教育创新中重视革命实践。我国曾经强调过生产劳动、阶级斗争和科学实验三大实践,其局限性在于当时宣传三大实践的社会环境是相当封闭的,而且还曾表现出严重的非实践甚至反实践倾向。因此,在新时代,我们这里说的革命实践,是在文明引领下,在中华优秀传统文化、革命文化和社会主义先进文化的糅合中,重视在自然、社会、思维方面的突破性、创造性甚至爆炸性实践,尤其是组织建设和制度安排[2]。模拟历史的情景,试着与历史对话,扮演改造历史的角色,并直接与现实连接起来,成为学习和交流的主要内容。

  中国教育创新落脚于日常书写。按照现代社会学重要流派的理解,意义不是产生于精神过程,而是产生于社会活动过程[3],故日常书写不可忽视。日常书写当然是实践的一部分,马克思指出:实践是人的感性活动,"全部社会生活在本质上是实践的"[4]。其所论述的实践,主要包括物质资料的生产、阶级斗争、交往实践和人口生产等。在此基础上,法国社会学家布迪厄在实践理论中又增加了理论研究、文艺创作和言语交流等"实际活动",带有人类一般性活动的特色,主要包括生产劳动、经济交换及政治、文化和大量的日常生活活动[5]。因此,此书将日常书写单独作为新时代对教育创新理解的一部分。日常生活能反映人类最本真的一面。人类进入现代社会以来,在日常生活中的生活风格、心态、秉性和品位的养成、培养和熏陶中,其实也充满着激烈的竞争,其中包括政治、经济和社会地位方面的比较和较量。一定意义上,现代社会靠的是生活风格和品位的竞争,表现其社会阶级斗争的状况和趋向,

---

[1] 可参看亚里士多德、马克思、布迪厄、萨林斯等的相关论述。

[2] 诚如道格拉斯·诺斯所言,制度性约束可使人们避免置身于霍布斯丛林(弱肉强食、残酷竞争的社会)而失去文明。(美)道格拉斯·C.诺思:《经济史中的结构和变迁》,厉以平译,北京:商务印书馆2017年版,第228—229页。

[3] 可参考蔡文辉:《社会学理论》,台北:三民书局1986年版,第197—211页。

[4] (德)马克思:《关于费尔巴哈的提纲》,《马克思恩格斯选集(第一卷)》,北京:人民出版社1995年版,第58—60页。

[5] 鲍建竹:《布尔迪厄的实践理论:对马克思的继承与偏离》,《同济大学学报(社会科学版)》2011年第3期;高宣扬:《布迪厄的社会理论》,上海:同济大学出版社2004年版,第79页。

也显示了社会各阶级之间竞争的复杂性和曲折性。随着人类文明的日益推进和提升、社会实践的革命性发展，大众日常生活越发引起人们的集体关注和自我反思。它是在文明引领、革命实践的基础上，对于我们的人文教育、生活教育的结构性改造、行动性重塑。此书强调将个人、家庭、地方、局部的发展与国家、社会、集体乃至世界的历史进程紧密联系起来。在增强历史自觉、坚定文化自信的基础上，要求人人都要积极主动地成为历史的主角，自觉书写"小历史"，相信自己的人生也会很精彩，相信自己也能在中国现代化建设和人类文明进步中有所贡献。很显然，这里的"书写"一词不仅具有理论意义，而且还具有实践意义，需要反映日常记忆、生活展示、品位竞争、素养提升和社会关怀等。在文明引领、革命实践基础上重视日常书写，个人和社会之间的联系更有意义，人生会更有意思。

可以看出，中国教育创新实际上更是一个系统性的思想文化的理论再造和实践检验的过程。此书将其总结如下：在对历史的热爱中，在对人民群众伟大创造的深入理解的基础上，通过展现中国人民奋斗的风貌和气质，揭示人类文明的发展过程，以使我们的教育和学习更加真实有效，推进我们的人生理想和日常的融合、进步。如更简要表达，那就是：文明引领是仰望星空、高瞻远瞩、深谋远虑，革命实践是合理布局、科学组织、精准实施，日常书写是脚踏实地、稳打稳扎、有效落实。这里，我们可以历史上的圣西门主义者在19世纪的相关见识作为参考：教育的进步是同全体人类解放的发展相联系的；文明取得的成就越大，道德教育也就越发能扩大自己的预见性，它对个人生活的影响也就越发能持久[1]。

德国历史学家弗里德里希·迈内克曾说过，一个民族的道德和精神的生活、一个民族的文化，也像一个个人一样，既能够沉重地忍受那种力量的起伏动荡，同样地也能够再度繁荣昌盛起来[2]。这句话同样适用于中国。对于中国现代化进程中的教育创新来说，其虽多有曲折动荡，但终至光明大道。这里，我们应该清醒地看到，中国现代化过程是一个马克思主义、中华优秀传

---

[1] （法）巴扎尔等:《圣西门学说释义》，王永江等译，北京：商务印书馆2017年版，第189、191页。
[2] （德）弗里德里希·迈内克:《德国的浩劫》，何兆武译，北京：商务印书馆2017年版，第112页。

统文化与世界其他先进文化融合的过程，这种融合为教育创新提供了多元一体的舞台，坚持中国和世界优秀文化的融合，中国现代化进程中的教育创新大有可为。

制度经济学家道格拉斯·诺斯强调，发明与创新似乎是人类的天性，什么因素决定历史上的发明的速度和方向是个议题[1]。承载着亿万国人梦想的教育创新凝聚了中国教育发展的特色，也体现了中国现代化的鲜明历程，更是中国人民孜孜以求的发明和创新，在实现中华民族伟大复兴的关键时刻，这一过程还需要持续开展和不断升华。

百年巨变，百年树人。中国现代化经历了落后就要挨打、知识就是力量、文明塑造世界的过程，中国教育创新在文明的主动和自觉、组织与制度建设的求索和自强、大众日常素养的提升和自信诸层次不断推进。从内忧外患中的充满希望，到改革开放中的茁壮成长，再到新时代的踔厉奋发，中国教育日新、日日新、又日新，中华优秀传统文化、革命文化和社会主义先进文化的结合越来越紧密，中华民族伟大复兴愈发让人期待和为之努力。

---

[1] （美）道格拉斯·C.诺思：《经济史中的结构和变迁》，厉以平译，北京：商务印书馆2017年版，第20页。

附录1 中国古诗文融入高校思政课实践教学课程设计

一、实践教学目标

(一)力图在思政课教育情境中开拓新天地

"中国近现代史纲要"(以下简称"纲要")课是充满涵养的教育,需要风景、声景和心景的结合。将中国古诗文有效融入"纲要"课中,可提升教学主体思路的新改变、方法的新突破、能力的新提升,使大学生在教育实践中形成丰满、厚实的人文社科基础和出类拔萃的学习、交往能力以及对社会现象的深刻洞察力,从而使思政课更具有人文关怀、历史意识和社会价值。因此,这种为感染、激励学生而建设教育情境新天地的实践创新是有必要的。

(二)进一步在思政课教育新天地中打造新高地

"纲要"课是使人明知和借鉴、启迪的教育,离不开文史哲综合教育的架构。如今,影视里的中国古诗文节目或相关题材,深受青少年喜爱。将古诗文有效地融入"纲要"课中,可以将大学生对中国传统历史和文化的热情提升到民族自信和文化自觉的新高度,从而形成学校和社会之间思想政治育人机制紧密联系和互动的有效载体。

二、实践教学重点难点

将中国古诗文融入中国近现代社会历史和文化发展进程中,实际上是将历史和现实结合起来,将中国历史进程看成一个连续的统一体,这不仅是一个形式的问题,更是一个历史发展真实的、复杂的过程。因此,始终把握传统文史哲之精华与中国近现代重大转型之间的关系,彰显中国社会主义革命、建设与现代化的中国特色,是该实践教学的重点。

中国优秀古诗文浩如烟海,如何做到在重视古典文化精华的同时择优而用,并在合适的时间和场合机动灵活地进行实践,这是该实践教学的难点。

对于重点,要始终把握;对于难点,在日常学习的基础上,利用必要的活动训练进行拓展。

三、实践案例选析

案例1:中华历史文明与古诗文

梦 回 宋 朝

杨卫民

刑天干戟,汉唐风骨,中华精神,源远流长。然不入其间,难识其貌。而宋史既窥其一斑,若史梦重温。

有宋一代,凡十八朝,其中北宋九皇(960—1127年),南宋九帝(1127—1279年)。"直把杭州作汴州",开封(汴梁)杭州(临安),先后为都,商业、文化,饮誉全球。尤其东京汴梁,上流下达,北连南通,水运便利,空前绝后。明珠璀璨,镶于黄河玉带之上。精于治黄,河龙降伏。水患即除,滋民百万,百姓享福。"天下熙熙,皆为利来;天下攘攘,皆为利往。"清明上河,秋意正浓,而人尽其才,物畅其流。青楼红楼,丝闻乐见;师师闺房,天子窥看。人家屋顶,煤烟袅袅;勾栏瓦肆,看客叫好。黑瓷白瓷,乘茶于道；日高人渴，品茗称妙。金明池中，夺标声高；徽宗宫前，祥云如流，仙鹤围绕。汴梁八景，开宝夕照。时巴蜀天府，角子热炒。清河小城，武大郎卖饼呼声高，又香又甜又脆风味好！宋世遗风，至今依稀可找。

且有农田水利，兴国富民。圩田相属，"旱涝不及，为农为例"。闽地一隅，"水无涓滴不为用，山到崔嵬犹有耕"。淤田大作，"斥卤之地，尽成膏腴"。耕地剧增，约至500多万顷。又曲辕改良，水车推广；秧马飞腾，"一夜连枷响到明"。因为此盛，故成《农书》。良种改进，占城米好，产量提高，"稻花香里说丰年"。茶叶桑蚕，交换生资；棉花、甘蔗，商品流通。曾记否"牛衣古柳卖黄瓜"？还有草市，乡里盛行。"小市晚尤合"，灯火阑珊，留恋其间忘返。更谈镇市，"小市藏百谷"，民间殷富。民族贸易，榷场互惠；海外来客，欢迎投资。天子平易，注重实惠、公正，均输有节。泉州大港，"依藩舶为命"。六合塔前，阿拉伯船舶尚存；域外万里，景德镇瓷器年轻。忆昔大宋全盛日，稻米流脂粟米白，大客小客通商来。雄踞东方，世人敬仰。以其国泰民安，风味醇厚，如海纳百川，万物辐辏，实乃一伟业创举。就开封而论，以现在年财政收入仅几亿元的经济地位与昔日作比，真令人有落英缤纷、鹤去楼空之叹！

若夫北宋统一，失却交趾，内重外轻，三权分立，酝酿三冗。澶渊之盟等，割地赔款，知耻不勇，屈于金、辽、夏，称臣或平坐，阴盛阳衰，让时人扼腕于山林，白首于户牖。但往事越千年，风吹雨打，沧海桑田，心事浩茫。一分为二，从经济尺度衡量，宋之外交有裨益可汲。澶渊之盟，榷场可补；对外妥协软弱，却换回民族融合，经济稳定发展。事易时移，民族关系在历史的时钟里演绎，内容也应更替。"凡我异类，其心必异"，有宋一代，则大破其例。抑或经济巨人，政治、军事侏儒，东方封建专制罕见，但恰因为此，才使经济包含了更高的商业价值，以至于超出了封建制度的承受力。人思改良，追求享乐实用，迷于话本、戏曲，实为近代思想之滥觞。这比汉武帝穷兵黩武，以致府库空虚、仓廪殆尽，何如？

至若科举正兴，文官荟萃，良材尽撅。四大书院，墨香尚存。伊川二程，嵩阳劝业；闽州朱熹，儒家大成；鹅湖之会，朱陆论辩，讲授作风，胜于学校，令人心向往之。莫忘司马大家，穷经治史，编纂《通鉴》，"鉴于往事，有资于治道"。呕心沥血，批阅数载，攻成名垂。又词风丕盛，波及后世；文坛八家，宋人显赫。尤王氏安石，文章满京华，政治又鼎新，虽败犹荣，后人敬重。

总而言之，纵谈大宋，回味无穷。回首往事，阅宋代稗海，放开眼量，大胆拿来，抖去尘灰书蠹，新《资治通鉴》，赫然出现。宋代经济繁荣，科技强盛，皆合力为之。政治、经济、外交、文化，相互协调，铸成机制。但封建苑囿，固若金汤，瓶颈虽动，支柱坚韧。中央集权、宋明理学，保守封建，狭隘新生。虽有市民，或成阶层，风起云涌，终汇于东方传统思想之洪流。宋人信奉人生如白驹过隙，行乐当及时，也多积金钱，但更多是"择便好田宅市之，为子孙立永远不可动之业；多置歌儿舞女，日饮酒相欢，以终其天年"。民之资源，可谓丰富，然控制分配，似不合理。资金冻结，难以再生；商品流通，因此受阻；市场繁荣，谈何轻松。亦有科技，不能实用，民间推广，更无踪影。外来科技，采用不通。文化教育，难成系统。大学设置，有利社会，然宋一代，不见其行，窒息经济，压抑文明。

治国良方，究在何方？弃人类发展之所短，取社会文明之所长。以史为鉴，可以知国之兴替。宋代稗海精华香，辛勤采摘，再加酝酿，定出美酒芬芳。吾等国民，则可诗情大发：往事越千年，真的换了人家耶！

（1994年）

案例评析：此为我上大学时选修"宋史"课时上交的作业，在讲授"纲要"课上编开篇"灿烂的中国古代文明""中国封建社会由昌盛到衰落"内容时引入，对于了解和把握中国古代社会、历史、文明和精神，可以更加深入。

案例2：中国节假日与古诗文

国 庆 节

杨卫民

时值国寿，秋和景明。山高月小，天朗气清。我中华健儿，轩辕美女，或外出旅行，或居家燕享，或继续劳作，各安其职，各守其分，各扬其气，各发其力。

城市，阳光普照着五彩缤纷，商家、顾客在热闹地商谈，洋溢着繁荣气象；农村，微风掀动着耕作者单衣，冷暖尽知。拖拉机声响，衬托着原野宁静和美丽；秋香浓郁，随村落袅袅炊烟，飘向远方，带着父母亲思念和众多亲人期盼。

百姓思定，透露出国之变化剧烈；士论改良，继续追求平等自由之理想。年年如是，显然不是人之真意；岁岁皆非，亦不能满足人之幸福。持续而和谐，可为社会满意之良方。

纵观封建国史，国庆皆装饰居多，腐朽结缘脂粉，衰微远离骨气，中华宏基多处动荡，几欲坠毁。幸赖志士仁人，凛然面对不平，决然扼腕于道，或忧郁于心，或发奋图强，拯斯民于水火，荡尘埃于无形。华夏之道，悠远弥长；龙之传人，绵绵不绝。精神之花，虽几遭风寒，犹傲霜不屈；制度羸弱，官民皆有重修，甚或重建。此皆河山稳固之本，家园幸福之基，心性健康之要，世界大同之需。国之元典，保留我先贤之慧，开启我文明之源；二十四史，暴露出我专制恶习，揭发出我吃人面孔。

偏于人文，阻碍科技之发蒙，畏惧工商之强盛，削市民社会于无形，助奴才意识更升腾。正统之道，禁锢人之视野，妄以夜郎为中心；唯我独尊，戕杀武林江湖英豪，其心必异发于一孔之见、一念之动、一己之思、一处之愿、一人之理。内外不均，难敌外来之强力；阴阳失衡，等级日益大兴。官家骄横，愚昧民众，终至官民对立、脱节；不重反思，理念散聚，线索不明，方向不清，目标不定，发展多懵懵懂懂。

放眼四海，现代之竞争犹急，全球之压迫甚深。东瀛鳖蟹，觊觎我河山不改；欧美豺狼，忌惮我持续承平。东卸西堵，可谓外交之现实和长期之深层攻略，而外在于世界会通、圆融；强国利民，当系我士农工商之唯一根本，孰重孰轻，当以缓急权衡。俄罗斯国，未来十年可不兴，皆因内外之交困，制度之不通，官民之道相异，可作为我国谨慎之教训；而其精神之高贵，民众素质之宏阔，亦不可为国人所轻。南亚印度，势头甚猛，综合国力逐渐提升，其宝贵经验当为我国所吸取；其精神不一，失迷于东南西北，或不自量力，亦须我看个清、知个明。

资本当道，此为世界之大势、国之目标，不可忽略此情形；然人文不立，则必走不打自垮之途，步糜烂衰亡之路。故心性与世界，诚为不可忘却之议题；跨越与持续，当为华夏光大之前提。

补：我中华人民共和国成立五十七周年之际，国旗渐兴，民众意识提升。小子兴致所至，挥舞文墨；忧心长存，亦有不平。是为记。

新中国成立六十五周年，重睹旧文，稍作修改，以求兴味。

案例评析：节假日，是学生的放松时刻，也是开展考察的好机会，以此更多地了解国史、国情。国庆之后，学生重新进入课堂，总结节日所感，或以文言记之，抒发情怀，畅谈理想，可谓一佳境。

案例3：高校教师修养与古诗文

悼念何芳川先生

杨卫民

惊悉何芳川先生不幸英年逝世，学生深为悲惋。忆昔燕园求学时，三教聆听其讲课，二院参与其所组织座谈会，国际会议上目睹其风采，又有毕业后和其在勺园共进午餐，先生之音容笑貌、平易风格至今历历如在眼前。特属下文，悼念何芳川先生。

燕校多风采，先生亦蔚明。
大学思俊彦，论语向黎生。
妙趣书寰宇，和颜属汗青。
幸得听教诲，薪火永相擎。

案例评析：梅贻琦先生云："所谓大学者，非谓有大楼之谓也，有大师之谓也。"何芳川先生出身于书香世家，生前为北大副校长，曾给我上过课，给人印象深刻。此举悼念何先生例，既可以作为平日论大学时学校材料，亦可以作为讲述抗日战争时论及西南联大的材料。此可拉近老师和学生的距离、历史和现实的距离。

杨佐平先生公开课记趣

杨卫民

杨佐平先生,上理名师也。予慕而学之。壬戌月庚午日,予邀杨佐平先生惠顾班级,为学生讲授《中国近现代史纲要》教材第二章辛亥革命内容,先生慨然应允。其承上编晚清天下不断纷争,启中编革命薪火相传,潜入历史情景,惟妙惟肖,听者动容。

先生首先回顾前面革命派之准备,然后展示三疑问:清政府如何覆灭?革命派武装起义之状况和意义如何?辛亥革命和中华民国之意义如何?接着逐一展开,层层释惑。随着内容深入,先生情绪逐渐高昂,状态由此活跃。

谈及《临时约法》之"全体国民",先生不禁大为振奋,拍案而起,大家会心一笑;讲至袁世凯逼迫清帝退位之情形,先生则穷其心理、究其心态,俯仰天地,摩临袁氏之嘴脸,大伙开心大笑;论及辛亥革命对社会层面之影响,先生则以自身和周围同学着装、头发(男生)、脚面(女生)为例,进行深入比较,大伙开怀大笑。先生穿越今昔,遥想晚清男子又粗、又长、又丑陋之长辫,提醒男生感谢孙中山、感谢辛亥革命,又论晚清女子本应美丽、健康之大脚,被层层缠裹,遂为畸形,提醒女生也应感谢辛亥革命,使人颇感兴趣。

韶光恨短,故有余味绵长。先生讲课节奏稳健、手法娴熟、语言丰富,加上绘声绘色,几近极致,可谓上课之上乘,让人受益匪浅。

社会科学学院教师刘振华、陈东利、王丽专门观摩学习,或可增进日后历史教学经验之积累、方法之探寻、课堂气氛之营造、师生互动之深入。

(2013年)

案例评析:杨佐平老师教学经验丰富,课堂气氛活跃,给人印象深刻,此以文言风格记之,与学生分享,彰显思政课堂可以做到古今可融、文白可汇、口头和书面结合之效果。同时，这也是总结"纲要"课"上编"学习的好机会。

案例4：大学校风校训与古诗文

百年河大　廿载情思
杨卫民

忆昔辛未，负笈汴梁。大河妖娆，河大荣光；莘莘学子，风华茁壮。粉面桃腮，英姿飒爽；情窦初开，学问渐长。名师才子，乃思乃讲；历史文物，且读且赏。饭疏粮粗，咸菜留香；淡妆简衣，淑女独享。寒暑相易，四载寒窗；忧急困窘，已叹备尝。当世时也，斯文道香；起卧有节，行坐端方。相思明伦，相议学堂；相聚铁塔，相圆理想；相梦七朝，相闻书香。相爱醇醇，相恨遑遑。爱恨茫茫，情思宽广。心比天高，志在四方；才思喷薄，心泉涌淌。所思远道，所怀梦想；允文允武，亦弛亦张。独立精神，自由思想；师尊孔孟，亦念谷梁。韶光恨短，愁思苦长。依稀乙亥，长亭独望；梦遥千里，飞雁孤翔；秋往春来，聚散两两。

母校百年，光阴煌煌；南国诗情，溢满心房。廿年灯火，江湖逐浪；春风拂面，伊人何往？敦古四处，文教八方。山河有异，岁月流觞；急盼菊季，重聚故庠。秋日春朝，明月轩窗。露如珠润，月似弓张。清明上河，秋意正盈；汴水秋色，气势相长；龙庭风波，迷离潘杨。并坐鼓楼，把酒纳凉；同走马道，再闻书香。醉酒当歌，拟把疏狂；樽前长笑，珠泪满堂；酒醇而浓，歌慨而慷。往日轻重，相逢一笑；清风明月，胸襟宽畅。

伫看时光，偶怀沧桑。月明千里，地纳八方；河南河北，皆我同乡；莫愁前路，天下宽广；英雄何惧，巾帼何伤？时光相对，此消彼长；江河万古，文思流芳。风流人物，明朝同游；总须一别，更携厚望。聚则成林，分则自强；近则怀亲，远则思乡；富则兼济，穷亦大量。铁肩担道，辣手著章；各倾陆海，各领山江。老骥伏枥，聊发少狂；四十何惧，五十何妨？

惟愿吾师，桃李芬芳；惟愿同学，情深意长；惟愿母校，天地共在；惟愿华夏，日月同光。

（2005 秋初稿，2012 年春修改）

社科学院铭
杨卫民

院虽不大，众志成城。人虽不多，名师可倾。身临沪江，乐教爱生。浅草八方聚，香樟四季浓。品味真善美，吟哦风雅颂。常伴二三子，话学风。有家庭之温暖，无江湖之纷争。西方雅典园，东方稷下宫。君子云：乐以忘忧。

注：2012 年春，上海理工大学社科学院成立。之后，青年博士不断引入，文史哲乐等学科日益融合，学院朝气蓬勃，欢乐祥和。作为学院普通一员，余逢其时，幸甚至哉，属文以记之。

案例评析："纲要"课进入"中编"部分，开始讲授《新青年》、五四运动等内容。因此现代大学文化和青年文化的引入成为必然。北京大学等精神和校训校风等，可以在此穿插进来。此处引入的是我关于河南大学、上海理工大学的经历和感想，也是从一个视角来学习中国近现代史的部分内容和精神。

案例 5：日常阅读与古诗文

"一为不善，众美皆亡"
杨卫民

人生真的很奇怪，从小到大，经常接触好多大道理。接触伊始，或觉让人茅塞顿开，或生豁然开朗之感，但真正用到生活实际时，忘却脑后的却不少，在自己吃亏或失足之后，再品味这些人生哲理，又常有后悔莫及之感。

看到"一为不善，众美皆亡"，让人想到擅长书法的宋朝奸相蔡京、年少大志的近代汉奸汪精卫等，事实就是这么鲜明，历史就是这么残酷，不管多少文人墨客作文兴叹,"一为不善,众美皆亡"之道理,依然如此赫然而立。

"一为不善,众美皆亡",也可以改为"一为不善,众美皆无"。不惟感觉好听,实际从一到无,这其实才是真正的大自然和社会发展历程,所谓适者生存,应该淘汰的就是"一为不善,众美皆无"者。

"一为不善,众美皆亡",和成王败寇的逻辑又不一样。前者更讲究日常的修养、人生的自我监督和规划,是我们好多人可以注意的;后者偏于社会风云的变幻,以及人生命运的升降沉浮,一个人要有长远、全面的眼光,才能更好地审视自己。

注:《三国志·吴主五子传》:"臣松之以为袁绍、刘表谓尚、琮为贤,本有传后之意,异于孙权既以立和而复宠霸,坐生乱阶,自构家祸,方之袁、刘,昏悖甚矣。步骘以德度著称,为吴良臣,而阿附于霸,事同杨竺,何哉?和既正位,适庶分定,就使才德不殊,犹将义不党庶,况霸实无闻,而和为令嗣乎?夫邪僻之人,岂其举体无善,但一为不善,众美皆亡耳。"

案例评析:思政课离不开阅读建议和指导。此处结合中国历史和文化,对名言警句的由来及其警示有一交代。此方在各种课程中皆可应用,"纲要"课程更不可或缺。

案例 6:老师红色景点考察与古诗文

西 北 望 秦 川

——陕西考察小记

杨卫民

2014 年 6 月中,吾随学院到陕西学习考察,观瞻传统文化宝地西安,朝拜革命文化圣地延安。

近世以降,融汇西方思想文化经典,发掘中国传统文化精髓,萃取革命文化经验,形成当下乃至以后中国发展之合法、稳定、和谐、开放、创新的文化资源，大有必要。

　　陕西，传统文化宝地，革命文化圣地，当之无愧。予观夫大雁塔，遥想圣僧当年，出边塞，历磨难，求取真经，百折不挠，以拯万民，诚可贵也。西天取经，可谓国人出外学习考察之早期典范。壶口瀑布，界于陕、山之间，奔腾万千，声势迅猛，彰显大河气质，鼓动民族精神，于此觉祖国之可观已甚。漫步黄帝陵，拾级而上，赏苍松翠柏志先祖伟业，观天圆地方齐前贤之胸襟，让人生发建功立业之情。

　　梦里到延安，拥抱宝塔山。讲授中国近现代史纲要课程，多涉延安。正是于此，中国共产党带领全国人民扭转近代以来国运衰势，育出新中国革命和建设之才，奠定质朴为民之现代精神基础。遥想烽火岁月，上海文化青年奔赴延安，求革命建国之道，今日吾等至此，亦觉为民资源丰厚。秦川幽幽，风骨汉唐；西北而望，刚正当下。中共"七大"会址，主席当年戒骄戒躁之声音犹在绕梁；杨家岭领袖生活、工作区，窑洞容纳四海来客，金色阳光怡人，老一辈革命家艰苦奋斗、乐观向上、运筹帷幄、决胜千里之精神气概在此展示；在枣园，领袖群体精诚团结，更显人民共和气息；宝塔山下，人流熙熙，车水马龙，宝塔山上，俯瞰全城，有延河环绕，钟灵毓秀，有群山翠绿，几多风骚。看高楼林立，现代化装点江山；登高览胜，宋代宝塔、边塞烽台，使来者畅怀悠情；偶尔，西北艺人，引吭高歌信天游，红歌相迎，使人心潮澎湃，顿生昂扬之气。

　　往西安理工大学社科学院交流，同行热情质朴相迎。有关学科提升、教学特色之建设，同行深处内地居安思危、立求开拓，印象深刻，给人启迪。

　　回沪月余，又淹于都市日常，然八百里秦川印象清晰，两者结合，不惟使个人情感升华，且有助于吾等思政课之教学研究。

（2014 年 7 月 8 日初稿，2019 年 1 月 1 日修改）

　　案例评析：读万卷书，行万里路，于人之性情之完善，不可偏废。关于抗日战争时期中国共产党在延安抗日边区的建设，老师讲授此部分内容，可以融入自己的相关考察内容，给学生以分享。此为其中一例。

案例7：学生红色景点考察与古诗文

鲁迅公园观感

叶青青

戊戌深秋之晨，日光透云，照及鲁迅公园。余方入园门，若至于世外桃源，白堤石桥，鸟语花香，雅静幽然。

园内有鲁迅纪念馆，于辛卯之岁开放，正墙有周总理所题"鲁迅纪念馆"五字。馆内所陈，则诸多遗物与史料。鲁迅生平展厅有五：一曰文学开山，二曰新人造就者，三曰文化播火者，四曰精神战士，五曰华夏民族魂，皆示伟人之生平与风采。观乎鲁迅先生手稿，如见其人俯首思忖于弱光之下，其文字，苍劲有力，可见其振兴中华之抱负。

自公园出，心若负石，思绪万千，前所行诸步，似随鲁迅而历其一生。有人言鲁迅乃二十世纪东亚文学地图占最大领土之作家，诚如是言。而以吾之见，鲁迅更似良医，毕其一生，诊病入膏肓之旧中国，生而为国之复兴而奔走，乃执笔之战士，新中国之英雄。恰如毛主席所言：鲁迅之方向，乃中华新文化之方向。

横眉冷对千夫指，俯首甘为孺子牛，尽述鲁迅一生。其于国于族，乃吾辈之楷模，愿吾辈学子，矢志效鲁迅之志，心系国计民生，求正义而不辍。

案例评析：此为参观红色景点后老师要求用文言写的考察报告，文通字顺，基本载道。其间涉及利用历史文化图像学习"纲要"课的问题。历史学习和历史图像不可分割，两者关系颇可逐步深入，让人渐入佳境。要求以下几点：① 多看并利用过去的图像，以达到身历其境的感觉。图像可以呈现立体的、实体的和平面的、虚构的关系，既有如虎门鸦片战争博物馆立体图像，博物馆、图书馆、文化馆等三馆中的图像，也有电影电视剧、舞台剧中的历史图像等。② 多看有历史感的图像，以获得鉴别真伪的感觉。如看电视剧《施琅》《人间四月天》等文学作品的图像，还要看《大国崛起》《舌尖上的中国》等历史人文图像，当然也应该看历史的实际场景，从而达到鉴别真伪的效果。③多用历史的眼光看待图像，以达识别优劣的感觉。如老上海的五色杂陈，一时会迷人之眼，需要多翻当时的报章杂志、图书介绍等，进入时人的心态中去，才能真正寻觅到历史图像的发展脉络。④多制造历史的意象，以达到人文和文化、思想创造的感觉。如有的历史教育课堂，老师和学生表演历史情景剧，效果很好；我自己到河南博物院，就经常绕大宋汴梁城模型走一圈，鸟瞰当时概貌，到杭州西湖，则绕湖边旧时杭州城模型一周，很是有趣。这就进入了情景历史教学、体验历史教学，是第二个层次了。利用文言风格写作，可以多元呈现历史感觉。当然，从根本上来讲，这是想将中华优秀传统文化与革命文化结合在一起。

案例8：学生平日思考与古诗文

思　　辨

姚乐童

吾之有思也，是故见世间万物也，犹山川之于地球；美哉，有思则万物有灵，社会之进步。

吾之有辨也，是故分万物黑白也，犹地球之于日月；幸哉，有辨则黑白皆清，社会之变革。

创作阐释：主题为"思辨"，有思想的源起，是因为世界的丰富多彩让我们有了创造与感悟的能力，所以人类应该感谢在我们眼中一切有灵气的生命，"我思故我在"；因为世界本就是对立的两面，所以我们应该感到幸运，社会的推动需要进一步的思辨以及付出行动。

案例评析："独立之精神，自由之思想。"这是为人、为学之精要。鼓励学生思考并且以合适的方式进行表达，甚为必要。将现代精神和传统文化结合，既可行，也美好。

四、实践课堂

学生是主角,老师是导演。老师要发现和培养学生的优秀品质和提升其能力。这里有表达创造的能力,有与人合作完成任务的能力。因此,老师要在教学中,加大对学生知识掌握、内容理解、思想表达、精神创造、品质提升等诸方面的考查。

(一)让学生了解实践教学的目的

在"纲要"课实践教学中,"追寻红色历史"是一项主要内容,成为道器相合的一项训练,关注点是治国、平天下。上海,留下了无数革命者的足迹:中共领袖毛泽东、周恩来等曾在这里工作和生活,文化巨匠鲁迅寓居于此,近代革命先行者孙中山和夫人宋庆龄在此奋斗;文化战士、杰出的出版家和新闻记者邹韬奋生命不止、奋斗不息。这里还是无产阶级革命家陈云、张闻天的故乡……

实施"追寻红色历史"为主题的教学实践活动,要求学生在学习"纲要"课的学期内,利用节假日和专门的实践教学时间,参观上海市范围内的至少一个红色历史纪念馆(陈列室、名人故居、烈士陵园)等,去追寻一段往昔的红色历史,留下一张参观的纪念照片,接受一次生动形象的近现代历史教育,写一篇800~1 000字的具有古诗文风的感悟文章。老师将根据学生的实践活动表现、提供的参观纪念照片和所撰写的感悟文章,进行综合评分。

在实际的参观活动中,学生或成群结队,或个人前行,根据自己的爱好和兴趣,用手机拍下令自己难忘的瞬间,记录自己的个人感怀。

(二)给学生推荐相关阅读资料

在中华优秀古诗文方面,推荐阅读《诗经》《唐诗三百首》《古文观止》《论语》等,进一步阅读《道德经》《贞观政要》《史记》《资治通鉴》等,也可结合重点,阅读家教家训书籍,如《颜氏家训》《朱子家训》《曾国藩家训》等。

在中国近现代转型方面,推荐阅读蒋廷黻《中国近代史》、罗荣渠《现代化新论》、俞可平《论国家治理现代化》、俞新天《机会与限制:发展中国家现代化的条件比较》等，其他国外学术名著《君主论》《论法的精神》《变化社会中的政治秩序》《中国的现代化》等图书也可阅读。

（三）要求学生用文言形式书写参观红色景点后的观感

鼓励学生积极引用古诗文，甚至用文言文写作，激发其兴趣和爱好，增强写作的感染力。

（四）课堂总结

在当代思政课教学实践中，注重思想政治课老师的专业开拓和兴趣延展，如将大学语文课和文化素质课等与思政课结合，可成为老师和学生思想火花升腾的新起点。学者甘阳几年前就提出"通三统"之说，大意是社会主义、儒家和西方优秀思想的结合，构筑新时期思想意识形态的新内涵。这些带有文明分析向度的试验，增强了思想政治教育理论课的多元一体观念。

通过老师有意地引入古诗文意境、形式和内容，古诗文融入大学思想政治理论课可带来明显的积极效果：其一，由于中国文化的博大深厚、绵绵不绝的传统，大学思政课尤其是"纲要"课诸多经典文献和历史人物、事件、现象等，都可以通过古诗文来进行生动有效的阐释。这种思想文化传承的方式，是中国的巨大优势。老师积极引导并驾轻就熟后，其文化素养得以提升，学生的学习情境和习惯得到有效改善是必然的。其二，由于全球化时代的人才竞争越来越成为全方位、综合性的比较和择取，所以在大学思政课中寻找到一方坚实的文化平台或沃土，如将古诗文融入思想政治理论课，对师生的互动、课堂的活跃、心灵的沟通和深化是有成效的。学生在民族自信心和文化自觉意识的作用下，会更好地拓宽理论视野，有助于"三观"的整体建设。

不过，问题是：在老师方面，关于文史结合的传统和古诗文选择与课件设计等，还需要文史哲老师的密切合作及其现代信息、智能科技的提升；思政课教师在加强思政课教学和研究的同时，也有必要持续关注文化素质课、通识课的进展，拓宽和加强自身的人文素养。在学生方面，一些学生一开始缩手缩脚，不敢将古诗文与思政课结合起来，如何鼓励引导，还需要老师努力；少部分学生表现优秀，如何使其更上一层楼，还需要开拓创新。

附录2　以"四史"书写推进"中国近现代史纲要"实践教学课程设计

根据中共中央、国务院印发的《关于加强和改进新形势下高校思想政治工作的意见》以及上海市相关文件精神,为深入学习和贯彻习近平总书记关于"四史"学习教育重要讲话和重要指示精神,特别是在学校思想政治理论课教师座谈会上的重要讲话精神,我们对"中国近现代史纲要"课程的教学方法不断探索和实践,组建教学创新团队,将"四史"学习与"中国近现代史纲要"课程教育创新相结合,在教学创新中推动学生书写"四史"的教学理念和方法。20世纪60年代初,党和国家号召大众书写"四史"(厂史、社史、村史、家史),当前党和国家要求党员干部学好"四史"(党史、新中国史、改革开放史、社会主义发展史),我们将两者相结合,并将其区分为"小四史""大四史",意在吸取历史经验,将多年来对"中国近现代史纲要"教学的探索进行总结升华,进一步与全国广大师生和同道共创、共享。

一、实践教学目标

(一)以"四史"书写切入"时代之问",解决思政课教师的"本领恐慌"问题

在政治大局上,在"四史"学习大背景下,活动积极而努力展现马克思

主义学院教师队伍和新时代学生的才力、能力和精力,坚持正确的历史观、党史观,旗帜鲜明地反对历史虚无主义;在教学探索上,将家史、校史融入思政课教学等,自觉地面向和发展一种更系统、更明确、更具体的教学形态,与现实需要相契合。书写"四史"教学活动创新,实际上是当年毛泽东主席重视的"小四史"写作运动和新时代习近平总书记强调的"大四史"学习活动在当下的自然结合,将"小四史"的内涵恢复到本来的面目,将历史书写回到正常的轨道,符合中国特色社会主义现代化建设的要求。"小四史"和"大四史"的有机结合,或者说天然合一,正是"中国近现代史纲要"课程教学的主题,当然也贯穿于其他思政课程中。在学术研究上,"小四史"内容其实反映着一种大规模的国情调查,不仅丰富着"中国近现代史纲要"教学的素材,也给每位老师的专业研究方向和学生的专业发展提供有特色、接地气的探索空间。

(二)以"四史"书写思考世界百年未有之大变局,善于用好"大思政课"

目前中国所处的背景是世界百年未有之大变局、"两个一百年"的历史交汇期,高校思政课教学面临的挑战越来越多、越来越大,要求也越来越高,这就要求必须集中力量和智慧不断地创新思政课教学理念和方法。新时代,在高等教育领域和学术层面率先提倡以"小四史"推进"大四史"学习和思政课教学活动,并加以实践、研究和推广,可以形成高校思政课的课堂教学、网络教学、思政教育传播等有机结合的大思政课系统。活动具有创造性、实践性和开放性特征,可以引导学生系统地、有规模地去书写"小四史",从技术发展、物质生产到制度变革再到精神层面(提升至厂风、区风、村风、家风等程度),比较有效地使师生共同了解和熟悉国史、国情,广泛地联系家庭和社会等,可更有力地增强与弘扬以爱国主义为核心的民族精神和以改革创新为核心的时代精神之效果。

二、实践教学重点难点

（一）教学重点：如何推进创新活动的团队合作、持续发展问题

一是提升教学创新团队分工的科学性。教学创新团队中有的老师负责项目的总体策划、推广和研究，有的老师负责项目的总动员和实施，有的老师负责项目在课堂的具体实施和研究等。大家经常联系和交流，将教学和科研活动融为一体。

二是除了在平时积极鼓励大家参加相关的教学和学术活动，每学期结束之后，教学创新团队召开以"四史"书写推进"中国近现代史纲要"教学创新活动总结和提升的会议。团队有一份整体的总结和计划，提交至学院党政系统，并在项目公众号上发布相关信息，继而进行学术层面的提升。

三是教学创新团队建有微信公众号，发表学生书写的"小四史"优秀文章及相关内容，每日一篇。

四是教学创新团队每年选取学生的优秀文章汇编成《青史红史照我心："四史"书写与"中国近现代史纲要"教学创新实践》，用于对学生书写作明确指导，对老师教学作深入探讨，对项目推广给予更多交流。

（二）教学难点：如何在创新活动中促进师生互动、提升质量

一是要始终明确：书写"四史"活动是需要各方支持、团队建设、师生合作、学生执笔才能完成的，在要素上注重"两史一心"，在价值上追求"真实为民"，在实践中做到"积极认真"，其实质是为广大劳动人民书写历史，也是师生融入劳动人民的过程。

二是注重写作质量的提升。经与学生协商，教学创新团队持续选取大家的优秀文章，在微信公众号上发表，并适时进行学术评点，丰富和提升教育内涵、学术含量。

三是抓住当下的时事热点、难点，解决学生思政工作的中心课题。教学创新团队在编辑《青史红史照我心："四史"书写与"中国近现代史纲要"教学创新实践（第一辑）》的同时，组织"青史红史照我心"，庆祝建党百年征文比赛等。

三、案例精选

案例1：书写家史

德泽客家：我的家族史

李健多

题记：家史是中华文脉的传承，是社会变迁的缩影。我的家史如同一幅缓缓展开的画卷，诉说着故事……

一、从中心到山区的客家人

我的祖籍是广东五华，祖辈都是客家人，到我这里已经是第26世了。我的父母既是同姓又是同乡，但母亲是出生在上海的客家人，父亲是从小城镇考入上海大学的新上海人。我父亲是李氏第25世，我母亲是李氏第22世。我常常喜欢跟着母亲走亲戚，这样我的辈分也能抬高几辈。小时候经常听父亲和外公说我们是客家人，然后叽里呱啦地说着听不太明白的家乡话，他们说这很像古时候的官话，来自中原。我也一直有个疑问：为什么我们是"客"呢？后来通过查阅历史资料，我才了解到宋末元初时，中原地区大乱，南方相对安全。先祖珠公（唐太宗李世民第28代裔孙）选择由中原外迁。珠公的其中一个儿子火德公就搬迁至今梅州地区并长期定居。家中祖祖辈辈一直以客家人自称。在梅州定居后，先祖沿用了原来的以"德"为核心的家风家训，即"尊德、立德、修德、行德、积德"，要孝敬父母，要和睦宗族，要祭祀礼重，也要重贤正学。在一代代的口口相传中，"德"逐渐成为李姓族人的"魂"。也正因此，家中的长辈一直教育我要崇尚传承祖德，以德立身。

我的家族一直慎终追远、崇先敬祖。我的家乡还一直保留着"挂纸"的传统祭祀活动。在客家话中"纸"与"祖"同音，挂纸寓意"挂祖"。通过祭祀活动，客家人激励后辈奋发向上、光宗耀祖。春节时回到家乡，大年初五，家中长辈都会带我上山，去往先祖墓前，给先祖们供上现杀的猪羊以及各种水果祭品，并烧纸祈福。在挂纸活动中，宗族长辈还会讲述先祖们艰苦奋斗、开拓进取的故事,以及邻里乡亲互相帮助的事迹,以此教导我应缅怀先祖的恩德。

二、是"地主"还是"资产阶级工商业者"

我母亲的祖上是当地的名门望族,我就说说她这边的故事。我的太曾外祖父(李氏19世)曾是县城考试第一名——县案首,他是以武取胜的。他被后人津津乐道的功绩是同治年间改良了酱油(当地称"豉油")配方,以本地乌豆为原料,诚心制作、诚信经营,形成五华县"水寨聚通"酱油品牌,通过大批背井离乡远赴南洋谋生的人带到了东南亚,以酱香浓郁获得不少食客的青睐,正如《舌尖上的中国》所言,每一滴酱油都是日晒劳作的结晶。1900年,他在水寨镇旁的玉茶村建成了集聚客家建筑风格、前后五进的大宅院"五云楼",虽然没有客家永定土楼那么有名,现在只是作为宗祠,但我第一次回家乡时还是被斑斑驳驳的雕梁画栋给震惊了,被依然保持着的祭祀等民俗礼仪震撼了。20世纪初,因为太曾外祖父重视教育、经商有道,这里人才辈出,家里的叔伯兄弟们都以"五云楼"的人自称,自豪之情溢于言表,一跃成为当地的名门望族。

我的曾外祖父(李氏20世)李蔚华在兄弟中排行老九,和妹妹是龙凤胎。但老家传说龙凤胎中的女性不吉利,实际上曾外祖父的妹妹生下来不多久就没了呼吸。曾外祖父是中学文化程度,在当地算高学历了,他没有继续外出求学,而是继承了父亲的聚通家族产业,并继续发扬光大。到了新中国成立前,我们家在山区里拥有良田几十亩、一个酱油作坊,在县城和梅州等地都有店面及若干长工。这是家中最高光的时刻。同乡人如果需要购买酱油首选就是聚通,这一度成了当时同乡人难以磨灭的成长记忆。后来土改时,由于当地没有比曾外祖父家更有经济实力的人家了,曾外祖父被划为地主,在偌大的五云楼,只分到两间房,其余家族财产包括土地和店铺、作坊在内全部充公。家里的生活变得窘迫起来,家里人多但被分到的空间有限,大家只能挤在一起生活。曾外祖父也因地主的身份被批斗,后来还被关了两年。被释放的前一天,他主动把原先没有被发现的埋在地里的数十斤黄金也全部上交国家。释放后的曾外祖父由原来的地主转变为一个普通劳动者,他成为原先自家店的职工,尽心尽力工作,靠微薄的薪水养活一家人。"文化大革命"中,由于曾外祖父害怕再一次受到冲击,聚通商标和酱油秘方没有再传;1976年曾外祖父去世,祖传秘方也就此失传。改革开放以后,家族里的人想办乡镇企业,首先想到的就是这个商标和配方。由于历史的原因,后来凭着记忆做出来的酱油总是缺了些味道,当年远销东南亚的辉煌已无法再现,正宗的水寨聚通酱油也就此消失。20世纪80年代初,由于落实政策,家乡同宗突然告知我们,家族的成分从地主改为资产阶级工商业者,祖宅也还回来了。当时的祖宅已经破旧不堪,大家筹钱修房子,也让宗族里很穷苦的人家搬进去暂时居住。如果一开始家族的成分就是资产阶级工商业者,那么先辈的命运会不会因此而改变呢?可惜往者不可谏,历史不能回头,这或许就是那代人的命运吧。

曾外祖父去世前的遗憾是外公只有两个女儿没有儿子。原本想从外公的哥哥焜祥舅公(李氏21世)的三个儿子中挑一个交换子女,后来因为彼此都舍不得,只好作罢。曾外祖父在重男轻女这方面的固执从他的经历来看就很好理解了。他在娶了隔壁县的名门闺秀曾外祖母黄氏后,又纳了一房小妾,新中国成立后小妾留下两个女儿改嫁了。奶奶共生了九个孩子,其中三个男孩。因为奶奶前三个生的都是女儿,压力很大,不仅女孩被送走,还被家里要求抱了一个男孩回家寄养,就是我外公的大哥哥(李氏21世),取名增祥。我觉得这个名字有点意味着"多出来的"。回家乡看到增祥舅公时,他总是烟不离手,一身旧衣,清瘦木讷。难道是家里人没有善待他?我看到家里人每次回乡都给他带里里外外的衣服,还给他钱,但他只会买烟喝酒,基本生活都难以保障。1948年,曾外祖父曾让他拿着家里丰厚的资产去香港创业,但被同行的人骗吃骗喝,不到一年就从香港回来了,和那些赤手空拳在香港打出天下的同乡形成鲜明对比。他结过婚,老婆却偷偷跑了,而后孑然一身,他和别人的交流也只是"吃饭了"诸如此类的对话。外公承担生活费,外公的弟弟茂祥舅公一直管着他的吃喝,直到他80多岁去世。

三、名校毕业的祖辈们

曾外祖父最大的儿子就是排行第四的焜祥舅公(李氏21世),他读书非常优秀,曾在叶剑英元帅的母校东山中学学习。10年前,我们全家曾陪着舅公回到了在梅州的母校。和传达室保安一说,老校友回来了,他们很热情地让我们进校园。依山而建的东山中学古朴厚重，是广东有着历史底蕴的四大名校。舅公一直担任班长，学习刻苦，因为交通不便利，较少回家，但经常写信回家。1949年解放军南下，他瞒着家里人加入了部队，而后又参加了抗美援朝。抗美援朝回来后，他因优异的表现被部队保送到中国人民解放军军事工程学院进一步学习深造，这时候他和家里的联系又密切了。原本以为自己一直会在部队为革命服务，但是由于出身等原因，当时担任连长的他被要求转业，分配到了吉林四平，干起了与建筑工地打交道的工作。他始终秉承着兢兢业业、踏踏实实的工作作风，多次递交入党申请书，但都没有被批准，这成了他退休前的遗憾。退休时，他已经是国营建筑公司的负责人，而他的战友都成了师级以上的干部。年轻时加入部队，让他保持着严谨的作风、自律的态度、坚韧的品质，年近90岁，舅公依然思路清晰。

我的外公（李氏21世）是祥字辈里比较小的孩子，家里的第二个男孩，曾外祖父和曾外祖母非常宠爱他，4岁时还天天被抱着，不太会走路。10岁后，家境变化很大，外公要帮着家里干活。因为地主出身和经济原因，外公小学读得断断续续，但他自学考入了县上最好的中学——水寨中学。他成绩很优秀，同学没有因为出身而欺负他。高中毕业选择专业时，他原本想去北京的高等学府，但出身是卡在喉咙里的刺，很多专业要政审而不能报考。最后，在老师的推荐下，他填报了中山大学物理专业，主攻无线电半导体。他是全县高考第一名，顺利地拿到了通知书。他一直说自己很幸运，三年困难时期，因为在大学而没有饿肚子。因为广州热，买衣服也花不了太多钱。靠着焜祥舅公每月寄给他的生活费，外公完成了学业。毕业后，他申请去祖国最需要的地方工作，但军工厂是进不去的，他被分配到了上海的无线电厂。他比焜祥舅公幸运，十一届三中全会召开后，1979年他加入中国共产党的愿望终于实现了。他被单位两次公派去美国学习深造，他在大学是学俄语的，80年代初又通过听广播、看电视自学英语。他深深记着这份恩情。深圳开发，很多单位请他去当技术管理者，曾外祖母也希望他离家乡近一些。他纠结了一阵子，还是继续留在了原单位。他研发的技术获得过上海市科学技术进步二等奖，被运用到军工产品中，弥补了早年未能效力军工厂的遗憾。他还被推选为区人大代表，履行参政议政的职责。

四、我的陈述

从很早开始，我就想写一些家中的故事，但是千言万语不知从何落笔。正好学校给了我们这样的机会，让我能够重新审视自己家族的历史。前面我只写了母亲的家史，我父亲的家史其实也可一说，他的外公是黄埔军校毕业生，却在司法系统颇有建树，成为当地有名的法官。1949年，他因病在汕头去世。我的家族尤其是在过去的一百年中曲折跌宕，这是他们几代人共同的经历。从他们的讲述中，我既感受到沧桑和无奈，又从他们的奋斗史中感受到坚韧所带来的光辉。现在亲历这些往事的长辈们已经慢慢老去，我想是时候去写一些文字将这段历史记录下来并传承下去，以表示对家族历史的纪念。我们家那些过来人在述说这段历史时都那么云淡风轻，在他们看来，所有的不快与不公似乎都没在生命中留下痕迹，过了就过了，这让我想到客家人的家训"尊德、立德、修德、行德、积德"早已深入骨髓。

案例评析：家事国事天下事，就在眼前；风声雨声读书声，余音绕梁。李健多同学呈现出来的家族史文字，是个人智慧的结晶，是家族美好情怀延续的自然结果，充满人生况味和奋斗精神，体现着中华优秀传统文化的赓续，尤其精彩的是民族大义熠熠生辉，读后使人感动、震撼。

案例2：书写村史

悠悠小村史，映衬大国史
黄诗媛

自改革开放以来，农村、城市都有了翻天覆地的变化。这些变化都藏在生活的点点滴滴中，且随我来寻找吧。

犹记得小时候在老家，我还是村里的一个熊孩子，爸妈每天都要去种甘蔗，不放心我一个人在家，便带着我一起去种地。那时候我哪能懂得面朝黄土背朝天的辛苦呢。那时候看着漫山遍野一片片的甘蔗，我就觉得十分幸福。记忆中，我们家靠着那几亩村里分的田地的收入支撑着家里几个小孩和老人。

那时候只要收成不好,爸爸就得背负债务,我们一整年都得省吃俭用。我的外婆家以前也像我老家这样,自己种地,一年到头入不敷出。后来新政策出来以后,外婆家便有了改变。有大租户来租地,不仅可以把土地租出去,还可以为租户打工,这样收入就有了保障。自那以后,村中的田地都是一亩一亩连成一片,农妇们用蓝袋子裹着香蕉保温,放眼望去是一片蓝色的海洋,好看极了。还有种火龙果的,都挂上灯,在夜晚的时候给火龙果照光,这样火龙果能更好地进行光合作用。因为这样好看的灯海,所以农家乐一类的旅游业也发展起来了。农村就这样快速发展起来,而且现在农村户口有很多政策保障,很多人都不愿意转城市户口。

从小农小户到大租户租地承包,是我们农村的变化。

记得小时候村里还有好几家都是土做的房子,有很多裂痕,年久失修。还有几家是木头搭起来的房子,也很陈旧。近些年来,大家都建起了砖房,还用水泥砖建起了一栋栋洋楼。去年过节我回家,村里面已经有路灯了。我们那边山路十八弯,很久以前都是泥泞小路。还记得爸爸对我说过,小时候他要出山进城,要拉着马车走上一天才能到城里。后来到我们这一辈,有了公路,通了车,前年修了二级路,现在回家一趟更快了。这是我们大国工程中的一小部分,是中国路的一小节。

从泥泞小路到水泥大路,从土房子到水泥砖房,是我们农村的变化。

我们村的变化还有很多,比如以前村里到处都是牛羊的粪便,后来绿色乡村建设让我们的乡村美丽起来。以前家里的青壮年都在村里面种地,我们自然也就留在村里念书,然而现在的"05后""10后"大多随着父母远离家乡,家里只剩下老人,种几块地来提供粮食,这是现在农村的现状,我们只有过年的时候才会热闹起来。这反映了一个大的城镇化趋势,人们为了追求美好生活,自然也不愿意待在村里面。以前我国的社会主要矛盾是人民日益增长的物质文化需要和落后的社会生产之间的矛盾,现在是人民日益增长的美好生活需要和不平衡不充分的发展之间的矛盾。以前我们一个村只有一所小学,老师也少,而且只能学到四年级,五六年级我们就转学了。那时候我们一个年级一个班,我们一个班三十个人,还有更多的小孩子,没有办法读书,只能和父母去种地。后来就不一样了,父母带着孩子出去打工，或者家里面搞起来了新农业以及现在很火的电商，带动了经济发展，就这样村里发展了起来，有钱建学校，有钱供孩子读书，农村也渐渐富有起来。

从脏乱到卫生，从热热闹闹到冷冷清清，从贫穷到小康，是我们农村的变化。

没有变革，也就没有我们如今的美好生活。秦时，商鞅变法为秦朝一统天下打下了基础；明时，张居正力挺变革，辅助万历皇帝开创了"万历新政"。历史经验和如今的成功证明，改革开放是正确的。如今看来，中国的富强离不开改革开放。改革开放促进农村的发展，促进城市的发展，进而促进国家的发展。农村的这些变化都是长辈们探索和创造出来的，也是精准扶贫政策的落地实施造就的。我们小小的村史，体现的是党和国家对我们上心，是国之举措的成功。世界上还有很多贫苦的国家和人们，我们的成功，可以给他们树立榜样，提供经验。小小村史，体现的是国之大智；悠悠小村史，映衬大国史。

案例评析： 习近平总书记指出，我们党的百年历史，就是一部践行党的初心使命的历史，就是一部党与人民心连心、同呼吸、共命运的历史。历史充分证明，江山就是人民，人民就是江山，人心向背关系党的生死存亡。赢得人民信任，得到人民支持，党就能够克服任何困难，就能够无往而不胜。要教育引导全党深刻认识党的性质宗旨，坚持一切为了人民、一切依靠人民，始终把人民放在心中最高位置、把人民对美好生活的向往作为奋斗目标，推动改革发展成果更多更公平惠及全体人民，推动共同富裕取得更为明显的实质性进展，把14亿中国人民凝聚成推动中华民族伟大复兴的磅礴力量。"青史红史照我心"也会在此方面有所加强。这里，黄诗媛同学用具体而实在的语言，刻画了在党的领导下农村发生的巨变，最后她将主题给予升华："我们小小的村史，体现的是党和国家对我们上心，是国之举措的成功。世界上还有很多贫苦的国家和人们，我们的成功，可以给他们树立榜样，提供经验。小小村史，体现的是国之大智；悠悠小村史，映衬大国史。"

案例3：书写区史

西安纺织城的时代装扮
——一个孩子眼中的发展

马韵琪

我，出生于西安市的一个普通家庭，父母亲都是老师。虽说是老师，却并非是公派教师，而是类似于家教。幼年时，父母终日忙于工作，无暇照顾我，所以没多久我就被送到了外公外婆家，在那里一直长到四岁。

我外公外婆退休前都是国棉五厂的职工，外公是一名普通工人，外婆是厂里的一名会计。五厂，坐落在纺织城。正因如此，我的幼年记忆，多与纺织城有关。

纺织城，位于古城西安东郊灞桥区，距西安市中心12公里。纺织城街道地处西安城东，位于白鹿原下、浐河之滨，介于绕城高速和东三环之间，西、南与红旗街道相邻。西安地铁一号线、六号线穿纺织城而过。纺织城是城东经济的中心，曾在20世纪六七十年代因为纺织业所带来的繁荣被人称作"小香港"。

在我的记忆中，那时的国棉五厂，有着老旧工厂都具有的特点。脱落的灰色水泥墙皮散落在墙脚，地上随处可见散落的半截砖块。仓库常年都处于暗无天日的角落，墙角处都是青苔与发霉的痕迹，靠近时就可以闻到一股股腐败发霉的气味。空气中弥漫着灰尘、粉尘和其他小颗粒，地上到处都是斑点印记。阳光每天只有那么十几分钟能照在仓库的窗户上，几乎照不进仓库里。厚厚的灰尘早已将阳光与仓库隔开，只有零星的光会透过灰尘的缝隙溜进去，却也坚持不了多久，便会被仓库里的黑暗所吞噬。

那时的五厂，就是如此陈旧的样子，大门上的油漆早已斑驳，挂着铁链的大锁也是锈迹斑斑的。周一到周五，大门每天仅有两次辉煌时刻会迎来人潮，其他时间，就像大门的颜色一样，青灰色，透着说不尽的落寞。

但比起厂房，储存着我更多回忆的还是纺织城，毕竟，那里承载了我幼时的全部回忆，而我，在有限的记忆中，也见证了它的变迁。

其实当时的纺织城就像是周边地区的小县城，和市中心无法相比，但却要比周围村庄繁华得多。塬，便是所谓的县城与农村的分界线。而我小时候最喜欢做的事情,就是和外公外婆一起去塬上散步。

在到塬上的途中,道路旁边随处可见农民在卖东西。他们或提个篮子,或带个蛇皮袋,里面装着自家产的野果、蔬菜,上面插个硬纸板,歪歪扭扭地写着货物的名字和价格,有时甚至连牌子都没有,就只是一大袋放在那里,但新鲜的颜色和瓜果清香就足够吸引人。有时也会见到他们卖自己做的红薯干、土豆条,都装在蛇皮袋里,袋口一翻,黄澄澄的一堆,极吸引人的眼球。于是,我每次路过那里,必会缠着外公外婆给我买些解解馋。

到塬上,必会经过一段天桥,天桥下面就是绕城高速公路。那时的高速公路,在记忆里总是灰蒙蒙的,总是尘土飞扬的。路旁的土坡还没有像现在这样种满草来固定土壤,只是随便将表面修平整。有时下过雨后,就会看到路上会有湿泥。烈日当空的时候,一有车辆从路上经过,在阳光的照射下,飞扬的尘土便显得格外清晰,也会使站在桥上的人有些难以呼吸,于是外公外婆总会带着年幼的我快速通过这段天桥,防止我因咳嗽而一整夜不得安睡。

那是我四岁时,2005年前后。

我在五岁时被爸妈接回身边,从此,五厂对于我来说,只剩下一些记忆:过年时街边贩卖的烟花,整条街挂满了红对联、大大的福字、中国结和大红灯笼,在公园破冰后的湖里钓鱼,坐在小店里给石膏娃娃上色。虽然我的生活不再像之前那样与它息息相关,但我依旧能感受到浓浓的生活气息,仿佛我不曾离开过这里。

但纺织城的变化却是以秒来计算的。早些年还不曾觉得,不曾有过细致的观察,只记得好看的花灯、好吃的零食依旧在。

纺织城是城东的经济中心,被人称作"小香港"。但随着时间的推移,纺织城当初的荣光早已逐渐暗淡。纺正街是整个纺织城最重要的道路,但周围随处可见的却都是老式建筑。

直到西安开始修地铁了。

西安最早开通的是地铁二号线,从2006年起开始着手修建,到2011年正式开通运行。因为这条地铁线离我家不远,也为我的出行提供了便利,于是我便开始关注西安地铁的修建情况。政府为了重振纺织城当初的荣光,特意拨款186亿打造纺织城,这个举措被称为纺织城复兴计划。随着工程的实施,西安的东部将形成一个新的经济发展圈,推动西安东部新城迅速崛起。

不久之后,地铁一号线开通了。

地铁一号线于2013年正式开通运行,一期路线是由纺织城到后卫寨。

在地铁开通前我去纺织城,总是坐家门口的508路公交车,那趟公交车在改道之前还是按站数售票的。我记得很清楚,从我家到纺织城一共要4块钱、24站。后来,508路公交车改道,我只好先坐车到南门,再从南门换乘11路公交车,从起始站坐到终点站。纺织城人喜欢把去市中心叫作"进城"。他们对市区有着特殊的情感。纺织城的没落和东边的麦田,让这里的人们似乎觉得自己不再是城市人。

11路公交车对于纺织城人来说就像是第三个家,11路公交车让他们觉得自己和城市还有着这么一丝联系。国棉五厂外、南门外长长的队伍和拥挤的车厢载着纺织城人对城市的向往。下了车,要是不想走路的话,就再叫上一辆"摩的",我们也叫它"蹦蹦车",因为坐起来一颠一颠的。西安很多地方都会有"摩的",纺织城的"摩的"可以算是最先进的,有暖风、可以倒车,从背后看和小型面包车相似。它也仅仅比汽车少个轮子而已。

也许是因为地铁拉动了纺织城周边的经济发展,从2013年开始,纺织城原有的宁静悄然被打破。五厂周围的空地上,脚手架开始搭了起来,一袋一袋的水泥和沙土被堆在路边,到处都能听到挖土机工作的声音。人行道也被水泥袋子和四散的砖块占据了一大半,行人还得踩着铺在上面的集装箱板子才能勉强通过路边的大坑。可这些不方便,丝毫没有减弱人们对于五厂改造的热情。在过年期间,我在亲友们的闲聊中听到最多的话题就是关于五厂的改造,言语中满满的都是期待。

很快,无数高楼拔地而起,街旁一排排都是新建的商铺,新铺的柏油马路在阳光下熠熠生辉。塬上的土路也被小石子路所替代,原来在路边摆摊的小商小贩也都有了实体店,货物都放在整整齐齐的玻璃柜子里,煞是好看。我还是和往常一样买了一包红薯干,店主不再用那塑料袋随手一装,而是用密封袋精心封好,再套上牛皮纸袋把红薯干交到我手中。很多东西都变了,但不变的是他们那份从内心深处散发出的快乐。

后来,回老家过年,经过当初那段天桥下的高速公路时,我发现两边的土坡上早已放上了固定土壤的小砖块,中间还种上了防风固沙的小植物,周围的绿化规划得很好,再也不会出现往年那样泥水遍地的情况了。

因为某些原因,从2015年开始,我已经快四年没有再去过纺织城。今年暑假故地重游,看到如此多的变化,心里真的是十分感慨。五厂早已整体翻新,大门重修,厂房重建,厂址也扩大了不少,原来的萧瑟景象消失不见了,取而代之的是崭新的面貌。

都说记忆是依附于气味、声音、建筑等不变的事物的,也许有一天,我记忆中的地方都会消失不见,但我依旧很希望看到这样的事情发生,因为它是我深爱着的地方,它能有更好的变化、更好的发展,于我而言,不得不说是一件十分幸福的事情。

案例评析:"小四史"写作有一个比较突出的特点,就是带着浓厚的情感色彩,用理性轻轻地、细细地梳理着记忆和过去。有情感就有故事,有理性就能不断引领故事往前推进。学生都是朝气蓬勃的青年,我们老师用"小四史"将大家往后拉一拉,其实不是让大家停滞不前,而是希望大家能将自己的青春激情和梦想更好地与"大四史"等重大的历史变迁连接起来。如此看来,"小四史"书写就是纽带和桥梁了。

马韵琪同学的文字散发着诸多文化气息、发展的情趣,大家看看,这家、这村、这区、这厂,是否和古城西安的蜕变、国家和社会的日新、时代大潮的波澜紧密地联结在一起了呢?真个是心有千千结、歌有千千阕!让人"中心藏之,何日忘之"。

案例4:书写厂史

辽宁轮胎厂的历史变迁

牟 彤

我的家位于辽宁省朝阳市龙城区向阳街道,但它还有一个名字——轮胎厂,外地人或者朝阳市里的人(比如我的高中同学)会认为轮胎厂是一个很大的工厂，还会很好奇地问我们是不是都住在工厂里。轮胎厂确实是一个工厂，但我们习惯把它所在那条街道及街道上的所有的社区统称为轮胎厂。所以，在我眼里，轮胎厂不仅是一个工厂，它更是一个"地标"——那里是我的家乡。

从我出生一直到初三毕业，我一直生活在轮胎厂。高中时搬去朝阳，如今来到上海读书，我从来没有了解过轮胎厂的历史。为了"小四史"的写作，我去找了一些资料，也询问了我的母亲，下面是我的一点总结与感悟。

20世纪60年代中后期，全国推行"三线"建设。当时我国进行了一次大规模的工业迁移。为加强战备，1964年，中央决定建设第二套完整的国防工业和重工业体系，将国防、科技、工业、交通等生产资源逐步迁入"三线"地区。原沈阳国营橡胶七厂全体干部职工，响应国家支援"三线"建设的号召，举家搬迁到朝阳市龙城区向阳街道建厂。历经5年艰苦建设，1969年6月1日新厂正式投产，更名为"朝阳长征轮胎厂"，逾17载乃更名为"辽宁轮胎厂"。历经三代人拼搏创业，企业由搬迁前的年产十万套轮胎，逐步实现了尼龙斜交胎生产线、全钢丝子午线载重汽车轮胎生产线、半钢丝子午线乘用车胎生产线"一厂三线"，年产超百万套轮胎的大型国有企业，跻身国内500强。辽轮成为地方经济支柱型企业，对龙城朝阳的社会经济发展发挥了不可替代的作用；辽轮生产出的国内第一条全钢丝子午线载重汽车轮胎，为新中国轮胎工业发展史写下了浓墨重彩的一笔。

我的爷爷于1972年到厂正式工作，在大厂三车间硫化车间上班，后来因工伤转到四车间内胎部当保管，管理车间所用的物品。我的母亲于1990年到轮胎厂工作，是一名内胎工人，工作不算累。我的母亲提到，当时工人们的工作积极性都不太高，职工吃企业的"大锅饭"，工人无论干多干少、干好干坏，都不会影响个人工资分配。这真实反映出当时国有企业的现状，企业改革势在必行。

2002年，在国有企业改革的浪潮下，辽宁轮胎厂倒闭，厂内的工人全部买断下岗。听母亲说，国家给每个工人几千块钱，然后大家都到别的城市去打工了。据母亲回忆，原来厂区内也算十分"繁华"，有电影院、歌舞厅、特色餐馆，晚上灯火通明，热闹非凡。而买断之后，由于工人到外地去打工，原来的电影院等都倒闭了,街道上的居住人口减少,晚上不再灯火通明,取而代之的是黑暗与冷清。

朝阳浪马轮胎有限责任公司成立于2003年1月。公司购买了原辽宁轮胎集团公司(1966年建厂)全钢丝载重汽车子午线轮胎生产线,属于民营企业。厂子被个人承包后,老板为了扩大规模,增加产能,赚取更多的利润,使工人的工作任务大大加重,一个人得干原来两三个人的工作。而且由于个人承包,工人不再吃"大锅饭",工资多少取决于工作种类。各部门分工明确,没有吃闲饭的人了。虽然工作更加辛苦,但工人的工资有所增加,生活水平也提高了,而且工人为了赚更多的钱,会更加努力工作。这样形成一个良性循环,推动浪马轮胎厂一步步做大做强。经过多年的不懈努力,朝阳浪马轮胎有限责任公司的运营迈出了坚实的一步,其国内外市场不断扩大,经营业绩显著提高,团队素质不断提升。公司年产能由35万套发展到现在的350万套,现有员工2 000多人,研发的无内胎产品在国内处于领先地位。浪马轮胎荣获了"辽宁省省长质量奖",是辽宁省名牌产品,"LONGMARCH"商标为"中国驰名商标","ROADLUX"和"路力士"商标为辽宁省著名商标。

虽然从国企转为个人承包型企业,但是轮胎厂正在一步步做大做强,这一点大家有目共睹。我家所在的街道——向阳街道也在不断更新。我记得小时候,周围都是平房和凹凸不平的土路和石板路,而现在平房全部拆迁,居民住进了宽敞明亮的楼房,冬天有地暖。道路也全部翻新,变成了柏油马路。我还记得上高中之前通往学校的土路,一到下雨天就十分泥泞,导致我每次都把鞋弄得很脏。居民楼的中心建起了小广场,还有老年活动中心。社区建设日益向好,逐步向城市化靠拢。

历史是不断向前的。从辽宁轮胎厂的兴建到衰亡,再到浪马轮胎厂的兴起、社区建设的进步,与我国支援"三线"建设、国有企业改革到如今的"一带一路"倡议、美丽乡村战略有着密不可分的联系,小到个人、家庭,大到企业、国家,都在一次又一次的历史变革中不断进步。我的爷爷、我的母亲,只是厂内的员工,轮胎厂对他们而言,也许只是工作的地方,他们无法把厂子的历史弄得清清楚楚,但在和母亲聊天的过程中,通过一些片段,我了解到了轮胎厂的很多故事。无论我走到哪里,心中总是会惦念它。希望轮胎厂的发展蒸蒸日上,希望我的家乡越来越繁荣!

案例评析:将家史、村史、区史、厂史有机结合起来,并与国家的发展、社会的变迁紧密联系,这是我们所看到的。牟彤同学在此方面的努力非常明显。正好我在翻阅《旧稿拾遗:上海工厂史料两种》一书,里面介绍的公私合营大中华橡胶厂厂史,正是 20 世纪 50 年代末大学生完成的作品,与这一厂史有一定相关性。"人事有代谢,往来成古今。"其间,创业者的积极奋斗精神、学习者的认真钻研精神,永放光芒。

四、实践课堂

(一)梳理教学创新理念、目标并逐渐完善和提升之

书写家史、村史、家乡史等,是全国高校历史课和思政课教学中一种常见的活动。此次教学创新活动实施之前,从事"中国近现代史纲要"课程教学工作的团队,多年来不断学习其他马院教学创新经验,也有让学生将写家史、参观红色景点和老师将校史、地方史融入教学的做法。新的教学创新以"青史红史照我心"为主题,将"大四史""小四史"紧密结合。随着活动的开展,创新活动逐步形成了教学、党建、科研、社会服务四位一体的格局。

(二)发掘教学创新内容的综合性、方法的实践性

在教学创新中,团队着力在以下几个方面作推进:① 开展系列讲座,主题是"跟习近平总书记学'四史'"。团队成员积极参与或主持中宣部和上海市的党史研究课题,并与校外专家、学者合作,给学生不断传递新的信息和内容。② 老师漫步上海谈"四史"。如参观中共一大、二大、四大会址谈党史,参观杨树浦发电厂谈建设史,参观浦东谈改革开放史,参观杨浦区、闵行区等的工厂谈国史等,并纳入教学资料数据库建设。③ 布置学生课外实践作业——"四史"访谈。2019 年,教学创新团队已组织学生进行"经历新中

国，品味新时代"口述（访谈）社会实践活动。④ 以上海工业文化资源为中心进行"四史"教育。在对上海及其他地方工业文化资源调研的基础上，组织学生考察工厂史、工人社会生活等。

（三）探索创新活动形态，注重线下和线上教育的密切结合

当下，线下教育和线上教育的结合成为当务之急。每学期开学之初，教学创新团队总负责人、总策划人督促各位老师布置好"小四史"写作任务，参与项目的老师组织学生关注教学创新微信公众号，学习上面的"小四史"写作范文以及相关内容，公众号及时发布与新学期书写"四史"活动密切相关的信息。在同一活动指引下，教研部各位老师在课堂可以发挥自己所长。同时，公众号力争每天发文一篇，展示学生的作品或与之相关内容，这给大家一个相对统一的参考标准、活动指向。"日拱一卒无有尽，功不唐捐终入海。"培元固本，顺势而行，集体合作，不断前进。

综观这一以书写"四史"驱动的教学创新活动，可以发现：在教学创新活动中，团队紧密合作和师生共进、共享的形态明显，越来越呈现出创造性、实践性、开放性的特征，使"中国近现代史纲要"教学越发具有时代魅力、思想魄力、生命活力。